国家出版基金项目
NATIONAL PUBLICATION FOUNDATION

"十三五"国家重点出版物出版规划项目·重大出版工程规划

5G关键技术与应用丛书

5G 车联网技术及应用

程 翔 张荣庆 陈 晨 著

科学出版社

北 京

内 容 简 介

　　本书从 5G 车联网的特征与需求出发，循序渐进、全面系统地阐述 5G 车联网的关键技术和重要应用。本书第 1 章介绍车联网的发展以及 5G 车联网的特征与需求。第 2 章分析 5G 核心通信技术下车联网通信信道的特征和建模方法，并给出多种 5G 车联网系统信道模型。在 5G 车联网通信信道建模的基础上，第 3 章和第 4 章分别详细论述适用于 5G 车联网通信系统的物理层关键技术和 MAC 层方案设计。第 5 章重点介绍 5G 车联网的多个应用方向，包括无人机辅助数据分发、多车协同定位、无人车协作感知、分布式数据存储和物理层安全研究等。第 6 章进行总结与展望。

　　本书所涵盖的内容对车联网通信、智能交通系统的相关研究人员和工程师具有很重要的指导意义。

图书在版编目（CIP）数据

5G 车联网技术及应用 / 程翔, 张荣庆, 陈晨著. — 北京:科学出版社,
2020.8

（5G 关键技术与应用丛书）

"十三五"国家重点出版物出版规划项目·重大出版工程规划
国家出版基金项目

ISBN 978-7-03-065499-1

Ⅰ. ①5… Ⅱ. ①程… ②张… ③陈… Ⅲ. ①互联网络－应用－汽车 ②智能技术－应用－汽车 Ⅳ. ①U469-39

中国版本图书馆 CIP 数据核字 (2020) 第 102407 号

责任编辑: 赵艳春 / 责任校对: 王萌萌
责任印制: 师艳茹 / 封面设计: 迷底书装

科 学 出 版 社 出版
北京东黄城根北街 16 号
邮政编码: 100717
http://www.sciencep.com

中国科学院印刷厂 印刷
科学出版社发行　各地新华书店经销
*

2020 年 8 月第 一 版　开本: 720×1 000 1/16
2020 年 8 月第一次印刷　印张: 15 1/2 插页: 1
字数: 312 000

定价: 128.00 元
（如有印装质量问题，我社负责调换）

作 者 简 介

程翔，北京大学信息科学技术学院电子学系教授，博士生导师，于 2009 年在英国爱丁堡大学（The University of Edinburgh）和赫里奥特瓦特大学（Heriot-Watt University）获得两所大学联合授予的无线移动通信专业博士学位，并获得了优秀博士论文奖（获奖率小于 1%）和国家授予的"国家优秀留学生奖"。2015 年获得教育部自然科学二等奖，以及 IEEE ComSoc 亚太区杰出青年研究学者奖，2016 年获得国家优秀青年科学基金项目（优青），2017 年获得教育部自然科学一等奖，2018 年获得中国通信学会青年科技奖和技术发明一等奖，2019 年获得中国工程院首届"中国工程前沿杰出青年学者"称号。研究方向主要集中于基于数据驱动的无线信道建模通信系统和网络设计研究，包括无线通信信道建模和应用、5G 智能车联网和第六代移动通信系统研究。共发表论文 200 余篇，其中 IEEE 期刊 90 余篇，包括 ESI 热点论文 4 篇（top 0.1%）、ESI 高被引论文 15 篇（top 1%）和 ESI 扩展高被引论文 3 篇。获得了多次知名国际期刊和会议的论文奖项，包括 IEEE JSAC 的最佳期刊论文奖：伦纳德•亚伯拉罕奖，以及若干知名国际会议的最佳会议论文奖：IEEE ICC'19、ICCS'18、GLOBECOM'18、ICNC'2017、ICC'2016、ITSC'2014、ICCC'2013 和 ITST'2012 的最佳会议论文奖。已授权国际专利 2 项、中国专利 8 项，撰写 6 部英文专著以及 1 部英文书籍章节，并翻译 1 部英文专著。目前，担任 *IEEE Transactions on Wireless Communications*、*IEEE Transactions on ITS*、*IEEE Wireless Communications Letters* 和 *IEEE JCIN* 期刊的编委，并且是 IEEE 的杰出讲师。

张荣庆，同济大学软件学院副教授，分别于 2009 年和 2014 年毕业于北京大学，获理学学士和工学博士学位，北京市和北京大学优秀毕业生。长期从事复杂异构车联网中通信网络优化和智能协同应用的研究工作。迄今为止，已撰写车联网相关学术专著 2 部，受邀撰写信息安全相关学术专著章节 2 章；在国际权威期刊和顶级学术会议上发表论文 100 余篇，其中，*IEEE Transactions/Magazine* 文章 40 余篇，ESI 全球高被引论文 3 篇，ESI 热点论文 1 篇，4 篇会议论文获最佳会议论文奖（包括 IEEE 通信领域旗舰会议 ICC 2019、GLOBECOM 2018、ICC 2016，IEEE 智能交通领域顶级会议 ITST 2012）；相关研究成果已申请美国专利 1 项（已授权），中国专利 10 余项。此外，2017 年荣获教育部自然科学一等奖，2017 年被评为美国科罗拉多州立大学 International Presidential Fellow，2012 年荣获教育部博士研究生学术新人奖，攻读博士期间曾连续 5 年获得北京大学博士研究生校长奖学金。目前还担任

IET Communications、*Hindawi Complexity* 等国际权威 SCI 学术期刊编委。

陈晨，分别于 2004 年及 2009 年获北京大学信息科学技术学院理学学士及工学博士学位，现任北京大学信息科学技术学院副教授，IEEE 高级会员，中国通信学会高级会员，北京通信学会理事会青年委员。主要研究方向包括新一代通信及信息系统的核心技术、大数据分析理论和技术等。近年来以第一作者或通信作者在 *IEEE Journal on Selected Areas in Communications*、*IEEE Intelligent Systems*、*IEEE Transactions on Signal Processing* 等国际刊物及 GLOBECOM、ICC、VTC 等全球学术会议上发表论文 100 余篇，其中 SCI 论文 50 篇。在通信与数据网络、大数据分析等方面具有较为深入的研究基础，获得 IEEE 旗舰会议 GLOBECOM 2018 最佳论文奖、ICCS 2018 最佳论文奖、ICNC 2017 最佳论文奖（获奖率均小于 0.5%），并获得第 14 届北京市优秀科技论文奖二等奖、第 12 届北京市优秀科技论文奖三等奖、北京青年通信科技论坛优秀论文奖等奖项。担任 IEEE VTC 分会主席以及多个知名学术期刊、会议的编委、技术程序委员会委员及审稿人。担任国家自然科学基金面上项目、国家重点基础研究发展计划（973）项目、国防"十一五""十二五""十三五"预研及型研项目、医疗信息化基金项目等十余项国家、省部级科研项目的项目负责人。

"5G 关键技术与应用丛书" 编委会

序

由科学出版社出版的"5G 关键技术与应用丛书"经过各编委长时间的准备和各位顾问委员的大力支持与指导，今天终于和广大读者见面了。这是贯彻落实习近平同志在 2016 年全国科技创新大会、两院院士大会和中国科学技术协会第九次全国代表大会上提出的广大科技工作者要把论文写在祖国的大地上指示要求的一项具体举措，将为从事无线移动通信领域科技创新与产业服务的科技工作者提供一套有关基础理论、关键技术、标准化进展、研究热点、产品研发等全面叙述的丛书。

自 19 世纪进入工业时代以来，人类社会发生了翻天覆地的变化。人类社会 100 多年来经历了三次工业革命：以蒸汽机的使用为代表的蒸汽时代、以电力广泛应用为特征的电气时代、以计算机应用为主的计算机时代。如今，人类社会正在进入第四次工业革命阶段，就是以信息技术为代表的信息社会时代。其中信息通信技术（information communication technologies，ICT）是当今世界创新速度最快、通用性最广、渗透性最强的高科技领域之一，而无线移动通信技术由于便利性和市场应用广阔又最具代表性。经过几十年的发展，无线通信网络已是人类社会的重要基础设施之一，是移动互联网、物联网、智能制造等新兴产业的载体，成为各国竞争的制高点和重要战略资源。随着"网络强国"、"一带一路"、"中国制造 2025"以及"互联网+"行动计划等的提出，无线通信网络一方面成为联系陆、海、空、天各区域的纽带，是实现国家"走出去"的基石；另一方面为经济转型提供关键支撑，是推动我国经济、文化等多个领域实现信息化、智能化的核心基础。

随着经济、文化、安全等对无线通信网络需求的快速增长，第五代移动通信系统(5G)的关键技术研发、标准化及试验验证工作正在全球范围内深入展开。5G 发展将呈现"海量数据、移动性、虚拟化、异构融合、服务质量保障"的趋势，需要满足"高通量、巨连接、低时延、低能耗、泛应用"的需求。与之前经历的 1G~4G 移动通信系统不同，5G 明确提出了三大应用场景，拓展了移动通信的服务范围，从支持人与人的通信扩展到万物互联，并且对垂直行业的支撑作用逐步显现。可以预见，5G 将给社会各个行业带来新一轮的变革与发展机遇。

我国移动通信产业经历了 2G 追赶、3G 突破、4G 并行发展历程，在全球 5G 研发、标准化制定和产业规模应用等方面实现突破性的领先。5G 对移动通信系统进行了多项深入的变革，包括网络架构、网络切片、高频段、超密集异构组网、新空口技术等，无一不在发生着革命性的技术创新。而且 5G 不是一个封闭的系统，它充分利用了目前互联网技术的重要变革，融合了软件定义网络、内容分发网络、网络功能虚拟化、云计算和大数据等技术，为网络的开放性及未来应用奠定了良好的基础。

　　为了更好地促进移动通信事业的发展、为 5G 后续推进奠定基础，我们在 5G 标准化制定阶段组织策划了这套丛书，由移动通信及网络技术领域的多位院士、专家组成丛书编委会，针对 5G 系统从传输到组网、信道建模、网络架构、垂直行业应用等多个层面邀请业内专家进行各方向专著的撰写。这套丛书涵盖的技术方向全面，各项技术内容均为当前最新进展及研究成果，并在理论基础上进一步突出了 5G 的行业应用，具有鲜明的特点。

　　在国家科技重大专项、国家科技支撑计划、国家自然科学基金等项目的支持下，丛书的各位作者基于无线通信理论的创新，完成了大量关键工程技术研究及产业化应用的工作。这套丛书包含了作者多年研究开发经验的总结，是他们心血的结晶。他们牺牲了大量的闲暇时间，在其亲人的支持下，克服重重困难，为各位读者展现出这么一套信息量极大的科研型丛书。开卷有益，各位读者不论是出于何种目的阅读此丛书，都能与作者分享 5G 的知识成果。衷心希望这套丛书能为大家呈现 5G 的美妙之处，预祝读者朋友在未来的工作中收获丰硕。

中国工程院院士

网络与交换技术国家重点实验室主任

北京邮电大学　教授

2019 年 12 月

前　　言

随着车辆智能化和网联化的快速发展，以及无线通信技术高移动性、高数据流量日益增长的需求，车辆和无线技术将会更深一步地联结和融合。事实上，即使在过去的一个世纪里，车辆和无线的发展路径也不断地相互交叉。例如，早期无线技术行业的主要参与者摩托罗拉实际上是以其第一个国际销售的产品——汽车收音机命名的，其名称将 motor 与-ola 配对，以表示"运动中的声音"。尽管这个早期的无线电是一种相当被动和单向的无线通信形式，但车辆和无线的交叉已经为这两个行业带来了成功。在那个阶段，无线技术实质上为车辆增加了特殊的功能。最近，包括谷歌、特斯拉汽车和百度在内的多家公司都在努力，使自动驾驶智能汽车比以往更接近现实。迄今为止，大多数的研究和开发工作都集中在单个车辆的环境感知与自动驾驶能力上。然而，在研究车辆处于自动驾驶模式的若干致命事故之后，大家已经认识到车辆自动驾驶的安全性和可靠性只能通过车辆的网联通信来确保与增强。此外，随着车辆变得更加智能化，人类驾驶员将从繁重的驾驶任务中解放出来，将车辆转变为办公室、会议室甚至娱乐中心，对以车辆为中心载体的数据传输和服务需求更为迫切。与此同时，由于化石燃料的稀缺和环境问题，电动汽车迅速普及，其中的能量管理也要求进行广泛和及时的车辆通信来支持。

目前，仅仅使用无线技术作为车辆附加功能的时代已经过去，智能车辆和无线通信进入了车联网的新时代，意味着车辆和通信核心功能的相互融合，共同设计和优化。其中，无线通信需要针对特殊的车载通信环境，例如，车辆的高移动性所引起的快速衰落信道以及复杂多变的网络拓扑结构。因而，如何针对复杂高速异构的车联网场景设计满足车联网应用的通信方案是未来 5G 系统的一项重要挑战。

本书是一本全面系统介绍 5G 车联网关键技术和应用的著作，从高速移动场景下的车联网通信信道入手，分析多种车联网通信信道建模方法和信道模型，为 5G 车联网通信技术的设计奠定基础。进一步，分别从物理层和 MAC 层的角度，介绍多种满足 5G 通信需求的关键技术。最后，从无人机辅助车联网、无人车协同应用、分布式存储、物理层安全等角度详细讨论基于有效信息交互的 5G 车联网热点应用。本书所涵盖内容对车联网通信、智能交通系统的相关研究人员和工程师具有很重要的指导意义。

作 者

2019 年 1 月

目　　录

第 1 章　5G 车联网介绍

1.1　智能网联车和车联网的发展

1.1.1　智能网联车的发展

自 130 多年前卡尔·奔驰发明汽车以来，智能网联车可能是其祖先最重大的飞跃，特别是那些具有自动驾驶能力的汽车，正受到前所未有的关注。这一发展的关键驱动力是无线通信技术，自马可尼 120 多年前的首次演示以来，该技术已经成熟[1]。

智能网联车在过去的二十年中得到了发展[2]。虽然最初的想法诞生于 20 世纪 60 年代，但当时该技术的成熟程度并不足以实现完全自主的全地形全天候车辆的目标。20 世纪 80 年代中期，军事领域的一些团体为自动驾驶汽车的首次记录提供了原型。引发这些创新理念的最初刺激措施是由军事部门提供的，该部门急于使其地面车辆实现完全自动化。20 世纪 80 年代之前，当世界各国政府启动最开始的一系列项目时，对车辆自动化的研究兴趣转移到了民间部门，这些项目支持了大量研究这些主题的人员。在成功完成可行性研究并证明了第一批原型后，汽车工业开发真实产品的兴趣被触发。在真实环境中对道路上的自动驾驶车辆进行测试是智能网联车历史上最重要的里程碑之一。1995 年，卡内基·梅隆大学 Navlab 小组开展了他们的"全美无手"实验[3]。他们的结果显示，在美国 2800 英里（1 英里=1.609km）行程的实验中，超过 98%的时间都可以完成基于计算机视觉的自动转向。1995 年底，德国慕尼黑联邦国防军大学研发出了一辆可以在相距 1758km 的德国慕尼黑和丹麦哥本哈根之间自动行驶往返 95%以上行程的车辆。

从智能交通系统作为 20 世纪 80 年代中期的一个研究领域开始，智能网联车已成为其最重要的应用之一。智能网联车的发展可分为两个阶段：辅助驾驶的初始阶段与完全自动驾驶而非人驾驶的最终阶段。美国国家公路交通安全管理局将智能网联车分为五个发展等级，如图 1-1 所示。

智能网联车发展的最终目标是自动化/自主驾驶的车辆。目前，这通常被认为是一种未来主义概念，它与实际部署相距甚远[4,5]。各种研究项目已经推动了环境感知和车辆控制方面的支持技术，并已经开展了实验性实施，以展示自动化技术如何应用于公路车辆。这就驱动了欧洲、北美、日本和中国等国家和地区许多的重

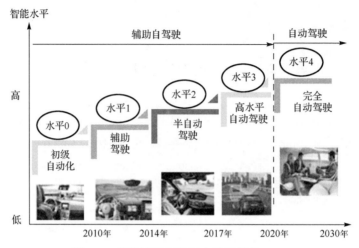

图 1-1 智能网联车的五个发展等级

大展示活动。学术界的研究也一直在进行，只是很大程度上不出现在普通大众的视线之内[6,7]。

最近，包括谷歌、特斯拉和百度在内的几家公司投入了大量的资金及资源来开发自动驾驶汽车。这些自动驾驶汽车引起了媒体前所未有的兴趣，同时引发了人们对自动驾驶影响社会问题的一些猜测，例如，道路安全、隐私、交通流、能源及环境问题、土地使用、车辆经济性行业和网络安全。自动驾驶是智能网联车的发展趋势。从技术角度来看，有两种基本的自驱动架构。第一种是基于车辆平台，车载传感器执行环境感知和数据融合，然后通过车辆执行单元做出决定并控制车辆。第二种是基于车载自组织网络(vehicular ad-hoc network，VANET)，车辆通过 VANET 接收环境数据和路边信息。

目前，第一种架构是主流方法，大多数研究人员和开发人员都在关注这种方法。通过这种方法，车辆周围的传感器可以获取车辆周围的环境信息。在此信息的基础上，车辆将独立完成自动驾驶控制，包括环境感应、中央决策和机械控制。为了获得可靠和全面的环境信息,车辆通常配备昂贵的多光束激光雷达(光探测和测距传感器)、微波雷达和高分辨率摄像机。同时，车辆必须配备复杂而昂贵的加工和控制单元，以确保自动驾驶的安全性和可靠性。这些不仅增加了车辆成本，而且阻碍了智能网联车的开发和应用。另外，基于单台车辆的唯一智能的环境感测和自动驾驶控制将不可避免地导致局限性和不安全性问题。

简而言之，依赖于单台车辆传感和控制的智能网联车面临着高成本和有限处理能力的挑战。可靠满意的解决方案在很大程度上取决于传感、处理和控制组件的成本降低。因此，迫切需要一种更加活跃的架构来解决智能网联车的这些限制，使其具有更好的安全性和可靠性，同时可以缩短上市时间。

1.1.2　车联网技术

1. 车联网的概念

车联网是由车辆的位置、路线和装置等信息构成的巨大交互网络。车联网技术是指将电子标签装载在汽车内，通过无线射频等通信技术，将所有的汽车编入一个车辆网络体系中，然后再利用智能技术或者网络技术，对所有汽车的信息进行有效控制和管理。车联网技术根据不同的需求对汽车的运行进行有效监管和调配，通过提供综合性质的服务保障交通安全。车联网主要分为网络层、感知层和应用层三个部分，分阶段分层次地完成对数据信息的处理，从而实现交通的便捷顺利。

2. 车联网的组成架构

1) 车联网系统组成

与物联网类似，车联网的实质是物联网在交通领域的具体应用，具有很明显的物联网特性。车联网的体系结构和物联网有诸多相似之处，大体上可以分为感知层、网络层和应用层等[8]。

(1) 感知层。感知层主要负责感知和采集车辆自身与交通信号信息，通过相应的技术手段，如无线传感器技术、导航定位技术等实现随时随地地掌握车辆运行情况、交通情况、道路情况、天气变化情况以及人与车、车与车之间的复杂变换等的信息。感知层技术为应用层的实现提供了详细的、全面的信息源。

(2) 网络层。网络层负责整理感知层收集到的信息，做好为应用层传输信息的准备。网络层技术的实现，可以方便用户实现远距离通信和远距离控制。网络层由承载网络和接入网络两部分组成。其中，承载网络主要由电信网、互联网、广电网和交通信息专用网络等组成。接入网络包括无线移动通信网络，如第二代移动通信技术(2nd generation，2G)、第三代移动通信技术(3rd generation，3G)、第四代移动通信技术(4th generation，4G)，现在可以实现第五代移动通信技术(5th generation，5G)网络通信，或者无线局域网、卫星通信等网络。

(3) 应用层。应用层主要负责人机交互通信的功能，通过车载信息系统，实现从外界获取信息的功能，这些信息主要包括车辆交通信息、汽车状况信息、互联网、道路信息等。通过把收集到的信息整合到应用层，实现人工智能交通管理、车辆的安全控制、交通信息的发布等功能，不仅为个人，更为企业、公司提供了更多的快捷的服务，提高了人民的生活质量。

2) 车联网系统功能及架构

目前国内外各大车厂进行车联网技术的开发主要围绕以下内容：手机应用、车载通信终端、车联网数据中心、呼叫中心、运维服务中心、相关协议、标准(通信、安全等)。主要具有围绕车辆监控、车辆控制(启动发动机、空调、座椅加热)、定位、一键导航、救援服务等功能[9],具体系统架构如图 1-2 所示。

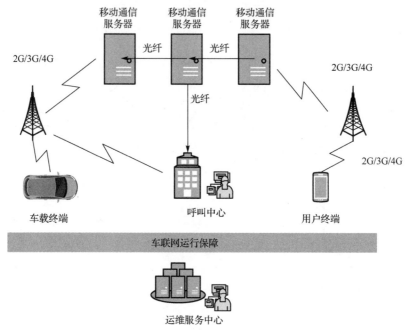

图 1-2 车联网的系统架构

3. 车联网的关键技术

(1)射频识别技术。要使汽车之间实现数据的互通,彼此之间组成一个网络,除了网络技术、数据库技术等的应用,必须要用到射频识别技术来识别特定目标并读写相关数据,可以说射频识别技术是保证车联网系统能够运作的基础,但是我国在高频率的射频识别技术方面缺乏相关的关键技术[10]。

(2)传感器技术。人要感知外部环境的变化,依靠的是人身体内的神经网络结构,而对于车辆而言,要知道车辆内部的油耗、发动机运行状态、制动稳定性以及外部桥梁的受压情况、路面的高低情况、前方道路的拥堵情况等,都要依靠各种各样的传感器。由不同的传感器感知各种信号,并且对这些信号进行融合、识别、分类并且再发送给车辆的各个部件去执行相应的命令。由此可知,传感器技术是车联网系统实现信息采集的关键。

(3)无线传输技术。车辆的传感器采集到信号之后,需要传递给服务器或者其他的终端设备,又或者是接收发出的控制命令,用以完成车辆的远程控制。因为有线传输的方式是不可能的,所以只能通过无线传输的方式实现目标之间的信息互通。

(4)云计算技术。大批量的数据被采集完成之后,需要进行快速有效的计算,并且能够正确准确地反馈，以便确保数据的实时性，所以车联网系统的数据服务要通过网络以云计算的特性(按需、易扩展的方式)获得。

(5)车辆定位技术。现阶段除了国外的全球定位系统(global positioning system, GPS)，国内的北斗卫星导航系统也已经投入使用，通过定位系统不但可以提供车辆的大致位置信息，而且随着定位系统的精确性不断提升，车辆行驶位置的确定范围也不断缩小，路况的实时信息的精准度和交通事件定位的精确度也随之不断提高。

4. 车联网的前景展望

车联网是未来智能交通发展的主要方向，而通信技术作为车联网系统的核心，决定着车联网信息传输的时效性和稳定性。在互联网技术飞速发展的今天，车联网在此基础之上必将会以飞快的速度带给人类便利。我们相信，随着大数据处理、云计算、通信技术的发展，未来的车联网能在智能交通上提供更好的服务。

1.2　5G 通信系统

1.2.1　移动通信系统的演变

从 1G 到 5G，移动通信技术发展进步可谓日新月异，通信设备从"大哥大""小灵通"到智能手机，可支持的通信业务发生了显著的变化[11]。1G 时，我们只能利用"大哥大"打电话，不能上网，使用模拟通信技术，传输质量不高；到了 2G，"小灵通"进入人们的生活，相比于"大哥大"，在通信质量上显著提升，移动通信从模拟通信进入数字通信时代，能实现数字语音、短信；从 3G 开始，智能手机发展迅猛，我们不仅可以打电话还可以用更快的速度上网。3G 通信频宽更高，信号传输更加稳定，视频和大量数据的传送更为顺畅，移动通信也更加多样化。4G 的全称为第四代移动电话行动通信标准，从理论上来说，4G 网络实现了前所未有的传输速度，支持 40～100 MHz 系统带宽，2010 年商用至今。现阶段，世界上许多发达国家已开展 5G 的研究工作并制定了相应的发展推进计划。欧盟于 2012 年 11 月正式启动名为"2020 信息社会的移动与无线通信促进技术"(Mobile and Wireless Communications Enablers for the Twenty-Twenty Information Society)的科研项目；韩国于 2013 年成立了 5G 研究组织"5G 论坛"，2018 年在韩国平昌举办的第 23 届冬季奥运会，由韩国电信运营商之一的 KT 全程提供 5G 服务。本次平昌冬奥会提供的 5G 应用服务，是全球第一张大范围 5G 无线网络，也是全球首个准商用 5G 服务；日本于 2013 年 9 月成立了"2020 年及未来自组织工作组"，工作组又分成业务与系统概念工作组、系统架构与无线接入技术工作组。为推动 5G 研究发展，我国在 2013 年 2 月由工业和信息化部、国家发展和改革委员会、科学技术部联合成立了国际移动通信(International Mobile Telecommunications，IMT)-2020(5G)推进组，集中国内产、学、研、用优势单位联合开展 5G 策略、需求、技术、频谱、标准、知识产权研究及国际合作，已取得阶段性成果。移动通信技术从 1G 模拟蜂窝移动电话系统实验成功发展到现在的 4G 移动通信，并积极推动 5G 发展，业务的发展多种多样，服务质量越来越高，用户的满意度也越来越高[12]。

1.2.2   5G 通信系统介绍

1. 5G 通信系统的性能特点

5G 将是以人为中心的通信和设备类信息交流共存的时代，各种具备差异化特征的业务应用共同存在，这对 5G 移动网络提出了极高的要求，主要有以下几点[13]。

(1)利用率高。相较于 4G 通信，5G 通信会在用户的体验上投入更多注意力，接收频率也远远超过 4G 通信，在 5G 通信技术中，高频谱会非常普遍，穿透性能极强，可以不受大部分环境因素的影响。因此 5G 通信技术可以实现交互式游戏的广泛推广，促进需要高利用率技术的发展。对服务业务的创新会成为 5G 通信技术的核心竞争力，在激烈的市场竞争中取得发展先机。

(2)节能性。与传统的通信技术相比，5G 通信技术的灵活性和兼容性实现了质的飞越，这得以减少能源的消耗，符合我国经济可持续发展的战略目标。因此，5G 通信技术将成为未来通信行业发展的趋势，其发展空间和市场前景不可限量[14]。

(3)可靠性高。通信技术的吞吐能力以及是否满足新时代发展下用户的需求，是衡量通信技术水平的重要指标，也是判断 5G 通信技术是否能惠民的关键。而 5G 通信技术拥有的巨大潜力，可以有效地缩短用户时延，提供用户高质量的体验。

(4)可兼容性。移动 5G 通信现处在各项科技发展的最前端，5G 移动通信技术不仅包括了 2G、3G、4G 等所有网络通信技术的优点，还包括了无线、近场通信、蓝牙等无线网络技术的全能的通信平台。超强的兼容性使 5G 网络成为时代最先进的网络通信技术，是以往 2G、3G 和 4G 移动通信网络无法比拟的。

2. 5G 通信系统的关键技术

(1)多天线传输技术。目前，多天线传输技术刚刚起步，还没有发展壮大，它通过有源天线的阵列，使网络频谱的利用率得到很大的提高，从而降低了通信成本，提高了通信技术的使用效率和质量。多天线传输技术通过扩大通信网络的覆盖范围来实现通信技术利用率的提高，使 5G 通信技术应用到生产生活中的各个领域[15]。

(2)同时同频全双工技术。5G 实现了同时同频全双工技术[16](指设备的发射机和接收机占用相同频率资源，同时进行工作，使得通信双方在上、下行链路可以在同一时间使用相同频率)。与现有的同时或同频双工方式相比，同时同频全双工技术能够将无线资源使用率提高一倍，从而提高系统吞吐量和容量。

(3)密集网络技术。随着信息技术的不断发展，数据业务量呈逐年递增状态，因此在部署密集型小区建设过程中应与 5G 通信互相结合。将低功率节点应用于网络中，可有效地增强网络热点信号，扩大热点覆盖区域，进而更好地加大网络系统容量。随着小区建设密度的不断增加，网络整体结构更为繁杂，进而加大信号干扰问题出现的概率。密集型网络技术的研究可以更好地保障网络结构的灵活性及防干扰性，进而更好地满足不同用户的多种需求，扩大 5G 技术应用范围。

(4)云计算技术。云计算技术是一种通过互联网访问，可以定制的网络资源共享库。其资源共享库包含网络、服务器、存储、应用等服务内容。其技术得益于互联网发展，是一种应用在中央控制服务器上的技术，主要功能是实现在服务器上储存数据和执行应用。不需要在任何一个终端上储存数据和安装应用程序软件，直接联网进行读取和应用[17]。5G 网络技术应用于纳米终端的理论存取速度能够达到 3.6Gbit/s，未来 5G 网络的传输速率可达 10Gbit/s，所以云计算技术将得到更加深远的发展。

3. 5G 通信系统的应用领域

(1)通信服务业。从 2G 时代的十几 Kbit/s，到 3G 时代的两三百 Kbit/s，再到 4G 时代的 7Mbit/s、8Mbit/s，5G 时代的"G 速"，5G 网络技术首先应用于通信服务行业，用户使用快捷的 5G 网络能够更快地浏览网络数据，更快地下载网络数据，实现网络交互，使用更加全面智能的应用程序等。当然 5G 网络技术在通信服务方面还具有潜在的提升系统性能、增强用户体验、减轻基站压力、提高频谱利用率的前景。

(2)智能网联车。智能网联车是指智能车与互联网络的有机联合。这项技术搭载了先进的车载传感器、通用分组无线服务技术(general packet radio service，GPRS)系统控制器和执行器等装置，通过遥感卫星系统融合现代通信网络技术，实现车与人、车、路、后台等智能信息交换共享，并最终达到人工智能化和汽车智能自动化。而这项技术的关键应用要求网络传输速率和安全性方面极为可靠，因此，5G 网络技术将成为助力智能网联汽车发展的首选。

(3)万物联网领域。现代智能家居需要使用较高的网络传输速度，并且对网络的安全性能提出了更高的要求[18]。现有的 4G 网络只能在一定程度上满足需求，智慧城市、未来城市的建设都需要 5G 的支撑。搭配 5G 网络，可以实现远程遥控智能家电的启动，在外面通过摄像头就能实时观察家里的情况。

(4)其他领域应用。未来不管是商用、民用还是军事领域，都可以享受到 5G 迅速发展带来的福利。5G 将进一步应用到工业、医疗、安全等领域，极大地促进众多领域创新发展和生产效率提高。未来 5G 将实现人连人、人连物、物连物、智能家居、智慧城市、智能制造、智能汽车、智能机器人、智能配送等。

4. 5G 通信系统的发展前景

现在 4G 移动通信技术已经普及，与 3G 移动通信技术相比，4G 的带宽较高，同时还能发送及接收一些质量较高的视频及图片。除此之外,4G 移动通信技术的下载速度要比拨号上网快几千倍,一般情况下可以满足大部分用户对于无线的需求。与之前的 3G、4G 相比,5G 容量更大且传输速度更快,同时还可以在多个设备上同时使用。5G 还支持使用智能手机、其他可以穿戴的设备或者智慧物联网设备[19]。除此之外,5G 可以有效地扩宽其连续覆盖面积,同时还可以支持较高的移动速率,使得万物之间都可互相关联。除此之外,与 4G 移动通信技术相比,5G 技术是其整体容量的千倍左右;现阶段下,我们所应用的 4G 移动网络主要是针对智能手机所研发的,并没有针对物联网的某些需求进行优化完善;与 4G 网络相比,5G 移动网络使用设备范围是其数十倍,且在运行过程中耗能较低;此外,4G 不可以在手机上玩一些实时在线游戏,但是 5G 网络却可以实现。

随着我国社会经济的不断发展,社会大众对移动通信技术的需求也在逐年增加。5G 移动通信技术的出现不仅满足了当前移动通信技术的发展需求,同时相比 4G 移动通信技术,其覆盖面积、整体性能、系统安全、用户自身体验等多个方面都有明显优化。5G 通信技术的应用会将人类带入一个高速率、低消耗、大连接的全新革命体系,而非单纯的速率提升。随着科学技术的不断发展,网络以及相关业务及管理都会发生一些本质变化,且移动通信产业也会随之改变。

1.2.3　5G 系统应用于车联网

作为下一代智能网联车的关键支持技术之一,车载通信和网络(vehicular communication network,VCN)自 20 世纪末以来越来越受到关注。为了促进各种应用,包括车辆安全性、运输效率和娱乐,VCN 需要实现低延迟和高可靠性通信。VANET 首先吸引了大量的研究和标准化工作。为了有效地支持 VANET,基于 IEEE 802.11p[20]和 IEEE 1609.x[21,22]的专用短程通信(dedicated short-range communications,DSRC)标准获得了美国联邦政府的支持与推广。基于 DSRC 的系统和其替代系统已经在欧盟、中国和日本等国家和地区开发和标准化。但是,由于 VANET 需要预先进行重大的基础设施投资,它仍处于现场试验阶段,尚未得到广泛开发。此外,基于 DSRC 的 VANET 的可实现速率和网络配置无法满足车辆快速且不断增长的应用通信要求,尤其是对于即将到来的自动驾驶车辆而言。此外,IEEE 802.11p 在大规模网络部署中表现出较差的可扩展性和服务交付的可靠性。与 VANET 不同,蜂窝网络拥有成熟的技术、完善的业务模式和全面的标准化进程。自 1983 年第一代蜂窝系统标准化和开发以来,蜂窝系统通常每十年推出新一代。截至今天,4G 长期演进(long term evolution,LTE)系统已得到广泛开发并完全商业化。具有成熟且广泛部署的 LTE 车载通信[2],正在成为 VCN 的后起之秀。同时,作为下一代蜂窝网络,5G 正在向前发展。与前几代产品不同,5G 首次将 VCN 列为代表性应用场景之一,如图 1-3 所示。随着网络高速公路的大力发展和投入运营,新一代无线通信系统面临的

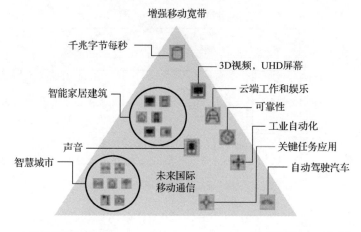

图 1-3　5G 的应用场景(来自 ITU-R M.2083.0)

移动环境从低速十几至几十 km/h 发展到高速一百多 km/h，其承载的通信业务也从单一的低速业务发展到现在的高速传媒业务。实现高质量的多媒体业务要求无线通信系统具有高达上百 Mbit/s 或 Gbit/s 的信息传输速率，这对于复杂高速场景下的无线通信而言是一个极其严峻的挑战，也是下一代 5G 系统的主要挑战之一。目前，作为 5G 系统的一个非常重要的代表性通信场景，车联网复杂高速移动通信场景受到越来越多的重视和研究。因此，为了更好地提供道路交通服务，研究和设计高传输速率、高稳定的复杂高速移动通信系统显得尤为重要。

1.3　5G 车联网的主要特征和需求

如今，5G 技术和自动驾驶智能车正受到学术界、工业界和政府部门前所未有的关注。我们不是将通信视为提供信息的手段，而是希望合并 5G 和智能网联车的设计。通过将 5G 特性与智能网联车需求相匹配，我们设想了一种更安全、更可靠的智能网联车框架，我们将其称为 5G 车联网框架。关键是在智能网联车系统的开发中植入 5G 的设计，以使前者适应智能网联车应用的各种要求，如图 1-4 所示[1]。该框架建立在各级 5G 和智能网联车技术的设计和开发的紧密结合之上。5G 通信系统具有异构化的网络架构，以及高可靠、低时延的传输特性，可以充分地保障智能网联汽车的应用发展。5G 车联网处于多学科的交叉和融合之中，因此具有跨学科挑战，并伴随着科学和技术创新的机会。5G 商业化的预计时间表是在 2020 年左右。到那时，5G 车联网应该接受专门的研究和开发，实现在特殊环境(如旅游电车和货车)中安全且价格合理的自动驾驶智能网联车的商业化。

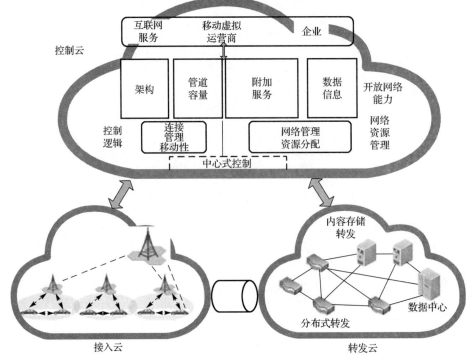

图 1-4　5G 车联网的一般框架[1]

1.3.1　5G 车联网的主要特征

作为新一代的移动通信技术，5G 目前正在积极开发中。设想的 5G 应用以超高数据速率为支持，具有超低延迟性和超可靠性，为自驱动智能网联车的出现提供了希望。更重要的是，5G 的独有特性，如近端服务、数据控制分离软件定义网络（software-defined networking，SDN）、云/雾计算和处理、灵活的网络架构和拓扑，以及面向应用的设计，使它不只是车联网的重要技术支持，还是车联网系统的一个组成部分。

　　1.　近端服务

支持 5G 通信的一个重要特征是近端服务，它是由设备到设备的通信发展而来的[23]。车辆可以通过直接模式或通过具有周期信标的本地路由数据路径发现相邻实体以进行通信，分别如图 1-5(a)、(b)所示。在车载网络场景中，5G 可以利用这种通信为有效安全和非安全应用提供更大的覆盖范围。目前，近端服务的目标是通过使用相关的位置信息发现设备和服务。在 5G 车联网的背景下，近端服务对于许多自发性近端来说十分重要[24]。基于近端服务的应用程序的关键促成因素是社交网络中的位置信息和通信趋势。与通过网络发现的传统位置不同,近端服务提供了自组织定位和通信的机会(例如,在道路上的移动车辆)。更重要的是,近端服务可以在没有中心基础设施的情况下发现通信节点并进行数据传输,因而可以用作公共安全场景中的通信平台。此外,移动用户之间的这种自组织定位和通信提供了一种高数据速率传输的手段(即通过避免遍历核心而导致的延迟)和资源利用的高效率(即避免通过核心网络的传输),从而减少核心网络的拥塞。

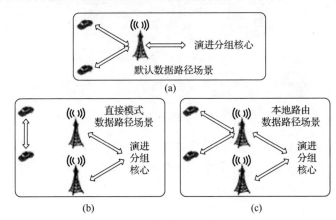

图 1-5　近端服务的数据路径方案

2. 数据控制分离软件定义网络

5G 网络架构中的 SDN 具有数据控制分离功能[25]。这可以通过在外部施加单个网络设备的集中控制平面来应对网络控制的问题。随着智能网联车的 SDN 发展,通过在集中控制平面上部署的特定自驱动操作可以改善网络延迟。SDN 为 5G 车联网中智能网联车的远程控制提供了一种实际可能性。

3. 云/雾计算和处理

此外,5G 中集中式云网络架构和分布式边缘/雾网络的共存使 5G 车联网能够在云、雾和板载三个层面[26]实现智能网联车的数据存储和处理(图 1-6)[27]。根据不同智能网联车服务的数据特性和延迟要求,5G 车联网可以灵活地安排它们的存储和处理。基于云/雾平台,5G 车联网可以更好地利用多台智能网联车的数据,高效地增强学习功能,从而实现更好地模仿甚至超越人类驾驶的自驾行为。

4. 灵活的网络架构和拓扑

5G 的另一个关键特性是异构网络的层次共存[28]。在这里,异质性不仅指不同大小的空间,还指不同的协议和标准。因此,5G 车联网可以更好地支持智能网联车高速稳定的网络连接。例如,智能网联车的控制消息可以由具有广域覆盖的宏小区

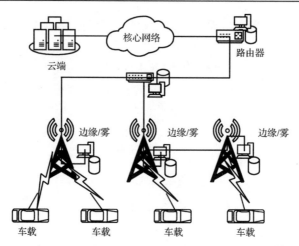

图 1-6　5G 车联网中云和边缘/雾网络的基础设施[1]

基站维护，以确保在高移动性下的稳定连接。而高级数据分发和设备间通信技术的大规模数据交换是通过微小区和毫微小区来实现的。通过先进的数据传播和设备到设备技术，保证了低延迟性和高可靠性。

5. 面向应用的设计

5G 车联网可以将三维高分辨率地图和实时交通数据发送到智能网联车，以协助高精度定位和相应的实时路线规划。这就弥补了板载传感器的限制，从而提高智能网联车的可靠性和稳健性。同时，5G 车联网也可以减轻智能网联车对昂贵的车载传感设备的依赖性，从而降低车辆成本，缩短上市时间。

1.3.2　5G 车联网的需求

5G 车联网框架涉及多个学科的融合，包括通信、认知、智能控制、计算、模式识别、视频处理和传感技术，为前沿创新提供了大量机会。虽然 5G 车联网被认为是未来智能网联车应用中十分有前途的解决方案，但它仍然面临着许多需求。

1. 自动驾驶的无线系统架构

汽车工业的服务特征和用户行为模式不同于传统通信。我们需要仔细分析与整理各种车辆及其服务和应用的具体要求，然后设计系统架构。为了适应实时通信需求，实现车载设备、路边单元和车载通信平台之间的信息交换和协调控制，必须全面地设计以车辆道路协调网络为中心的全分布式系统架构。需要的这种架构应该是一个开放、安全且高效的网络，具有数据广播、端到端数据流存储以及高移动性网络节点的自组织、传输和控制的特点。与此同时，这种网络的可扩展性对于确保未来将自动驾驶迁移到电动汽车上时智能电网的集成也是至关重要的[29]。

2. 低延迟性与高移动性通信

当车辆处于高速自动驾驶模式时，车辆之间以及车辆与雾和云之间需要进行动态信息快速、实时的交换。这些信息包括小数据(例如，相邻车辆的速度、位置和方向)和大数据(例如，周围环境或三维高分辨率地图的视频)。超低延迟通常需要微秒级的时间延迟和每秒数十次的数据交换速率。因此，移动性的增强研究是应对智能网联车的高移动性特征所必需的。此外，当智能网联车跨越小区移动时，小区之间快速且平滑的切换对于保证通信的可靠性和用户的体验质量是必要的。上述调查的基本问题是对与 5G 车联网框架相关的无线通信信道进行适当的测量和建模。基于此，新兴的技术，可以对大规模多输入多输出技术、设备到设备、全双工、非正交多载波、毫米波和可见光通信进行优化和调整，以适应 5G 车联网框架的低延迟性和高移动性海量数据传输的要求。

3. 智能网联车的数据存储和处理

5G 车联网有三个级别的存储和处理单元，即板载、雾和云(图 1-7)。因此，5G 车联网成功设计的一个关键是对智能网联车数据的适当设计。根据板载、雾、云存储和处理单元的各自功能，我们可以描绘出智能网联车数据，并相应地将严格实时约束的任务分配给板载单元，将可以容忍复杂和延迟的任务分配给云单元，以及将有中间要求的任务分配给雾单元。由于 5G 车联网在雾和云端的强大处理能力，对

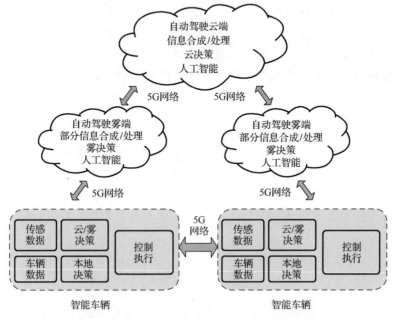

图 1-7　5G 车联网中进行存储、处理和控制的基础设施[1]

车载处理器来说困难甚至不可能的复杂数据分析将有可能变为现实。与此同时，5G车联网可以集合来自多个智能网联车和来自人类操作车辆的主动数据。这将为智能网联车的学习过程带来多方面的好处，从而提高智能网联车的可靠性和安全性，特别是在设想的自我驾驶和人为干预的智能网联车共存的长时期内。

4. 数据分析

如前面所述，5G车联网最终可以交互动态地将复杂数据分析应用于车载传感数据、路边传感数据、智能网联车驾驶历史和人体驾驶行为，从而实现自驾车。通过5G车联网，将首次实现多级、多边形海量数据的收集和组合。在类型方面，这些数据将包括可视范围内和超出视觉范围的环境监测数据，以及车辆的控制和操作数据。就来源而言，这些数据包括智能网联车数据、人工车辆数据和路边单元数据。在特征方面，这些数据包括实时、历史和预测数据。因此，5G车联网将面临大规模和多样化的数据融合与分析问题。这对数据分析方法和技术研发提出了前所未有的需求，并构成了最终实现5G车联网的核心问题。

5. 环境传感技术

5G车联网有望得到超出视觉范围的环境信息。换句话说，5G可以用作智能网联车的虚拟传感器或远程传感器。目前有各种车载传感器，包括多波束激光雷达、毫米波雷达和摄像机。这些本地和远程异构传感器的优化融合具有不同的分辨率和延迟，成为实现5G车联网的另一个关键需求。一旦此需求得到妥善解决，这种优化的配置可以显著地提高每台智能网联车的环境意识。同时，通过收集、融合和共享可以将单台智能网联车的高冗余设备成本转移到共享的路边设施。我们相信这将是实现安全且价格合理的自动驾驶智能网联车的关键技术。

6. 智能网联车控制

作为智能网联车的核心功能单元，决策中心根据环境感知和车辆与道路条件会对车辆行为做出判断和战略决策。目前，由于单台智能网联车上的计算能力有限，决策通常由简单的状态机实现。在5G车联网中，由于存在车辆、雾和云的三级处理单元，最终需要将雾和云单元的远程决策与车辆的本地决策融合。显然，三个处理单元中每个处理单元的决策算法，以及远程和本地决策的正确融合将是该方法的关键。

参 考 文 献

[1] Cheng X, Chen C, Zhang W X. 5G-enabled cooperative intelligent vehicular（5GenCIV）framework: When Benz meets Marconi. IEEE Intelligent Systems, 2017, 32（3）: 53-59.

[2] Broggi A, Zelinsky A, Parent M, et al. Handbook of Robotics, Chapter 51: Intelligent Vehicles. Berlin: Springer , 2018.

[3] Pomerleau D, Jochem T. Rapidly adapting machine vision for automated vehicle steering. IEEE Expert, Special Issue on Intelligent System and their Applications, 1996, 11(2): 19-27.

[4] Petit J, Shladover S E. Potential cyberattacks on automated vehicles. IEEE Transactions on Intelligent Transportation Systems, 2015, 16(2): 546-556.

[5] Ohn-Bar E, Trivedi M M. Looking at humans in the age of self-driving and highly automated vehicles. IEEE Transactions on Intelligent Vehicles, 2016, 1(1): 90-104.

[6] Jo K, Kim J, Kim D. Development of autonomous car, Part I: Distributed system architecture and development process. IEEE Transactions on Industrial Electronics, 2014, 61(12): 7131-7140.

[7] Jo K, Kim J, Kim D, et al. Development of autonomous car, Part II: A case study on the implementation of an autonomous driving system based on distributed architecture. IEEE Transactions on Industrial Electronics, 2015, 63(8): 5119-5132.

[8] 李健, 张立恒. 车联网通信技术发展现状及趋势. 电子技术与软件工程, 2018, 133(11): 45-46.

[9] 郝铁亮, 叶平, 郝成龙, 等. 车联网技术研究. 汽车实用技术, 2017(20): 141-143.

[10] 韩志嵘. 无线通信技术在车联网发展中的应用研究. 科技创新与应用, 2013(26): 73.

[11] 王映民, 孙韶辉, 高秋彬, 等. 5G 传输关键技术. 北京: 电子工业出版社, 2017.

[12] 余全洲. 1G～5G 通信系统的演进及关键技术. 通讯世界, 2016(22): 34-35.

[13] 毛矛. 5G 通信技术应用与关键技术分析. 中国新通信, 2018(14): 150-151.

[14] 胡崇崇. 5G 网络通信技术分析及其应用实践探寻. 中国新通信, 2017, 19(18): 38.

[15] 郑国鑫. 关于面向 5G 无线通信系统的关键技术分析. 中国新通信, 2017, 19(12): 8.

[16] 余莉, 张治中, 程方, 等. 第五代移动通信网络体系架构及其关键技术. 重庆邮电大学学报 (自然科学版), 2014(4): 427-433.

[17] 翟冠楠, 李昭勇. 5G 无线通信技术概念及相关应用. 电信网技术, 2013(9): 1-6.

[18] 郑世华. 5G 技术在移动通信网络中的应用. 无线互联科技, 2017(8): 1-2.

[19] 徐鹏, 郭鸿. 对新时期 5G 无线通信技术发展跟踪与应用分析. 通讯世界, 2017(9): 58-59.

[20] Wireless LAN Medium Access Control (MAC) and Physical Layer (PHY) Specifications Amendment 6: Wireless Access in Vehicular Environments, IEEE Standard 802. 11p, 2010.

[21] IEEE Guide for Wireless Access in Vehicular Environments (WAVE)-Architecture, IEEE Standard 1609. 0-2013, 2014: 1-78.

[22] IEEE Standard for Wireless Access in Vehicular Environments-Security Services for Applications and Management Messages, IEEE Standard 1609. 2-2016 (Revision of IEEE Standard 1609. 2-2013), 2016: 1-240.

[23] Lin X, Andrews J, Ghosh A, et al. An overview of 3GPP device-to-device proximity services.

IEEE Communications Magazine, 2014, 52(4): 40-48.

[24] Shah S A, Ahmed E, Imran M, et al. 5G for vehicular communications. IEEE Communications Magazine, 2018, 56(1): 111-117.

[25] Kreutz D, Ramos F M V, Verissimo P, et al. Software-defined networking: A comprehensive survey. Proceedings of IEEE, 2015, 103(1): 14-76.

[26] Han Q, Liang S, Zhang H. Mobile cloud sensing, big data, and 5G networks make an intelligent and smart world. IEEE Network, 2015, 29(2): 40-45.

[27] Huang S C, Hsu H, Lien S Y, et al. Architecture harmonization between cloud radio access networks and fog networks. IEEE Access, 2015, 3: 19-34.

[28] Gabry F, Bioglio V, Land I. On energy-efficient edge caching in heterogeneous networks. IEEE Journal on Selected Areas in Communications, 2016, 34(12): 88-98.

[29] Cheng X, Hu X Y, Yang L Q. Electrified vehicles and the smart grid: The ITS perspective. IEEE Transactions on Intelligent Transportation Systems, 2014, 15(4): 1388-1404.

第 2 章　车载通信信道特征和建模

在智能交通系统与车辆自组织网络研究发展迅速的今天，人们对车载通信信道研究的重要性以及热度日益提升。车载通信是指基于智能交通系统和传感器网络技术的发展，在车辆上应用先进的无线通信技术，实现信息化和智能化的交通。车对车的信息交换是未来智能交通系统的关键技术。它使车辆能够获得一系列交通信息，如实时道路状况、道路信息、行人信息等，提高驾驶安全性，减少拥堵，提高交通效率等。车载通信具有车辆高速行驶、移动区域受限等特点，其信道与传统蜂窝系统信道有着显著差别。因此，为了便于对车载通信信道的研究与设计，本章主要对车载通信环境进行详细描述以及介绍相关的信道模型。

2.1　车载通信信道建模简介

本节将简要介绍车载通信信道主要的建模方法和现有的车载通信信道模型。根据建模方法的不同，这些模型可以分为确定性模型和统计性模型，后者可以进一步分为非几何统计模型(non-geometrical stochastic model，NGSM)和基于几何的统计模型(geometry-based stochastic model，GBSM)。

2.1.1　车载通信信道建模的分类

1. 基于几何的确定性模型

确定性模型以完全确定性的方式表征车载通信信道的物理参数。Maurer 等[1]采用射线跟踪方法提出了基于移动端对移动端(mobile-to-mobile，M2M)信道的确定性模型。该方法旨在再现给定环境的实际物理无线电传播过程。图 2-1 给出了一个典型的车对车(vehicle-to-vehicle，V2V)通信环境。真实环境的表示主要包括两个主要部分：动态交通环境(例如，移动的汽车等)的建模和静态路边环境(例如，建筑物、停放的汽车、道路标志、树木等)的建模，然后根据几何因子和几何光学的规则产生从发射端(transmitter，Tx)到接收端(receiver，Rx)的可能路径/射线来实现在该真实环境中的波传播的模型。接下来，其在传播模型中使用了 3D(three dimensional)射线跟踪方法，所得到的复脉冲响应包括完整的信道信息——信道统计的非平稳性，车辆交通密度(vehicular traffic density，VTD)对信道统计的影响以及仰角对信道统计的影响，并且与测量结果非常一致，但是基于几何的确定性模型(geometry-based deterministic model，GBDM)需要对特定传播环境进行详细的描述，因此不易推广到广泛的场景。

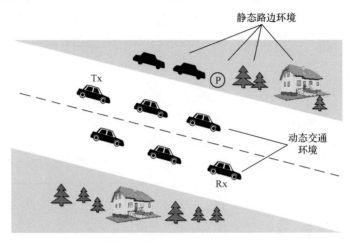

图 2-1　典型的 V2V 通信环境示意图

2. 非几何的统计模型

NGSM 不假设任何几何形状，而是以完全随机的方式确定车载通信信道的物理参数。Acosta-Marum 等[2]提出的单输入单输出(single-input single-output，SISO) NGSM 是车载通信信道模型的起源。基于抽头延迟线(tapped delay line，TDL)结构，该模型由 L 个抽头组成，抽头幅度的概率密度分布为瑞利或赖斯分布，因此有能力体现每个抽头的信道统计特性。此外，每个抽头包含 N 个不可解析的、具有不同类型的多普勒频谱的子路径，如扁平形、圆形、经典的 3dB 形状和经典的 6dB 形状等，这使得人们可以对每个抽头合成任意的多普勒频谱。然而，该 NGSM 仍然基于广义平稳非相干散射(wide-sense stationary uncorrelated scattering，WSSUS)信道假设，并且没有引入 VTD 对信道统计的影响。

Sen 等[3]提出了新的 SISO NGSM。该模型考虑到了信道的非平稳特性，通过马尔可夫链来对多径分量的持续性进行建模，还研究了 VTD 对信道统计的影响。研究中提到的 SISO 车载通信信道的复脉冲响应来源于 Acosta-Marum 和 Brunelli 提出的一个附加术语：持续性过程，其考虑了有限寿命的可解析路径。该 NGSM 可以很容易地捕获强多径效应突然消失的效果，这通常由另一车辆或其他障碍物的快速阻塞或堵塞引起。但是，该模型没有考虑到不同的延迟箱中(可解析路径)的散射体的移动，因此用于持续过程的马尔可夫模型的过渡概率可能不准确。这可能降低该 NGSM 准确捕获真实车载通信信道非平稳性的能力，因此这个问题值得大家去进行更多的研究。

3. 基于几何的统计模型

根据波传播的基本定律，GBSM 采用预先假设有效散射体的位置分布来对信道进行建模。通过改变散射区域的形状或散射体位置分布的概率密度函数(probability density function, PDF), GBSM 可以适应于不同的通信场景。GBSM 可以根据有效散射体是放置在规则形状(一个/两个环、椭圆形等)还是不规则形状上而进一步分类为规则形状的 GBSM(regular-shaped geometry-based stochastic model, RS-GBSM)或不规则形状的 GBSM(irregularly-shaped geometry-based stochastic model, IS-GBSM)。一般来说, RS-GBSM 用于信道统计的理论分析和通信系统的理论设计及比较。因此, 为了保持数学模型, RS-GBSM 假定所有有效散射体位于规则形状上。相反, IS-GBSM 旨在再现物理现实, 因此需要修改 RS-GBSM 的有效散射体的位置和性质。

IS-GBSM[4,5]将有效散射体置于随机位置, 但是具有指定的统计分布。通过简化的射线跟踪法确定有效散射体的贡献, 并且将信号分量求和以获得信道脉冲响应。使用射线追踪法, Karedal 等[4]的 IS-GBSM 可以通过规定 Tx、Rx 和移动散射体的运动来处理车载通信信道的非平稳性。

Akki 等[6]提出了用于窄带各向同性散射 V2V-SISO 瑞利衰落信道二维 RS-GBSM。在文献[7]和[8]中, 作者提出了一种通用的双环 GBSM, 它适用于窄带非各向同性的 V2V 多输入多输出(multiple-input multiple-output, MIMO)赖斯衰落信道。此外, 在文献[9]和[10]中提出了一种 RS-GBSM, 它是基于窄带非各向同性 V2V-MIMO 信道的椭圆和双环模型的组合。文献[11]提出了一种用于窄带 V2V 信道的三维双圆柱模型。文献[12]和[13]研究了 V2V 信道的电平通过率(level crossing rate, LCR)和平均衰落持续时间(average fade duration, AFD)。在文献[12]中, 作者研究了二维大尺度空间(large scale space, LSS)情景中各向同性散射 V2V 瑞利衰落信道的 LCR 和 AFD(即 Tx-Rx 距离大于 1km)。此外, 由于 V2V 通信环境的独特特性, VTD 对信道特性的影响不可忽视, 文献[3]和[14]证明了 VTD 对 V2V 信道的信道统计特性有一定影响。

上述 GBSM 都是针对窄带 V2V 信道提出的。窄带信道的一个重要特性是其传播延迟远小于数据符号持续时间 T_s, 即可以忽略由不同有效散射体引起的延迟差异。但是, 宽带系统中的传播延迟大于数据传输速率 T_s 而不能忽略。因此需要开发相应的宽带 V2V 信道模型。文献[15]和[16]提出了一种用于宽带信道的双同心圆柱模型, 可以将其视为双圆柱窄带模型的扩展。同时, V2V 窄带信道的 2D 双环和椭圆模型已经扩展到宽带信道[16], 并且使用共焦多椭圆模型来表示 TDL 结构, 以及对多普勒频谱功率密度(Doppler power spectrum density, DPSD)的影响进行了调查。

可以看出, 上述文献中 V2V 信道模型大多依赖于广义平稳(wide-sense stationary, WSS)假设。然而, 关于 V2V 信道的测量结果表明, WSS 假设仅在非常短的时间间隔内有效。因此, 需要对非平稳信道模型进行研究。基于 V2V-MIMO 窄带信道的非平稳模型已在文献[17]中进行研究, 该模型已在文献[18]中进一步扩展到宽带情况。基于宽带 V2V-MIMO 非平稳信道, 双球和多共焦椭圆柱组合的 3D 模型在文献[19]中提出，通过调整参数可以适应不同的通信场景，它也是第一个能够研究 VTD 对信道统计影响的 3D 非平稳车载通信信道的 RS-GBSM。

2.1.2　现有的车载通信信道统计模型

GBDM 需要对特定传播环境进行详细的描述，不易推广到广泛的场景。所以现在广泛使用和调研的是统计模型。本节将从 NGSM 和 GBSM 两个方面详细地描述现有的车载通信信道统计模型。

1. 现有的两种车载通信信道 NGSM

本节将详细描述车载通信信道 NGSM 中的两种完整的经典车载信道模型：平稳车载通信信道模型和非平稳车载通信信道模型。二者均基于冲激响应的 TDL 建模，且仅考虑小尺度衰落，不考虑路径损耗等大尺度衰落环境。二者不同之处在于，它们的建模重点针对车载信道不同的信道特性：平稳车载通信信道模型以 WSSUS 为假设，重点实现各抽头的多普勒特性与衰落类型；非平稳车载通信信道模型重点实现 non-WSSUS 与车载信道的深衰落。接下来将分别阐述这两种模型的实现方法。

1）平稳车载通信信道 NGSM

Ingram 等在文献[2]中提出一种针对车载信道复杂多普勒效应的实现办法，这种建模方案没有考虑大尺度衰落，且建立在 WSSUS 假设上。

在平坦性衰落信道中，信道表示为

$$h(t,\tau)=\delta(\tau-\tau_0)\mathrm{e}^{-\mathrm{j}2\pi f_c\cdot\tau_0}\sum_{k=1}^{N}c_k(t)\mathrm{e}^{\mathrm{j}2\pi f_{\mathrm{D},k}(t-\tau_0)}=\delta(\tau-\tau_0)\mathrm{e}^{-\mathrm{j}2\pi f_c\cdot\tau_0}a(t) \tag{2-1}$$

对谱型的实现方法采用最传统的多普勒滤波器法(图 2-2)，主要针对式(2-1)中虚线框内随机量之和，将这些简单的谱型做搬移、组合，就可用于拟合实测的车载信道每一抽头的复杂谱型：

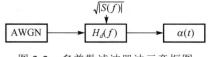

图 2-2　多普勒滤波器法示意框图

若信道存在视距(line-of-sight，LoS)路径，在滤波得到随机分量 $\alpha(t)$ 的基础上，加一个直流分量：

$$h(t,\tau)=\mathrm{e}^{\mathrm{j}2\pi f_c\cdot\tau_0}\delta(\tau-\tau_0)\sqrt{P_0}$$
$$\times\left\{\frac{1}{\sqrt{K+1}}\alpha(t)\mathrm{e}^{\mathrm{j}2\pi f_{\mathrm{D},k}(t-\tau_0)}+\sqrt{\frac{K}{K+1}}\mathrm{e}^{\mathrm{j}2\pi[f_{\mathrm{D,LoS}}(t-\tau_0)+\theta_{\mathrm{LoS}}]}\right\} \tag{2-2}$$

式中，$f_{D,LoS}$ 为 LoS 径多普勒频偏；θ_{LoS} 为 LoS 径初始相位，一般设为 0；K 为赖斯因子的线性表达，即直流功率与随机功率之比，$K=0$ 时退化为瑞利信道。

在频率选择性衰落信道中，存在多个不同时延的分量，则信道的实现方式如图 2-3 所示。在此该模型下信道冲激响应最终表示为

$$h(t,\tau)=\sum_{k=1}^{N}\sqrt{P_k}\left\{\frac{1}{\sqrt{K_k+1}}a_k(t)\mathrm{e}^{\mathrm{j}2\pi f_{D,k}(t-\tau_k)}+\sqrt{\frac{K_k}{K_k+1}}\mathrm{e}^{\mathrm{j}2\pi[f_{D,LoS,k}(t-\tau_k)+\theta_{LoS,k}]}\right\}\mathrm{e}^{\mathrm{j}2\pi f_c\cdot\tau_k}\delta(\tau-\tau_k)\quad(2\text{-}3)$$

式中，$f_{D,LoS}$ 为 LoS 径多普勒频偏；θ_{LoS} 为 LoS 初始相位，一般设为 0；K 为赖斯因子的线性表达；N 为抽头数；K_k 为第 k 个路径的赖斯因子值；$a(t)$ 为滤波得到的随机分量。

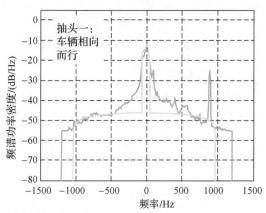

图 2-3　某实测车载信道 PSD 与其谱型拟合[2]

针对平稳车载通信信道的 NGSM 可以用赖斯分布很好地描述当 LoS 路径存在的情形。此外，可以较完备地实现信道复杂的多普勒效应，因此，它被作为 802.11p 的标准模型。然而，其建立在 WSSUS 假设上并没有考虑大尺度衰落，而且能模拟的最恶劣的衰落仅仅只是瑞利衰落。但是，非平稳性以及深度衰落是车载信道中常见的特性。为了解决这一不足，一种针对非平稳信道和深衰落场景下的车载信道模型被提出，即非平稳车载通信信道的 NGSM，下面详细描述该模型的建模过程。平稳车载通信信道模型实现框图见图 2-4。

2）非平稳车载通信信道 NGSM

本节将详细描述非平稳车载通信信道 NGSM 的建模方法，其包含了三个部分，分别是 non-WSS 建模、相关散射建模和深度衰落建模。①non-WSS 建模：采用 death & birth 模型进行建模，描述传输环境发生不可预测的变化时，因突然出现的散射体阻碍导致的某一径的消失，或增加的散射路径导致某一径的出现。②相关散射建模：包括了时间维与时延维的相关性，把上述两维度的联合相关函数拆分成独立的时间维相关函数与时延维相关函数，并通过两次独立的线性相关运算，接下来利用

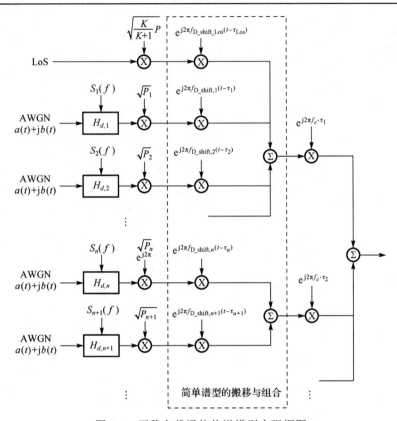

图 2-4　平稳车载通信信道模型实现框图

得到的相关系数矩阵来计算相应的信道相关特性。③深度衰落建模：使用韦布尔分布来描述比车载信道中产生的瑞利分布更加恶劣的情况。

（1）non-WSS 建模方法

在文献[3]中，一种针对 non-WSSUS 与深度衰落情景下的车载信道模型被提出，它较好地分析并模拟了平稳车载通信信道模型没有考虑的重要特性。

对 non-WSS 可以采用 death & birth 模型进行建模，描述传输环境发生不可预测的变化时，因突然出现的散射体阻碍导致的某一径的消失，或增加的散射路径导致某一径的出现。为了便于对信道非平稳特性进行离散描述，本书对测量数据设定阈值，假设低于主多径分量能量 25dB 的路径处于 death 状态，并且不同的多径分量的 death & birth 现象也不同。文献[3]在小城镇车载通信环境中对第三径与第五径的能量测量结果如图 2-5 所示。

用一阶二状态的马尔可夫链来描述 death & birth 状态的持续与跳转。

$$\mathrm{TS}=\begin{pmatrix} P_{00} & P_{01} \\ P_{10} & P_{11} \end{pmatrix}, \quad \mathrm{SS}=\begin{pmatrix} S_0 \\ S_1 \end{pmatrix} \tag{2-4}$$

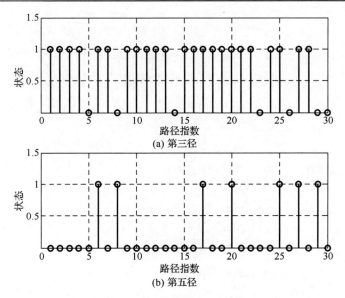

(a) 第三径

(b) 第五径

图 2-5 实测信道 death & birth 现象[3]

式中，TS 为状态转移矩阵；P_{ij} 表示从当前状态 i 跳转到状态 j 的概率；SS 为状态保持矩阵；S_i 表示 i 状态在整个状态序列中的存在概率。满足 $\sum\limits_j P_{ij} = 1$，$\sum\limits_i S_i = 1$。

每个 death 或 birth 状态的持续时间为信道的相关时间，即 $T_c = \dfrac{9}{16\pi f_m}$，$f_m$ 为信道最大多普勒频移。将这个状态序列应用到信道冲激响应中，即在原 TDL 模型基础上乘一个取值为 $\{0,1\}$ 的开关函数 $z(t)$，可进一步表示为

$$h(t,\tau) = \sum_{k=1}^{N} z_k(t) c_k(t) \mathrm{e}^{\mathrm{j}2\pi[f_{\mathrm{D},k}(t-\tau_k) - f_c \cdot \tau_k]} \delta(\tau - \tau_k) \tag{2-5}$$

因此，本书采用 death & birth 模型进行建模，很好地描述了传输环境发生不可预测的变化时的情景，即突然出现的散射体阻碍导致某一径的消失，或增加的散射路径导致某一径的出现，这也更符合实际车车通信的环境。

(2) 相关散射建模方法

non-WSS 特性已用独立的开关函数 $z(t)$ 描述，所以在此仅考虑 WSS 情景，信道的相关性表示为

$$r_{hh}(\tau_1', \tau_2'; t, t+\tau) = r_{hh}(\tau_1', \tau_2'; \tau) \tag{2-6}$$

这包括了时间维与时延维的相关性，为了降低复杂度，认为各径的时间相关性均相同，且信道的相关散射特性不随时间变化而改变，则上述两维度的联合相关函数可拆分成独立的时间维相关函数与时延维相关函数(即相关散射)：

$$r_{hh}(\tau_1',\tau_2';\tau)=\sigma(\tau_1')\sigma(\tau_2')\rho(\tau_1',\tau_2')r_{hh}(\tau)=\sigma(\tau_1')\sigma(\tau_2')\rho(\tau_1',\tau_2')\int P(f)\mathrm{d}f \qquad (2\text{-}7)$$

再进一步，考虑信道各径服从复高斯/瑞利分布，则可通过两次独立的线性相关运算实现：时间域做多普勒滤波的线性卷积，时延域做线性运算 $h(t,\tau)=\sigma(\tau)\sum_i h_{\mathrm{US}}(t,\tau_i)L(\tau,\tau_i)$，其中 $h_{\mathrm{US}}(t,\tau)$ 服从 $N(0,1)$ 复高斯分布，且为非相关散射，$L(\tau_1,\tau_2)$ 满足：

$$
\begin{aligned}
E[h(t,\tau_1')h^*(t,\tau_2')] &=\sigma(\tau_1')\sigma(\tau_2')E\left[\sum_i h_{\mathrm{US}}(t,\tau_i)L(\tau_1',\tau_i)\sum_j h^*{}_{\mathrm{US}}(t,\tau_j)L^*(\tau_2',\tau_j)\right]\\
&=\sigma(\tau_1')\sigma(\tau_2')E\left[\sum_i h_{\mathrm{US}}(t,\tau_i)h^*{}_{\mathrm{US}}(t,\tau_i)L(\tau_1',\tau_i)L^*(\tau_2',\tau_i)\right]\\
&=\sigma(\tau_1')\sigma(\tau_2')\sum_i L(\tau_1',\tau_i)L^{\mathrm{H}}(\tau_i,\tau_2')\\
&=\sigma(\tau_1')\sigma(\tau_2')\rho(\tau_1',\tau_2')
\end{aligned}
\qquad (2\text{-}8)
$$

该性质反映了不同径之间的相互影响，代表了时延域特性。生成相关系数矩阵 ρ^G 的有色复高斯随机变量，包含以下三个步骤：①生成非相关复高斯随机变量 V；②将相关系数矩阵通过 Cholesky 分解，得到有色矩阵 L，即 $LL^{\mathrm{H}}=\rho^G$，其中 L^{H} 是 L 的埃尔米特转置矩阵；③通过 $W=LV$ 生成相关复高斯随机变量，从而信道的相关特性可以由相关抽头实现。具体步骤如图 2-6 所示。

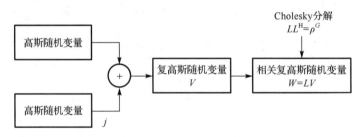

图 2-6　多径相关的复高斯随机变量生成框图

(3)深度衰落建模方法

车载信道中，由于更恶劣的时延扩展、多普勒扩展，以及非平稳特性的作用，多径分量的衰落往往比瑞利衰落更为恶劣，采用韦布尔分布来描述，其概率密度函数如下：

$$p_W(x)=\frac{\beta}{a^\beta}x^{\beta-1}\exp\left[-\left(\frac{x}{a}\right)^\beta\right] \qquad (2\text{-}9)$$

式中，β 是决定衰落程度的因子；$a=\sqrt{E(x^2)/\Gamma[(2/\beta)+1]}$ 是一个规模参数，其中 Γ 是一个 Gamma 函数。当 $\beta=2$ 时，韦布尔分布等同于瑞利分布；若 β 越小，则衰落越恶劣；若 β 很大，则会出现类似赖斯分布的情况，存在直流分量。图 2-7 中韦布尔分布与收集到的数据拟合程度很高。

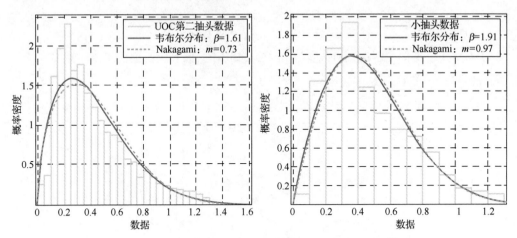

图 2-7　UOC 第二抽头的数据的韦布尔分布拟合图[3]

此外，韦布尔与瑞利分布可以相互转换：若 W 是服从韦布尔分布的随机变量，则一定存在服从瑞利分布的随机变量 R，满足 $W = R^{2/\beta}$。瑞利随机变量又可表示为两个独立同分布的正交高斯随机变量之和，所以可通过高斯随机过程实现韦布尔随机过程。由于不能保证韦布尔随机过程直接经线性运算后仍服从韦布尔分布，通过对复高斯过程做线性运算后转换为韦布尔分布，可实现原本独立的变量间的相关性，包括时域与时延域。

由测量数据直接统计得到的是多径的韦布尔随机过程的包络均值 $E[W^2]$ 与包络相关矩阵 ρ^G。为降低复杂度，时间相关域采用对复高斯过程的线性卷积来实现，为了保持 PSD 谱型，采用相位与幅度分离的办法，仅对幅度做幂运算，随后乘以原滤波后的相位。具体步骤如图 2-8 所示。

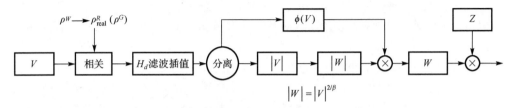

图 2-8　相关的多径韦布尔随机过程生成示意图

图 2-8 中，V 为独立同分布的复高斯过程，Z 为开关函数等后期操作。其中，$\phi(V)$ 可以更好地模拟现实条件，并能实现比瑞利更恶劣的衰落。但是，其没有很好地描述 LoS 路径以及仅能实现简单的不随时延改变的多普勒频移。

2. 现有的车载通信信道 GBSM

本节将简要描述车载通信信道基于几何的统计模型，其中包含 IS-GBSM 和 RS-GBSM。考虑到 V2V 不同的通信场景，将后者进一步分为四个部分，分别是① 窄带 V2V-SISO 信道的 RS-GBSM；②窄带 V2V-MIMO 信道的 RS-GBSM；③宽带 V2V-MIMO 信道的 RS-GBSM；④宽带 V2V-MIMO 非平稳信道的 RS-GBSM。

1) 车载通信信道 IS-GBSM

IS-GBSM 通过简化的射线跟踪法确定有效散射体的贡献，并且将信号分量求和以获得信道脉冲响应。车载通信信道 IS-GBSM 环境示意图见图 2-9。

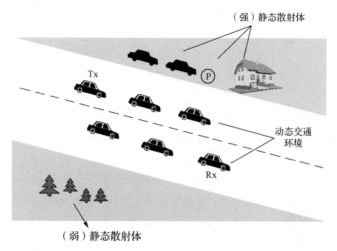

图 2-9　车载通信信道 IS-GBSM 环境示意图

为了更好地与提出的测量结果达成一致，Karedal 等[4]进一步地将脉冲响应分为四部分。

（1）LoS 分量，其可以包含的不仅仅是真实的 LoS 信号(例如，地面反射)。

（2）来自动态散射体反射的离散分量(例如，移动汽车)。

（3）来自显著的(强)静态散射体反射的离散分量(例如，位于路边的建筑物和道路标志)。

（4）来自位于路边的(弱)静态散射体反射的漫反射分量。

IS-GBSM 实际上极大地简化了 GBDM 的版本，并且可以通过适当地调整有效散射体的位置的统计分布而用于各种各样的车载通信场景。使用射线追踪法，Karedal 等提出的 IS-GBSM 可以通过规定 Tx、Rx 和移动散射体的运动来表示车载通信信道的非平稳性。因此，信道冲激响应可以表示为

$$h(t,\tau) = h_{\mathrm{LoS}}(t,\tau) + \sum_{p=1}^{P} h_{\mathrm{MD}}(t,\tau_p) + \sum_{q=1}^{Q} h_{\mathrm{SD}}(t,\tau_q) + \sum_{r=1}^{R} h_{\mathrm{DI}}(t,\tau_r) \qquad (2\text{-}10)$$

式中，$h_{\mathrm{LoS}}(t,\tau)$ 是 LoS 分量；$\sum\limits_{p=1}^{P} h_{\mathrm{MD}}(t,\tau_p)$ 是来自移动散射体反射的离散分量，其中

P 是移动离散散射体的数量；$\sum\limits_{q=1}^{Q} h_{\mathrm{SD}}(t,\tau_q)$ 是来自静态散射体反射的离散分量，其中

Q 是静态散射体的数量；$\sum\limits_{r=1}^{R} h_{\mathrm{DI}}(t,\tau_r)$ 是漫射分量，其中 R 是漫射散射体的数量。

2）车载通信信道 RS-GBSM

本节将根据车载通信不同的信道场景，对四类不同车在通信信道模型中进行简要的描述。

（1）窄带 V2V-SISO 信道的 RS-GBSM

图 2-10 显示了双环 SISO 车载通信信道 RS-GBSM 的参考模型[6]，假设有效散射体分布在 Tx 和 Rx 周围的两个环上。基于这个模型并考虑到 Tx 和 Rx 的移动方向，在窄带非各向同性散射 V2V 瑞利衰落信道的假设下，可以将参考模型的信道脉冲响应表示为

$$h(t)=h_i(t)+\mathrm{j}h_q(t)$$

$$=\lim_{N,M\to\infty}\frac{1}{\sqrt{NM}}\sum_{n,m=1}^{N,M}\mathrm{e}^{\mathrm{j}\psi_{nm}}\mathrm{e}^{\mathrm{j}[2\pi f_{T\max}t\cos(\phi_T^m-\gamma_T)+2\pi f_{R\max}t\cos(\phi_R^n-\gamma_R)]} \tag{2-11}$$

式中，$h_i(t)$、$h_q(t)$ 分别是复衰落包络 $h(t)$ 的同相和正交分量；$\mathrm{j}=\sqrt{-1}$；N 与 M 表示位于围绕 Rx 和 Tx 的环上的有效散射体的传播路径的数量；$f_{T\max}$ 与 $f_{R\max}$ 分别是由 Rx 和 Tx 的运动而引起的最大多普勒频率；Tx 与 Rx 分别沿着角度 γ_T 和 γ_R 运动，第 n 条路径的随机到达角（angle of arrival，AoA）与离开角（angle of departure，AoD）分别用 ϕ_R^n 和 ϕ_T^m 表示；ψ_{nm} 是均匀分布在 $[-\pi,\pi)$ 上的随机相位。假设 ϕ_R^n、ϕ_T^m 和 ψ_{nm} 是相互独立的随机变量。

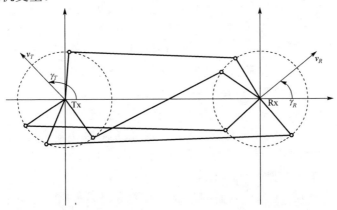

图 2-10　双环 S1SO 车载通信信道 RS-GBSM 的参考模型[6]

(2) 窄带 V2V-MIMO 信道的 RS-GBSM

上述讨论中使用的双环 RS-GBSM 参考模型是过于简单的，因此无法捕获车载通信信道的一些重要特性。基于窄带 V2V-MIMO 车载通信信道所提出的一个双环和椭圆的组合模型[9]见图 2-11。

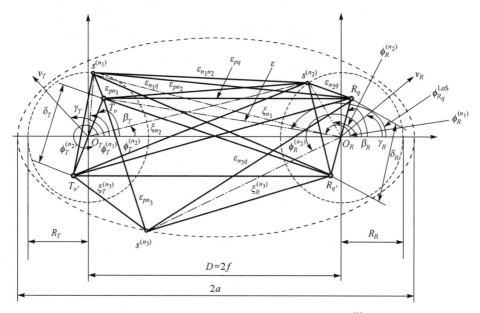

图 2-11　窄带 V2V-MIMO 车载通信信道模型[9]

假设该窄带 V2V-MIMO 车载通信系统具有 M_T 个发射天线和 M_R 个接收全向天线元件，且 Tx 和 Rx 都配有低仰角天线。双环模型假设有效散射体分布在两个圆环上，一个在 Tx 周围，另一个在 Rx 周围。假设在半径为 R_T 的圆环上分布 N_1 个有效散射体，并且第 $n_1(n_1 = 1, 2, \cdots, N_1)$ 个散射体可以表示为 $s^{(n_1)}$。类似地，假设在位于半径为 R_R 的环上有 N_2 个有效散射体并且第 $n_2(n_2 = 1, 2, \cdots, N_2)$ 个散射体可以表示为 $s^{(n_2)}$。对于椭圆模型，假设 N_3 个有效散射体分布于焦点在 Tx 和 Rx 的椭圆上。椭圆的半长轴与第 $n_3(n_3 = 1, 2, \cdots, N_3)$ 个有效散射体分别由 a 和 $s^{(n_3)}$ 表示。Tx 和 Rx 之间的距离为 $D = 2f$，其中 f 表示椭圆的两个焦点之间的距离的一半。在 Tx 与 Rx 处的天线元件间隔分别由 δ_T 和 δ_R 表示，且满足 $\{R_T, R_R, a-f\} \gg \max\{\delta_T, \delta_R\}$。天线的仰角可以由 β_T 和 β_R 来表示，Tx 与 Rx 分别以速度 v_T 和 v_R，沿着与 +x 轴的角度为 γ_T 和 γ_R 方向移动。同时，假设由 Tx 到有效散射体上的波的 AoD 由 $\phi_T^{(n_i)}$ 表示，由有效散射体朝向 Rx 行进的波的 AoA 由 $\phi_R^{(n_i)}$ 表示，LoS 路径的 AoD 与 AoA 由 ϕ_T^{LoS} 和 ϕ_R^{LoS} 表示。

MIMO 衰落信道可以由 $M_R \times M_T$ 的矩阵 $H(t) = [h_{pq}(t)]_{M_R \times M_T}$ 来描述。在载波频率 f_c 条件下的第 p 个 $(o = 1, 2, \cdots, M_T)$ 发射天线和第 q 个 $(q = 1, 2, \cdots, M_R)$ 接收天线之间的信道冲激响应可以表示为 LoS 分量、单反射分量和双反射分量的组合：

$$h_{pq}(t) = h_{pq}^{\mathrm{LoS}}(t) + h_{pq}^{\mathrm{SB}}(t) + h_{pq}^{\mathrm{DB}}(t) \tag{2-12}$$

(3) 宽带 V2V-MIMO 信道的 RS-GBSM

上面提出了一种用于非各向同性赖斯窄带 V2V-MIMO 信道的 RS-GBSM。然而，用于车载通信的大多数传输方案使用相对宽的带宽，对于 IEEE 802.lip 标准约为 10MHz。基本的车载通信信道表现出频率选择性，因为信号带宽度大于这些信道的相干带宽(4~6MHz)。因此，宽带车载通信信道模型是必不可少的。

为填补这一空白，通过应用 TDL 概念，文献[16]提出了一种新的 2D 宽带车载通信信道 RS-GBSM，它是基于频率选择性对提出的窄带模型的扩展。该宽带模型由 LoS 分量、考虑单反射和双反射分量的双环模型和考虑单反射的多共焦椭圆模型构成。文献[16]所提出的宽带模型可用于研究不同时间延迟的信道统计——每个抽头信道统计，并且还可以容易地匹配任何指定或测量的 PDF。考虑到不同 VTD 对所提出的宽带模型中的每个抽头的信道统计的影响，区分移动的汽车和固定的路边环境，这分别由双环模型和多共焦椭圆模型描述。

考虑一个具有 M_T 个发射天线和 M_R 个接收全向天线元件的宽带 MIMO 车载通信系统，且 Tx 和 Rx 都配有低仰角天线。图 2-12 为所提出的 RS-GBSM 的几何形状，它是双环模型和多共焦椭圆模型的组合，包括 LoS、单反射和双反射分量。为了方便分析，图 2-12 中显示的是具有 $M_T = M_R = 2$ 的均匀线性天线阵列。双环模型假设有效散射体分布在两个圆环上，一个在 Tx 周围，另一个在 Rx 周围。假设在半径为 R_T 的圆环上分布 $N_{1,1}$ 个有效散射体，并且第 $n_{1,1}(n_1 = 1,2,\cdots,N_{1,1})$ 个散射体可以表示为 $s^{(n_{1,1})}$。类似地，假设在位于半径为 R_R 的环上有 $N_{1,2}$ 个有效散射体并且第 $n_{1,2}(n_{1,2} = 1,2,\cdots,N_{1,2})$ 个散射体可以表示为 $s^{(n_{1,2})}$。假设多共焦椭圆模型在第 l 个椭圆上 (即第 l 个抽头) 有 $N_{l,3}$ 个有效散射体，其中 $l = 1,2,\cdots,L$，L 是椭圆或抽头的总数，且第 l 个椭圆的长轴与第 $N_{l,3}$ 个有效散射体分别由 a_l 和 $s^{(n_{l3})}$ 表示。Tx 和 Rx 之间的距离为 $D = 2f$，其中 f 表示椭圆的两个焦点之间距离的一半。Tx 与 Rx 处的天线元件间隔分别由 δ_T 和 δ_R 表示，天线仰角由 β_T 和 β_R 来表示，假设 Tx 与 Rx 分别以速度 v_T 和 v_R，沿着与 $+x$ 轴夹角为 γ_T 和 γ_R 的方向运动。同时，假设由 Tx 到有效散射体 $s^{(n_{1,1})}$，$s^{(n_{1,2})}$，$s^{(n_{l3})}$ 上的波的 AoD 由 $\phi_T^{(n_{1,1})}$，$\phi_T^{(n_{1,2})}$，$\phi_T^{(n_{l3})}$ 表示，由有效散射体朝向 Rx 行进的波的 AoA 由 $\phi_R^{(n_{1,1})}$，$\phi_R^{(n_{1,2})}$，$\phi_R^{(n_{l3})}$ 表示，LoS 路径的 AoD 与 AoA 由 ϕ_T^{LoS} 和 ϕ_R^{LoS} 表示。

MIMO 衰落信道可以由 $M_R \times M_T$ 的矩阵 $H(t) = [h_{pq}(t,\tau')]_{M_R \times M_T}$ 来描述，根据 TDL 的概念，第 p 个 $(p = 1,2,\cdots,M_T)$ 发射天线和第 q 个 $(q = 1,2,\cdots,M_R)$ 接收天线之间的复脉冲响应可以表示为

$$h_{pq}(t,\tau') = \sum_{l=1}^{L} c_l h_{l,pq}(t)\delta(\tau' - \tau_l')$$

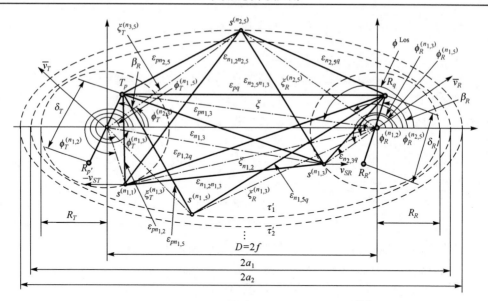

图 2-12　宽带 V2V-MIMO 车载通信信道模型[16]

式中，c_l 表示第 l 个抽头的增益；$h_{l,pq}(t)$ 与 τ_l' 分别表示第 l 个抽头的时变抽头系数和离散传播延迟。

在上述 RS-GBSM 中，假设用于 $T_p \rightarrow R_q$ 链路的第一个抽头的复抽头系数是 LoS 分量、来自第一个椭圆及双环上散射体的单反射分量和来自双环上散射体的双反射分量的和，可以表示为

$$h_{l,pq}(t) = h_{l,pq}^{\mathrm{LoS}}(t) + \sum_{i=1}^{I} h_{l,pq}^{\mathrm{SB}_i}(t) + h_{l,pq}^{\mathrm{DB}}(t) \qquad (2\text{-}13)$$

$T_p \rightarrow R_q$ 链路的其他抽头的复抽头系数是来自相应椭圆上散射体的单反射分量、经过相应椭圆和双环之一散射体产生的双反射分量的和，并且可以表示为

$$h_{l,pq}(t) = h_{l,pq}^{\mathrm{SB}_3}(t) + h_{l,pq}^{\mathrm{DB}_1}(t) + h_{l,pq}^{\mathrm{DB}_2}(t) \qquad (2\text{-}14)$$

（4）宽带 V2V-MIMO 非平稳信道的 RS-GBSM

图 2-13 表示基于 V2V-MIMO 非平稳信道提出的 3D 双球和多共焦椭圆柱环组合模型[19]，其接收功率是 LoS、单反射和双反射分量的叠加。考虑具有 M_T 个发射和 M_R 个接收全向天线元件的 3D 宽带 V2V-MIMO 通信系统，Tx 和 Rx 都配备了低仰角天线。MIMO 衰落信道可以通过 $M_R \times M_T$ 的矩阵 $H(t) = [h_{pq}(t, \tau)]_{M_R \times M_T}$ 来描述。考虑到 VTD 对信道统计的影响，需要区分 Tx 和 Rx 周围的移动车辆以及固定的路边环境。因此，使用双球模型模拟移动车辆，多个共焦椭圆柱模型来模拟静止的路边环境，假设第 p 个（$p = 1, 2, \cdots, M_T$）发射天线和第 q 个（$q = 1, 2, \cdots, M_R$）接收天线之间的复脉冲响应表示为

$$h_{pq}(t,\tau) = \sum_{l=1}^{L} c_l h_{l,pq}(t)\delta(\tau - \tau_l)$$

式中，c_l 表示第 l 个抽头的增益；$h_{l,pq}(t)$ 与 τ_l 分别表示第 l 个抽头的时变抽头系数和离散传播延迟。

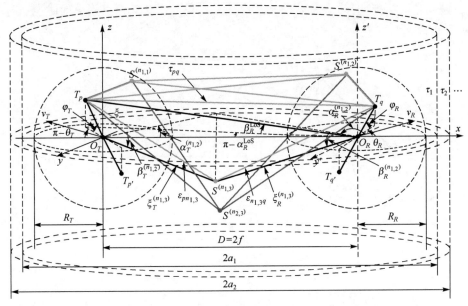

图 2-13　宽带 V2V-MIMO 非平稳车载通信信道模型[19]

为了便于分析，图 2-13 使用 $M_T = M_R = 2$ 的均匀线性天线阵列作为示例。假设在 Tx 周围存在 $N_{1,1}$ 个有效散射体，其位于半径为 R_T 的球体上，并且第 $n_{1,1}(n_1 = 1,2,\cdots,N_{1,1})$ 个有效散射体表示为 $S^{(n_{1,1})}$。类似地，假设 Rx 周围有 $N_{1,2}$ 个有效散射体位于半径为 R_R 的球体上，第 $n_{1,2}(n_{1,2} = 1,2,\cdots,N_{1,2})$ 个有效散射体用 $S^{(n_{1,2})}$ 表示。位于焦点处的 Tx 和 Rx 的多个共焦椭圆柱模型表示 TDL 结构，在第 l 个椭圆上(即第 l 个椭圆)有 $N_{l,3}$ 个有效散射体，其中 $l = 1,2,\cdots,L$，L 是椭圆或抽头的总数。第 l 个椭圆的长轴与第 $N_{l,3}$ 个有效散射体分别由 a_l 和 $S^{(n_{l,3})}$ 表示。Tx 和 Rx 之间的距离是 $D = 2f$，其中 f 表示椭圆的两个焦点之间距离的一半。在上述 RS-GBSM 中，假设用于 $T_p \rightarrow R_q$ 链路的第一个抽头的复抽头系数是 LoS 分量、经过第一个椭圆柱及双球上散射体的单反射分量和来自双球的双反射分量的和，可以表示为

$$h_{1,pq}(t) = h_{1,pq}^{\text{LoS}}(t) + \sum_{i=1}^{I} h_{1,pq}^{\text{SB}_i}(t) + h_{1,pq}^{\text{DB}}(t) \tag{2-15}$$

$T_p \rightarrow R_q$ 链路的其他抽头的复抽头系数是来自相应椭圆柱散射体的单反射分量、经过相应椭圆柱和双球之一上的散射体产生的双反射分量的和，并且可以表示为

$$h_{l,pq}(t) = h_{l,pq}^{\mathrm{SB}_3}(t) + h_{l,pq}^{\mathrm{DB}_1}(t) + h_{l,pq}^{\mathrm{DB}_2}(t) \tag{2-16}$$

考虑到非平稳的情景，需要考虑引入时变参数来开发相应的 non-WSS 模型。为了得到时变 AoD 和 AoA，图 2-14 为 V2V 信道三维模型的投影，假设 V2V 通信场景中 Tx 和 Rx 沿直线道路在相同方向上行驶，Rx 始终与 Tx 保持相同速度或更快的速度行驶。基于模型中的相对运动和几何关系理论，可以推导出相应的时变 AoD 和 AoA 表达式。

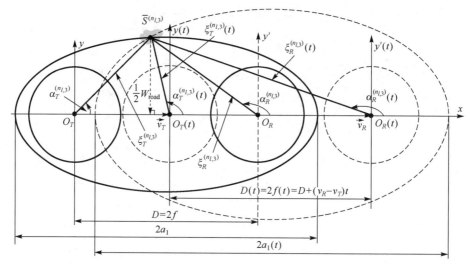

图 2-14　宽带 V2V-MIMO 非平稳信道模型二维平面示意图[19]

2.2　新的车载通信信道统计模型

为了弥补现有模型的缺陷，本节将对现有车载信道模型进行改进，并提出了两种新的模型，分别是宽带非平稳 SISO 车载 NGSM 和宽带 MIMO 车载 GBSM。接下来将对这两种模型进行详细的介绍。

2.2.1　宽带非平稳 SISO 车载 NGSM

基于上面的描述，已有的宽带非平稳 SISO 车载 NGSM 通过马尔可夫链来对多径分量的持续性进行建模，并使用一个开关函数 $z(t)$ 来实现信道的非平稳特性。此外，抽头之间的相关散射可以通过相关矩阵的 Cholesky 分解来实现。对于信道中的深度衰落特性，该模型采用了韦布尔分布，从而可以更好地模拟现实条件，并实现比瑞利分布更恶劣的衰落。但是，该 NGSM 缺少对 LoS 路径的描述。针对这一不足，下面将提出一个改进的宽带非平稳 SISO 车载 NGSM。

1. 改进的宽带非平稳 SISO 车载 NGSM

由上述分析可知，已有的宽带非平稳 SISO 车载 NGSM 存在一个很大的不足：LoS 路径无法被描述。为了解决这一不足，本节基于已有模型[3]提出一个改进的宽带非平稳 SISO 车载 NGSM。与已有模型一样，改进模型建模同样考虑了信道中的非平稳和深度衰落特性，并实现了各抽头的相关散射。然而，改进模型改变了原有的韦布尔随机过程中均匀分布的相位，从而在已有模型的基础上增加了 LoS 路径的描述。具体地，在改进模型的韦布尔随机过程中，幅度和相位分量都进行幂运算 $2/\beta$；在复高斯随机过程中，幅度和相位是相互独立的，从而将复高斯随机变量分离成独立的幅度部分和相位部分(二者均进行了幂运算)，产生了服从韦布尔分布的幅度以及非均匀分布的相位。因此，改进模型有能力描述 LoS 路径的存在。

已有模型和改进模型都依赖于产生复瑞利分布幅度的方法，其可以用一个同相分量 X_k 和正交分量 Y_k 的函数来写出第 k 个抽头的按照瑞利分布的复包络，如下所示：

$$V_k = X_k + \mathrm{j}Y_k, \quad k \in \{0, 1, \cdots, k-1\} \tag{2-17}$$

式中，k 表示抽头的数量。

复包络的相位 $\arg(\theta)$ 可以表示为

$$\arg(\theta) = \arctan\left(\frac{Y}{X}\right) \tag{2-18}$$

以及服从在 $[-\pi, \pi]$ 上的均匀分布。

进一步，服从韦布尔分布的幅度可以通过一个简单的代数变换得到

$$|W_k| = |V_k|^{2/\beta_k} \tag{2-19}$$

式中，β_k 表示第 k 个抽头的衰落程度。

因此，两个模型服从韦布尔分布的幅度可通过上述描述实现。然而，二者在生成相位时采用了不同的方法，下面将详细描述二者的不同之处，从而进一步说明改进模型的实用性和可靠性。

1) 已有的宽带非平稳 SISO 车载 NGSM：相位均匀分布

由上述分析可知，已有的宽带非平稳 SISO 车载 NGSM[3]通过韦布尔随机过程来实现深度衰落建模。为降低复杂度，已有模型的时间相关域采用对复高斯过程的线性卷积来实现。此外，为了保持 PSD 谱型，采用相位与幅度分离的办法，仅对幅度做幂运算 $2/\beta$，随后乘以原滤波后的呈均匀分布的相位。具体步骤如图 2-15 所示。

图 2-15 中，V 为独立同分布的复高斯过程，Z 为开关函数等后期操作。

由图 2-15 可知，已有模型中韦布尔随机过程的相位直接由复高斯随机过程中分离得到，若不考虑时间相关性，相位在区间 $[-\pi, \pi]$ 将服从均匀分布。因此，在已有模型中，幅度将服从韦布尔分布，相位将服从均匀分布，如下所示：

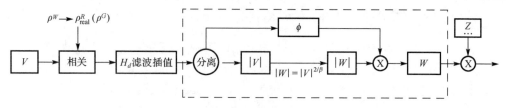

图 2-15　已有模型韦布尔随机过程生成示意图

$$\tilde{W}_k = \left| W_k \right| \mathrm{e}^{\mathrm{j}\tilde{\phi}_k} = \left| V_k \right|^{2/\beta_k} \mathrm{e}^{\mathrm{j}\tilde{\phi}_k}, \quad \phi_k \in [-\pi, \pi] \tag{2-20}$$

以及相位是

$$\tilde{\phi}_k = \arg(\theta_k) \tag{2-21}$$

相位在区间 $[-\pi, \pi]$ 服从均匀分布，所以韦布尔随机过程的均值为

$$E(\tilde{W}_k) = \frac{1}{2\pi} \int_{-\pi}^{\pi} \tilde{V}_k^{2/\beta_k} \mathrm{e}^{\mathrm{j}\tilde{\phi}_k} \mathrm{d}\phi_k = 0 \tag{2-22}$$

因此，对于拥有在区间 $[-\pi, \pi]$ 均匀分布的相位的已有模型而言，其提供了零均值的同相和正交分量，因此多普勒谱将不会产生一个明显的频率分量[20]，而该频率分量是通信中拥有 LoS 路径的特征。此外，韦布尔随机过程中，衰落因子 β 与赖斯参数 K 非常相似，用来指定 LoS 分量能量占随机分量能量的比例[21]。当 $\beta > 2$ 时，一个明显的 LoS 分量会出现在多普勒谱上。然而，具有均匀分布的相位导致了一个零均值的同相和正交分量，因此已有模型不会产生 LoS 路径，即使在 $\beta > 2$ 的情形下。从而，均匀分布的相位在建模步骤中是不合适的，特别是在一些拥有比较大的赖斯参数 K 的 LoS 场景中。为了解决这一不足，以下将提出一个具有非均匀分布相位改进的宽带非平稳 SISO 车载 NGSM。

2）已有的宽带非平稳 SISO 车载 NGSM：相位非均匀分布

由上述分析可知，韦布尔随机过程无法描述 LoS 路径存在的原因是其相位直接由复高斯随机过程中分离得到，以及相位 ϕ 也将服从 $[-\pi, \pi]$ 的均匀分布，从而导致产生一个零均值的同相和正交分量。因此，为了破坏随机过程相位分布范围，必须改变相位的均匀分布。对比已有模型，改进的宽带非平稳 SISO 车载 NGSM 在幅度和相位分离过程中，不仅对幅度做幂运算 $2/\beta$，对相位也做幂运算 $2/\beta$，随后再乘以经幂运算且滤波后的相位。因此，衰落指数 β 同等地影响幅度和相位，从而使得相位不再服从均匀分布，实现过程如图 2-16 所示。

同样，图 2-16 中 V 为独立同分布的复高斯过程，Z 为开关函数等后期操作。

进一步分析，随着 β 的增加，对应于信号的确定性增加的情形，所产生的相位会集中于一个更小的范围。当 β 变得无穷大时，在多普勒谱上会出现一个脉冲；当 β 趋近于 2 时，一个均匀分布的相位将会产生。换句话说，确定性的包络由确定性的相位实现[22]。如下所示：

$$\begin{cases} \tilde{W}_k' = \tilde{V}_k^{2/\beta_k} = (X_k + jY_k)^{2/\beta_k} = \left(\left| \tilde{V}_k \right| \cdot e^{j\tilde{\phi}_k} \right)^{2/\beta_k} = \left| \tilde{V}_k \right|^{2/\beta_k} e^{j\tilde{\phi}_k} \\ \phi_k \in [-\pi, \pi], \phi_k' \in [-2\pi/\beta, 2\pi/\beta] \end{cases} \quad (2\text{-}23)$$

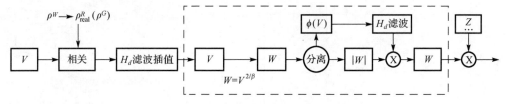

图 2-16　改进模型韦布尔随机过程生成示意图

改进模型韦布尔分布随机过程中的相位可以写为

$$\tilde{\phi}_k' = \phi_k \cdot 2/\beta = \arg(\theta_k) \cdot 2/\beta \quad (2\text{-}24)$$

同样，改进模型中韦布尔随机过程的均值为

$$E(\tilde{W}_k') = \frac{1}{2\pi} \int_{-2\pi/\beta_k}^{2\pi/\beta_k} \tilde{V}_k^{2/\beta_k} e^{j\tilde{\phi}_k'} d\phi_k' \Big|_{\beta>2} = \frac{V^{2/\beta}}{\pi} \left(1 - \cos\frac{4\pi}{\beta} \right) e^{j\frac{4\pi}{\beta}} \Big|_{\beta>2} \neq 0 \quad (2\text{-}25)$$

因此，随着 β 的增加，得到的相位将会集中在一个更小的范围内，导致 $E(\tilde{W}_k') \neq 0$。从而，对于改进模型而言，非均匀分布的相位不再提供零均值的同相和正交分量，因此多普勒谱上会产生一个明显的 LoS 分量，从而可以描述 LoS 路径的存在。

进一步分析表明，由于车辆的高速移动，V2V 信道中每一个抽头都将经历严重的多普勒扩展，因此相位从 $[-\pi, \pi]$ 将无法充分地代表严重的多普勒环境。然而，从韦布尔分布中的衰落因子 β 所得到的非均匀的相位分布更正确地描述了车车信道的特性。此外，随着衰落因子 β 的增加，对应于信道变得更加确定，通信环境更好，LoS 分量也将更大，这也与现实中车车通信一致[22]。

另外，相位的添加不干扰复高斯随机过程包络的变化，则此方案同样不影响韦布尔的概率密度函数以及包络的相关系数矩阵。

2. 数值结果与分析

本节中，将对已有模型和改进模型在各个不同场景下进行性能对比。以下关键参数用于获取仿真结果：载频 $f_c = 5.12\text{GHz}$，带宽为 10MHz，每个 death 或 birth 状态的持续时间为信道的相关时间（0.0005～0.001s），所有的仿真场景[3]如下所示。

（1）UOC——urban outside car：城市/天线置于车外，车速为 24m/s。

（2）UIC——urban inside car：城市/天线置于车内，车速为 24m/s。

(3) S——small city：小城镇，车速为 24m/s。

(4) OHT——open high trans：高速公路/同向/大车流量，车速为 52m/s。

(5) OLT——open low trans：高速公路/同向/小车流量，车速为 52m/s。

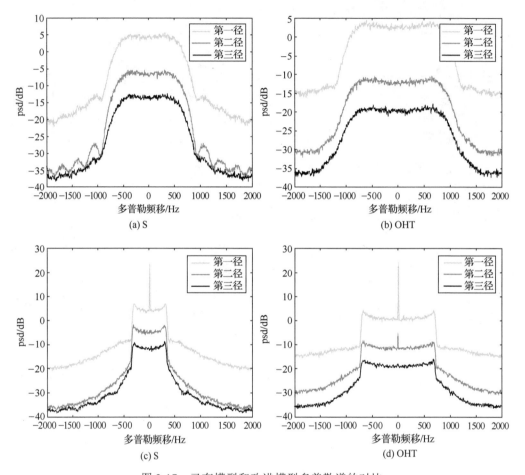

图 2-17　已有模型和改进模型多普勒谱的对比

　　图 2-17 展示了已有模型和改进模型多普勒谱的对比，其中图 2-17(a) 和 (b) 表示已有模型，图 2-17(c) 和 (d) 表示改进模型。每一个场景具有相似的多普勒谱，所以仅以场景 S 和 OHT 进行分析。从图 2-17(a) 和 (b) 中可以看出，已有模型的最大多普勒频移 $f_{D,max}$ 约为 500Hz 以及多普勒谱型为"经典 3dB"。图 2-17(c) 和 (d) 展示了改进模型的多普勒谱。可以看出，在场景 S 和 OHT 下，最大多普勒频移 $f_{D,max}$ 仍然为 500Hz，以及同样是"经典 3dB"的多普勒谱型。然而，改进模型的多普勒谱增加了一个明显的 LoS 分量，从而有能力描述 LoS 路径的存在。因此，对比已有模型，改进模型的多普勒谱的滚降与禁止带略有变形，但谱型与带宽均得到很好的保

持，在保有已有模型优点的基础上，还出现了 LoS 分量，且随着 β 的增大而增大。上述仿真结果证明了改进模型的实用性和正确性。

表 2-1 展示出场景 UIC 下的已有模型和改进模型的抽头相关系数矩阵。

表 2-1　场景 UIC 下的相关系数矩阵（下/上三角部分：改进模型/已有模型）

i, j	1	2	3	4	5	6	7
1	1.0000	0.1989	0.0555	0.0481	0.0977	0.1074	0.3504
2	0.1965	1.0000	0.1477	0.1495	0.0974	0.2329	0.1999
3	0.0573	0.1411	1.0000	0.2298	0.0106	0.1368	0.1496
4	0.0474	0.1350	0.2342	1.0000	0.2189	0.2088	0.1143
5	0.1066	0.0976	0.0152	0.2092	1.0000	0.1600	0.0000
6	0.1159	0.2363	0.1512	0.1977	0.1524	1.0000	0.2600
7	0.3249	0.1938	0.1442	0.1211	0.0012	0.2600	1.0000

抽头相关系数矩阵为

$$\rho = [r_{i,j}] = \frac{\mathrm{cov}(\alpha_i, \alpha_j)}{\sqrt{\mathrm{var}(\alpha_i)\,\mathrm{var}(\alpha_j)}}$$

相关系数矩阵关于对角线是对称的，只需要指定上下三角形部分；为简洁起见，下三角部分对应于改进模型各抽头之间的相关性，而上三角部分对应于已有模型各抽头之间的相关性。对比可知，改进模型只是在个别相关系数值上有波动，大多数和已有模型保持一致。这是因为相位的添加不干扰复高斯随机过程包络的变化，所以改进模型不会影响抽头的相关系数矩阵。仿真结果合理地证明了改进模型的可行性，这也与理论分析一致。因此，改进模型中保持了已有模型这一优势，实现了各抽头的相关散射。

图 2-18 比较了已有模型和改进模型各场景下的功率延迟谱（power delay profiles，PDP），场景分别是之前给出的 UIC、UOC、OHT、S 和 OLT。分析可知，无论是已有模型还是改进模型，UIC 场景中的时延扩展比其他场景更严重，因为 UIC 场景是车内的天线，这导致了信道传播中会有更多障碍。在低交通密度的 OLT 场景中，由移动车辆引起的散射和反射少于其他场景，从而时延扩展小，并且能量也集中在第一径。因此，进一步分析，两种模型的 PDP 在各个场景中基本一致，只是改进模型增加了 LoS 分量而导致二者稍有不同。相比较而言，改进模型由于在第一径上增加了 LoS 分量，能量集中于第一径，从而随着径数的增加，其他各径的能量占比明显下降，所表现出的衰落也更加明显，即多径效应更加明显，这也和文献[23]所得到的结果保持一致。进一步，已有模型和改进模型的对比结果如表 2-2 所示。

表 2-2 表明，两个模型都是宽带非平稳 SISO 车载 NGSM，均考虑了信道的非平稳特性，实现了各抽头间的相关散射以及完成了深度衰落建模。此外，从 PDP 中

可以看出，这两个模型都很好地实现了时延扩展特性。进一步，改进模型很好地保持了已有模型的抽头相关系数矩阵，但其在多普勒谱中增加了明显的 LoS 分量。因此，改进模型可以描述 LoS 路径的存在，解决了已有模型的不足。

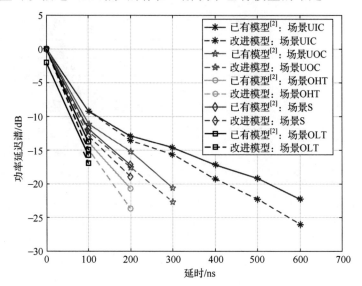

图 2-18　已有模型和改进模型各场景下的功率延迟谱对比

表 2-2　已有模型和改进模型的对比结果

已有模型	改进模型
non-WSSUS	non-WSSUS
实现比瑞利更恶劣的衰落	实现比瑞利更恶劣的衰落
根据延迟时间的 RMS 来决定抽头数	根据延迟时间的 RMS 来决定抽头数
很好地实现时延扩展	很好地实现时延扩展
没有很好地描述 LoS 存在	很好地描述了 LoS 路径

备注：已有模型和改进模型都是宽带的非平稳 SISO NGSM 模型，且各径能量和相关系数矩阵在各场景的仿真结果基本相同

2.2.2　宽带 MIMO 车载 GBSM

MIMO 技术可以有效地提高通信系统的容量和频谱利用率。为了进一步改善车载通信系统的性能，需要开发出实用且易于使用的 V2V-MIMO 信道模型用于改进车载通信系统设计。此外，V2V 通信环境的独特特性，车辆流量密度对信道特性的影响不可忽视，不同的车流量密度会对车载通信系统的信道统计特性有一定影响。已经有许多论文针对窄带 V2V 信道提出了相应的 GBSM，而窄带信道的一个重要特性是其传播延迟远小于数据符号持续时间 T_s，即可以忽略由不同有效散射体引起的延

迟差异。但是，宽带系统中的传播延迟大于数据传输速率 T_s 而不能忽略。因此还需要开发相应的宽带 V2V-MIMO 信道模型。

基于上述三点，本节将提出一个基于宽带 MIMO 车载信道的双环和共焦多椭圆的组合 GBSM，该模型可适用于不同的 V2V 场景，并且可以研究不同 VTD 对该模型的影响。接下来，基于提出的模型，本节还推导出了空时相关函数(space-time correlation function，STCF)、PSD、LCR 和 AFD 的表达式。同时，本节还提出了相应的确定性和统计型仿真模型，并且比较了两种仿真模型与参考模型在不同情景下的统计特性，证明了两种仿真方法的可信性和实用性。

1. 宽带 MIMO 车载 GBSM 参考模型

图 2-19 表示所提出的宽带 MIMO 车载信道 GBSM 的几何结构[16]，这是一个双环模型和共焦多椭圆模型的组合，它包含了 LoS、单反射和双反射分量。假设发射端(Tx)和接收端(Rx)都在运动中且分别具有 n_T 个发射和 n_R 个接收的低仰角天线元件，天线元件编号为 $1 \leqslant p \leqslant p' \leqslant n_T$ 和 $1 \leqslant q \leqslant q' \leqslant n_R$。

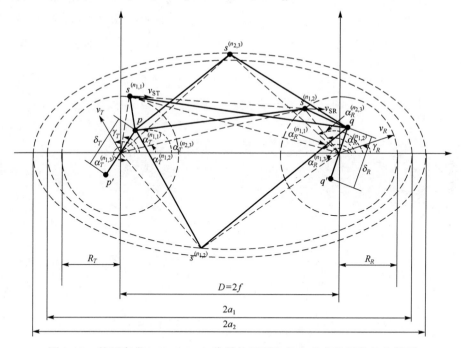

图 2-19　基于宽带 V2V-MIMO 信道的双环和共焦点多椭圆的组合模型

假设散射体随机分布在双环模型和共焦多椭圆模型上，使用双环模型来表示移动散射体，例如，围绕在 Tx 和 Rx 周围的移动车辆；使用多个共焦椭圆模型来表示静态散射体，例如，静态的路边环境等。对于双环模型，假设在 Tx 周围有 $N_{1,1}$ 个有效散射体分布在半径为 R_T 的圆环上，且第 $n_{1,1}(n_{1,1}=1,2,\cdots,N_{1,1})$ 个有效散射体用 $s^{(n_{1,1})}$ 表示。类似地，假设在 Rx 周围有 $N_{1,2}$ 个有效散射体分布在半径为 R_R 的圆环上，并且第 $n_{1,2}(n_{1,2}=1,2,\cdots,N_{1,2})$ 个有效散射体用 $s^{(n_{1,2})}$ 表示。对于椭圆模型，文献[16]采用焦点均位于 Tx 和 Rx 的共焦多椭圆模型来表示 TDL 结构。其中，Tx 和 Rx 之间的距离是 $D=2f$，f 表示椭圆的焦距。假设第 l ($l=1,2,\cdots,L$) 个椭圆（即第 l 个抽头）的半长轴为 a_l 且上面分布着 $N_{l,3}$ 个静态散射体，其中 L 是椭圆或抽头的总数，且在上面分布的第 $n_{l,3}(n_{l,3}=1,2,\cdots,N_{l,3})$ 个有效散射体由 $s^{(n_{l,3})}$ 表示。

考虑最基本的 2×2 天线配置（$n_T=n_R=2$），即在发射端和接收端配置两个线性均匀分布的天线元件。类似地，所提出的 RS-GBSM 可以用任意数量的天线元件的线性均匀阵列进行扩展。在发射端，天线元件 p 和 p' 以 O_T 为中心，接收端天线元件 q 和 q' 以 O_R 为中心，假设天线元件间距分别由 δ_T 和 δ_R 表示，且满足 $\min\{R_T,R_R,a_1-f\}\gg\max\{\delta_T,\delta_R\}$。角度 θ_T 与 θ_R 分别表示 Tx 和 Rx 天线阵列位置的方位角，即天线位置的方向与+x 轴方向的夹角。假设 Tx 与 Rx 分别沿着与+x 轴的夹角为 γ_T 和 γ_R 的方向运动，速度分别为 υ_T 和 υ_R。考虑真实的 V2V 通信场景，假设分布在 Tx 和 Rx 周围的移动散射体分别以速度 υ_{ST} 和 υ_{SR} 运动，且其移动方向沿着 x 轴。符号 $\alpha_T^{(n_{l,i})}$ ($i=1,2,3$) 表示发射端的射线撞击散射体 $S^{(n_{l,i})}$ 的 AoD，类似地，$\alpha_R^{(n_{l,i})}$ 表示撞击散射体后的射线到达接收端的 AoA，α_R^{LoS} 与 α_T^{LoS} 表示 LoS 路径的 AoA 和 AoD。

考虑到真实的 V2V 通信环境，假设第一抽头的单反射分量是由位于双环或第一个椭圆上的散射体产生的，而双反射分量是由位于双环上的散射体产生的。对于其他抽头，假设单反射分量只能从位于相应椭圆上的静态散射体产生，而双反射分量则是由其中一个环和相应的椭圆上的散射体产生的。

MIMO 信道可以由信道脉冲响应函数的 $n_R\times n_T$ 维矩阵 $H(t,\tau)=[h_{pq}(t,\tau)]_{n_R\times n_T}$ 来描述。发送端第 p 个天线到接收端第 q 个天线之间的信道脉冲响应可以表示为

$$h_{pq}(t,\tau)=\sum_{l=1}^{L}c_l h_{l,pq}(t)\delta(\tau-\tau_l)$$

式中，c_l 表示第 l 个抽头的增益；$h_{l,pq}(t)$、τ_l 分别表示第 l 个抽头的复时变抽头系数和离散传播时延。第一个抽头的复时变抽头系数 $h_{l,pq}(t)$ 是 LoS 分量、单反射和双反射分量的叠加，可以表示为

$$h_{l,pq}(t)=h_{l,pq}^{LoS}(t)+\sum_{i_1=1}^{I_1}h_{l,pq}^{SB_{i_1}}(t)+h_{l,pq}^{DB}(t) \tag{2-26}$$

式中

$$h_{l,pq}^{LoS}(t)=\sqrt{\frac{K_{pq}\Omega_{pq}}{K_{pq}+1}}e^{-2\pi jf_c\tau_{pq}}\times e^{j[2\pi f_{Tm}\tau\cos(\alpha_T^{LoS}-\gamma_T)+2\pi f_{Rm}\tau\cos(\alpha_R^{LoS}-\gamma_R)]} \tag{2-27a}$$

$$
\begin{aligned}
h_{l,pq}^{\mathrm{SB}_{i_1}}(t) = & \sqrt{\frac{\eta_{\mathrm{SB}_{1,i_1}}\Omega_{pq}}{K_{pq}+1}} \lim_{N_{1,i_1}\to\infty} \sum_{n_{1,i_1}}^{N_{1,i_1}} \frac{1}{\sqrt{N_{1,l_1}}} \mathrm{e}^{\mathrm{j}\phi^{(n_{1,i_1})}} \mathrm{e}^{-2\pi f_c \tau_{pq,n_{1,i_1}}} \\
& \times \mathrm{e}^{\mathrm{j}[2\pi f_{Tm,i_1}t\cos(\alpha_T^{(n_{1,i_1})}-\gamma_T)+2\pi f_{Rm,i_1}t\cos(\alpha_R^{(n_{1,i_1})}-\gamma_R)]}
\end{aligned}
\tag{2-27b}
$$

$$
\begin{aligned}
h_{l,pq}^{\mathrm{DB}}(t) = & \sqrt{\frac{\eta_{\mathrm{DB}}\Omega_{pq}}{K+1}} \lim_{N_{1,1},N_{1,2}\to\infty} \frac{1}{\sqrt{N_{1,1}N_{1,2}}} \sum_{n_{1,1},n_{1,2}}^{N_{1,1},N_{1,2}} \mathrm{e}^{\mathrm{j}\phi^{(n_{1,1},n_{1,2})}} \mathrm{e}^{-2\pi f_c\tau_{pq,n_{1,1},n_{1,2}}} \\
& \times \mathrm{e}^{\mathrm{j}[2\pi f_{Tm,1}t\cos(\alpha_T^{(n_{1,1})}-\gamma_T)+2\pi f_{Rm,2}t\cos(\alpha_R^{(n_{1,2})}-\gamma_R)]}
\end{aligned}
\tag{2-27c}
$$

式中，$I_1=3$；Ω_{pq}、K_{pq} 表示子信道 T^p-R^q 的功率和赖斯因子；相位 $\phi^{(n_{1,i_1})}$、$\phi^{(n_{1,1},n_{1,2})}$ 是 $[-\pi,\pi)$ 上 的 随 机 变 量 ；$\tau_{pq}=\varepsilon_{pq}/c, \tau_{pq,n_{1,i_1}}=(\varepsilon_{pn_{1,i_1}}+\varepsilon_{n_{1,i_1}q})/c, \tau_{pq,n_{1,1},n_{1,2}}=$ $(\varepsilon_{pn_{1,1}}+\varepsilon_{n_{1,1}n_{1,2}}+\varepsilon_{n_{1,2}q})/c$ 是射线分别通过链路 T^p-R^q、$T^p-S^{(n_{1,i_1})}-R^q$ 和 $T^p-S^{(n_{1,1})}-S^{(n_{1,2})}-R^q$ 的传播时间，这里 c 是光速；$f_{T\max}=\dfrac{v_T}{\lambda}$ 与 $f_{R\max}=\dfrac{v_R}{\lambda}$ 表示 Tx 和 Rx 端的最大多普勒频率。参数 $\eta_{\mathrm{SB}_{i_1}}$ 与 η_{DB} 表示单反射和双反射分量占总散射功率 $\Omega_{pq}/\sqrt{K_{pq}+1}$ 的比例，且满足 $\sum\limits_{i_1=1}^{I_1}\eta_{\mathrm{SB}_{i_1}}+\eta_{\mathrm{DB}}=1$。考虑到 VTD 的影响，对于低 VTD 情况，LoS 分量所占功率比较大，所以 K_{pq} 很大。而且接收到的散射功率主要来自位于第一个椭圆上的静态散射体的反射，而位于两个环上的移动散射体的分布是稀疏的，因此更可能是单反射分量。这表明 $\eta_{\mathrm{SB}_{1,3}}>\max\{\eta_{\mathrm{SB}_{1,1}},\eta_{\mathrm{SB}_{1,2}}\}>\eta_{\mathrm{DB}}$。对于高 VTD 场景，$K_{pq}$ 的值小于低 VTD 场景中的值。同时，由于移动车辆多，双环模型的双反射分量比双环模型与椭圆模型的单反射分量占据更大的比例，即 $\eta_{\mathrm{DB}}>\min\{\eta_{\mathrm{SB}_{1,1}},\eta_{\mathrm{SB}_{1,2}},\eta_{\mathrm{SB}_{1,3}}\}$。

对于其他抽头（$l'>1$），复时变抽头系数 $h_{l',pq}(t)$ 可以表示为

$$
h_{l',pq}(t)=h_{l',pq}^{\mathrm{SB}}(t)+\sum_{i_2=1}^{I_2}h_{l',pq}^{\mathrm{DB}_{i_2}}(t)
\tag{2-28}
$$

式中

$$
\begin{aligned}
h_{l',pq}^{\mathrm{SB}}(t) = & \sqrt{\frac{\eta_{\mathrm{SB}_{l',3}}\Omega_{pq}}{K_{pq}+1}} \lim_{N_{l',3}\to\infty} \sum_{n_{l',3}}^{N_{l',3}} \frac{1}{\sqrt{N_{l',3}}} \mathrm{e}^{\mathrm{j}\phi^{(n_{l',3})}} \mathrm{e}^{-2\pi f_c\tau_{pq,n_{l',3}}} \\
& \times \mathrm{e}^{\mathrm{j}[2\pi f_{Tm}t\cos(\alpha_T^{(n_{l',3})}-\gamma_T)+2\pi f_{Rm}t\cos(\alpha_R^{(n_{l',3})}-\gamma_R)]}
\end{aligned}
\tag{2-29a}
$$

$$
\begin{aligned}
h_{l',pq}^{\mathrm{DB}_1}(t) = & \sqrt{\frac{\eta_{\mathrm{DB}_{l',1}}\Omega_{pq}}{K_{pq}+1}} \lim_{N_{1,1},N_{l',3}\to\infty} \sum_{n_{1,1},n_{l',3}}^{N_{1,1},N_{l',3}} \frac{1}{\sqrt{N_{1,1}N_{l',3}}} \mathrm{e}^{\mathrm{j}\phi^{(n_{1,1},n_{l',3})}} \mathrm{e}^{-2\pi f_c\tau_{pq,n_{1,1},n_{l',3}}} \\
& \times \mathrm{e}^{\mathrm{j}[2\pi f_{Tm,1}t\cos(\alpha_T^{(n_{1,1})}-\gamma_T)+2\pi f_{Rm}t\cos(\alpha_R^{(n_{l',3})}-\gamma_R)]}
\end{aligned}
\tag{2-29b}
$$

$$h_{l',pq}^{\mathrm{DB}_2}(t) = \sqrt{\frac{\eta_{\mathrm{DB}_{l',2}}\Omega_{pq}}{K_{pq}+1}} \lim_{N_{l',3},N_{1,2}\to\infty} \sum_{n_{l',3},n_{1,2}}^{N_{l',3},N_{1,2}} \frac{1}{\sqrt{N_{l',3}N_{1,2}}} \mathrm{e}^{\mathrm{j}\phi^{(n_{l'},3,n_{1,2})}} \mathrm{e}^{-2\pi f_c \tau_{pq,n_{l',3},n_{1,2}}}$$

$$\times \mathrm{e}^{\mathrm{j}[2\pi f_{Tm}t\cos(\alpha_T^{(n_{l'},3)}-\gamma_T)+2\pi f_{Rm,2}t\cos(\alpha_R^{(n_{1,2})}-\gamma_R)]} \tag{2-29c}$$

式中，$I_2 = 2$；$\tau_{pq,n_{l',3}} = (\varepsilon_{pn_{l',3}}+\varepsilon_{n_{l',3}q})/c$，$\tau_{pq,n_{1,1},n_{l',3}} = (\varepsilon_{pn_{1,1}}+\varepsilon_{n_{1,1}n_{l',3}}+\varepsilon_{n_{l',3}q})/c$，$\tau_{pq,n_{l',3}n_{1,2}} = (\varepsilon_{pn_{l',3}}+\varepsilon_{n_{l',3}n_{1,2}}+\varepsilon_{n_{1,2}q})/c$ 是射线分别通过链路 $T^p-S^{(n_{l',3})}-R^q$、$T^p-S^{(n_{1,1})}-S^{(n_{l',3})}-R^q$ 和 $T^p-S^{(n_{l',3})}-S^{(n_{1,2})}-R^q$ 的传播时间；参数 η_{SB} 和 $\eta_{\mathrm{DB}_{l_2}}$ 满足 $\sum_{i_2=1}^{I_2} \eta_{\mathrm{DB}_{l',2}}+\eta_{\mathrm{SB}}=1$。对于低 VTD 场景，接收到的散射功率主要来自位于椭圆上静态散射体的反射，即 $\eta_{\mathrm{SB}_{r,3}} > \max\{\eta_{\mathrm{DB}_{r,1}},\eta_{\mathrm{DB}_{r,2}}\}$。对于高 VTD 场景而言，由于具有大量的移动车辆，来自单环和椭圆组合模型的双反射分量比来自椭圆模型的单反射分量要承受更多的能量，即 $\min\{\eta_{\mathrm{DB}_{r,1}},\eta_{\mathrm{DB}_{r,2}}\} > \eta_{\mathrm{SB}_{r,3}}$。

离开角 AoA 和到达角 AoD 是离散的随机变量，而且离开角和到达角之间满足一定的关系式可以相互转换，由几何关系可知：

$$\alpha_R^{(n_{1,1})} = \pi-\frac{R_T}{D}\sin\alpha_T^{(n_{1,1})},\alpha_T^{(n_{1,2})} = \frac{R_R}{D}\sin\alpha_R^{(n_{1,2})}$$

$$\sin\alpha_T^{(n_{l',3})} = \frac{b_l^2\sin\alpha_R^{(n_{l',3})}}{a_l^2+f^2+2a_lf\cos\alpha_R^{(n_{l',3})}}, \quad \cos\alpha_T^{(n_{l',3})} = \frac{2a_lf+(a_l^2+f^2)\cos\alpha_R^{(n_{l',3})}}{a_l^2+f^2+2a_lf\cos\alpha_R^{(n_{l',3})}}$$

对于上面提出的参考模型，散射体的数量趋于无穷大，因此，离散的随机变量 AoD $\alpha_T^{(n_{l,i})}$，AoA $\alpha_R^{(n_{l,i})}$ 可以用连续随机变量 $\alpha_T^{(l,i)}$，$\alpha_R^{(l,i)}$ 来代替。在本书中，使用 von Mises 概率密度函数表征离开角 $\alpha_T^{(n_{l,i})}$ 和到达角 $\alpha_R^{(n_{l,i})}$。von Mises PDF 定义为

$$f(\alpha) = \frac{\mathrm{e}^{k\cos(\alpha-\alpha_u)}}{2\pi\mathrm{I}_0(k)} \tag{2-30}$$

式中，$\alpha\in[-\pi,\pi)$；$\mathrm{I}_0(\cdot)$ 是第一类的零阶修正贝塞尔函数，是散射体方位角的平均值；k 是控制散射体在方位角平均值周围传播的参数。

2. 模型相关统计特性

本节研究所提出的宽带 V2V-MIMO 参考模型的统计特性，并推导出相应的表达式，即 STCF、DPSD、LCR 和 AFD。

1）STCF

在广义平稳条件下，两个任意复衰落包络之间的归一化 STCF 基于上面对模型统计特性的分析，任意两个复时变抽头系数 $h_{pq}(t)$ 和 $h_{p'q'}(t)$ 的空时相关函数可以表

示为

$$R_{pq,p'q'}(\delta_T,\delta_R,\tau) = \frac{E[h_{pq}(t)h_{p'q'}^*(t+\tau)]}{\sqrt{\Omega_{pq}\Omega_{p'q'}}}$$

式中，$E[\cdot]$ 表示统计期望运算符。它可以写成 LoS、单反射和双反射分量的和。

对于第一抽头，有

$$R_{1,pq,p'q'}(\delta_T,\delta_R,\tau) = R_{1,pq,p'q'}^{\text{LoS}}(\delta_T,\delta_R,\tau) + \sum_{i_1=1}^{I_1} R_{1,pq,p'q'}^{\text{SB}_{1,i_1}}(\delta_T,\delta_R,\tau) + R_{1,pq,p'q'}^{\text{DB}}(\delta_T,\delta_R,\tau) \quad (2\text{-}31)$$

式中

$$R_{1,pq,p'q'}^{\text{LoS}}(\delta_T,\delta_R,\tau) = \frac{K}{K+1}e^{-j\frac{2\pi}{\lambda}(\varepsilon_{pq}-\varepsilon_{p'q'})}e^{j2\pi\tau[f_{Tm}\cos(\alpha_T^{\text{LoS}}-\gamma_T)+f_{Rm}\cos(\alpha_R^{\text{LoS}}-\gamma_R)]} \quad (2\text{-}32a)$$

式中，$\alpha_T^{\text{LoS}}=0, \alpha_R^{\text{LoS}}=\pi$。

$$R_{1,pq,p'q'}^{\text{SB}_{1,i_1}}(\delta_T,\delta_R,\tau) = \frac{\eta_{\text{SB}_{1,i_1}}}{K+1}\int_{-\pi}^{\pi}f(\alpha_{T(R)}^{1,i_1})e^{-j\frac{2\pi}{\lambda}[(\varepsilon_{pn_{1,i_1}}+\varepsilon_{n_{1,i_1}q})-(\varepsilon_{p'n_{1,i_1}}+\varepsilon_{n_{1,i_1}q'})]}$$
$$e^{j2\pi\tau f_{Tm,i_1}\tau\cos(\alpha_{T(R)}^{1,i_1}-\gamma_T)}e^{j2\pi\tau f_{Rm,i_1}\tau\cos(\alpha_{R(T)}^{(n,i_1)}-\gamma_R)}d\alpha_{T(R)}^{1,i_1} \quad (2\text{-}32b)$$

$$R_{1,pq,p'q'}^{\text{DB}}(\delta_T,\delta_R,\tau) = \frac{\eta_{\text{DB}}}{K+1}\int_{-\pi}^{\pi}\int_{-\pi}^{\pi}f(\alpha_T^{1,1})f(\alpha_R^{1,2})e^{-j\frac{2\pi}{\lambda}[(\varepsilon_{pn_{1,1}}+\varepsilon_{n_{1,2}q})-(\varepsilon_{p'n_{1,1}}+\varepsilon_{n_{1,2}q'})]}$$
$$e^{j2\pi\tau f_{Tm,1}\cos(\alpha_T^{1,1}-\gamma_T)}e^{j2\pi\tau f_{Rm,2}\tau\cos(\alpha_R^{1,2}-\gamma_R)}d\alpha_T^{1,1}d\alpha_R^{1,2} \quad (2\text{-}32c)$$

对于其他抽头，有

$$R_{l',pq,p'q'}(\delta_T,\delta_R,\tau) = R_{l',pq,p'q'}^{\text{SB}}(\delta_T,\delta_R,\tau) + \sum_{i_2=1}^{I_2} R_{l',pq,p'q'}^{\text{DB}_{l',2}}(\delta_T,\delta_R,\tau) \quad (2\text{-}33)$$

式中

$$R_{l',pq,p'q'}^{\text{SB}}(\delta_T,\delta_R,\tau) = \eta_{\text{SB}_{l',3}}\int_{-\pi}^{\pi}f(\alpha_R^{l',3})e^{-j\frac{2\pi}{\lambda}[(\varepsilon_{pn_{l',3}}+\varepsilon_{n_{l',3}q})-(\varepsilon_{p'n_{l',3}}+\varepsilon_{n_{l',3}q'})]}$$
$$e^{j2\pi\tau f_{Tm}\cos(\alpha_T^{l',3}-\gamma_T)}e^{j2\pi\tau f_{Rm}\tau\cos(\alpha_R^{l',3}-\gamma_R)}d\alpha_R^{l',3} \quad (2\text{-}34a)$$

$$R_{l',pq,p'q'}^{\text{DB}_{l',1}}(\delta_T,\delta_R,\tau) = \eta_{\text{DB}_{l',1}}\int_{-\pi}^{\pi}\int_{-\pi}^{\pi}f(\alpha_T^{1,1})f(\alpha_R^{l',3})e^{-j\frac{2\pi}{\lambda}[(\varepsilon_{pn_{1,1}}+\varepsilon_{n_{l',3}q})-(\varepsilon_{p'n_{1,1}}+\varepsilon_{n_{l',3}q'})]}$$
$$e^{j2\pi\tau f_{Tm,1}\cos(\alpha_T^{1,1}-\gamma_T)}e^{j2\pi\tau f_{Rm}\cos(\alpha_R^{l',3}-\gamma_R)}d\alpha_T^{1,1}d\alpha_R^{l',3} \quad (2\text{-}34b)$$

$$R_{l',pq,p'q'}^{\text{DB}_{l',2}}(\delta_T,\delta_R,\tau) = \eta_{\text{DB}_{l',2}}\int_{-\pi}^{\pi}\int_{-\pi}^{\pi}f(\alpha_T^{l',3})f(\alpha_R^{1,2})e^{-j\frac{2\pi}{\lambda}[(\varepsilon_{pn_{l',3}}+\varepsilon_{n_{1,2}q})-(\varepsilon_{p'n_{l',3}}+\varepsilon_{n_{1,2}q'})]}$$
$$e^{j2\pi\tau f_{Tm}\cos(\alpha_T^{l',3}-\gamma_T)}e^{j2\pi\tau f_{Rm,2}\cos(\alpha_R^{1,2}-\gamma_R)}d\alpha_T^{l',3}d\alpha_R^{1,2} \quad (2\text{-}34c)$$

2）DPSD

类似地，模型的 DPSD 可以通过计算 $S_{pq,p'q'}(f_D) = \int_{-\infty}^{\infty} R_{pq,p'q'}(\tau)\mathrm{e}^{-\mathrm{j}2\pi f_D \tau}\mathrm{d}\tau$ 来获得，换句话说，多普勒功率谱密度 $S_{h_{pq}h_{p'q'}}(f_D)$ 是信道时间相关函数 $R_{pq,p'q'}(\tau)$ 的傅里叶变换，f_D 是多普勒频率。

3）LCR

V2V 信道的 LCR 的一般表达式为

$$L(r) = \frac{2r\sqrt{K+1}}{\pi^{3/2}}\sqrt{\frac{b_2}{b_0} - \frac{b_1^2}{b_0^2}} \times \mathrm{e}^{-K-(K+1)r^2}$$

$$\int_0^{\pi/2} \cosh(2\sqrt{K(K+1)} \cdot r\cos\theta)$$

$$[\mathrm{e}^{-(\chi\sin\theta)^2} + \sqrt{\pi}\chi\sin\theta \cdot \mathrm{erf}(\chi\sin\theta)]\mathrm{d}\theta \tag{2-35}$$

式中，$\cosh(\cdot)$、$\mathrm{erf}(\cdot)$ 是双曲余弦函数和差错函数，且 $\chi = \sqrt{Kb_1^2/(b_0b_2 - b_1^2)}$。基于上面的讨论，首先来讨论模型第一抽头的 b_0、b_1 和 b_2，可以表示为

$$b_0 = b_0^{\mathrm{SB}_{1,1}} + b_0^{\mathrm{SB}_{1,2}} + b_0^{\mathrm{SB}_{1,3}} + b_0^{\mathrm{DB}} = \frac{1}{2(K+1)} \tag{2-36}$$

$$b_m = b_m^{\mathrm{SB}_{1,1}} + b_m^{\mathrm{SB}_{1,2}} + b_m^{\mathrm{SB}_{1,3}} + b_m^{\mathrm{DB}}, m = 1,2 \tag{2-37}$$

$$b_m^{\mathrm{SB}_{1,i}} = \frac{\eta_{\mathrm{SB}_{1,i_1}}}{2(K+1)}(2\pi)^m \int_{-\pi}^{\pi} f(\alpha_T^{1,i_1})[f_{Tm,i_1}\cos(\alpha_T^{1,i_1} - \gamma_T)$$

$$+ f_{Rm,i_1}\cos(\alpha_R^{1,i_1} - \gamma_R)]^m \mathrm{d}\alpha_T^{1,i_1} \tag{2-38a}$$

$$b_m^{\mathrm{DB}} = \frac{\eta_{\mathrm{DB}}}{2(K+1)}(2\pi)^m \int_{-\pi}^{\pi}\int_{-\pi}^{\pi} f(\alpha_T^{1,1})f(\alpha_R^{1,2})$$

$$\times [f_{Tm,1}\cos(\alpha_T^{1,1} - \gamma_T) + f_{Rm,2}\cos(\alpha_R^{1,2} - \gamma_R)]^m \mathrm{d}\alpha_T^{1,1}\mathrm{d}\alpha_R^{1,2} \tag{2-38b}$$

对于其他抽头 $(l' > 1)$：

$$b_0 = b_0^{\mathrm{SB}_{r,3}} + b_0^{\mathrm{DB}_{r,1}} + b_0^{\mathrm{DB}_{r,2}} = \frac{1}{2(K+1)} \tag{2-39}$$

$$b_m = b_m^{\mathrm{SB}_{r,3}} + b_m^{\mathrm{DB}_{r,1}} + b_m^{\mathrm{DB}_{r,2}}, m = 1,2 \tag{2-40}$$

$$b_m^{\mathrm{SB}_{r,3}} = \frac{\eta_{\mathrm{SB}_{r,3}}}{2(K+1)}(2\pi)^m \int_{-\pi}^{\pi} f(\alpha_T^{l',3})$$

$$\times [f_{Tm}\cos(\alpha_T^{l',3} - \gamma_T) + f_{Rm}\cos(\alpha_R^{l',3} - \gamma_R)]^m \mathrm{d}\alpha_T^{l',3} \tag{2-41a}$$

$$b_m^{\mathrm{DB}_{r,1}} = \frac{\eta_{\mathrm{DB}_{r,1}}}{2(K+1)}(2\pi)^m \int_{-\pi}^{\pi} \int_{-\pi}^{\pi} f(\alpha_T^{1,1}) f(\alpha_R^{l',3})$$

$$\times [f_{Tm,1}\cos(\alpha_T^{1,1}-\gamma_T) + f_{Rm}\cos(\alpha_R^{l',3}-\gamma_R)]^m \, \mathrm{d}\alpha_T^{1,1} \mathrm{d}\alpha_R^{l',3} \qquad (2\text{-}41\mathrm{b})$$

$$b_m^{\mathrm{DB}_{r,2}} = \frac{\eta_{\mathrm{DB}_{r,2}}}{2(K+1)}(2\pi)^m \int_{-\pi}^{\pi} \int_{-\pi}^{\pi} f(\alpha_T^{l',3}) f(\alpha_R^{1,2})$$

$$\times [f_{Tm}\cos(\alpha_T^{l',3}-\gamma_T) + f_{Rm,2}\cos(\alpha_R^{1,2}-\gamma_R)]^m \, \mathrm{d}\alpha_T^{l',3} \mathrm{d}\alpha_R^{1,2} \qquad (2\text{-}41\mathrm{c})$$

代入相应的式子中，即可得到仿真模型的 LCR。

4）AFD

平均衰落持续时间指信号幅度低于某个门限电平值 r 的平均时间。基于提出的模型，AFD 可以写成 $T(r) = \dfrac{1 - Q\left(\sqrt{2K}, \sqrt{2(K+1)r^2}\right)}{L(r)}$，其中 $Q(\cdot)$ 是 Marcum Q 函数。

3. 宽带 MIMO 车载 GBSM 仿真模型

参考模型的高计算复杂性和复杂性给实际使用带来了很多不便。因此，在无线通信系统的实际模拟和性能评估中，需要具有有限复杂性并能够在实践中实现的对应的仿真模型。所以仿真模型考虑有限数量的散射体，并基于测量数据向每个散射体分配衰落特性。本节将提出基于上述模型的仿真模型，旨在保持高精度，同时大大降低模型的计算复杂度。

基于上面的讨论，仿真模型得到的信道统计特性与参考模型的近似程度取决于散射体的采样方式，散射体的采样越贴近参考模型中散射体分布的概率密度函数，仿真模型的实用性就会越强。换句话说，仿真模型的设计的基本问题是找到 AoD $\alpha_T^{(l,i)}$ 和 AoA $\alpha_R^{(l,i)}$ 的集合，使得仿真模型能真实地再现参考模型的期望统计特性，并且具有合理的复杂性。

1）确定性仿真模型

首先提出一个确定性仿真模型，它需要在仿真期间保持恒定的参数。根据提出的仿真模型的确定性性质，假设 AoD $\tilde{\alpha}_T^{(l,i)}$ 和 AoA $\tilde{\alpha}_R^{(l,i)}$ 有确定的值，且设计如下所示。

（1）首先定义一个新的参数 $\tilde{\alpha}_{T/R}^{\prime(l,i)}$，其同样满足 von Mises 分布且与 $\tilde{\alpha}_{T/R}^{(l,i)}$ 具有相同的环境参数。

（2）接下来，使用如下方式来得到集合 $\{\tilde{\alpha}_{T/R}^{\prime(l,i)}\}_{n_{l,i}=1}^{N_{l,i}}$：

$$\tilde{\alpha}_{T/R}^{\prime(l,i)} = F_{T/R}^{-1}\left(\frac{n_{l,i}-1/4}{N_{l,i}}\right), \quad n_{l,i} = 1,2,\cdots,N_{l,i} \qquad (2\text{-}42)$$

式中，$F_{T/R}^{-1}$ 表示关于角 von Mises 分布函数的逆函数。

(3) 为了保证仿真模型的 AoD 和 AoA 在 $[-\pi,\pi)$ 的范围内，采用如下的映射方式来得到集合 $\{\tilde{\alpha}_{T/R}^{(l,i)}\}_{n_{l,i}=1}^{N_{l,i}}$，即

$$\tilde{\alpha}_{T/R}^{(l,i)} = \begin{cases} \tilde{\alpha}_{T/R}'^{(l,i)} + 2\pi, & \tilde{\alpha}_{T/R}'^{(l,i)} < -\pi \\ \tilde{\alpha}_{T/R}'^{(l,i)} - 2\pi, & \tilde{\alpha}_{T/R}'^{(l,i)} > \pi \\ \tilde{\alpha}_{T/R}'^{(l,i)} + 2\pi, & \text{其他} \end{cases} \tag{2-43}$$

2) 随机性仿真模型

对于确定性仿真模型，它易于实现并且具有短的仿真时间。然而，它们不能反映实际的信道，因为它们的散射体被放置在仿真实验特定的位置。通过将相位和多普勒频率作为随机变量，确定性仿真模型可以被修改为随机性仿真模型，以更好地模拟衰落过程。与确定性仿真模型不同，随机性仿真模型的统计特性随着每次仿真实验而变化，但是当在足够数量的仿真实验中，随机性仿真模型将收敛于模型的期望。下面本书将介绍随机性仿真模型的 AoD $\hat{\alpha}_T^{(l,i)}$ 和 AoA $\hat{\alpha}_R^{(l,i)}$ 设计步骤。

(1) 首先定义一个新的参数 $\hat{\alpha}_{T/R}'^{(l,i)}$，其同样满足 von Mises 分布且与 $\hat{\alpha}_{T/R}^{(l,i)}$ 具有相同的环境参数。

(2) 接下来，使用如下方式来得到集合 $\{\hat{\alpha}_{T/R}'^{(l,i)}\}_{n_{l,i}=1}^{N_{l,i}}$：

$$\hat{\alpha}_{T/R}'^{(l,i)} = F_{T/R}^{-1}\left(\frac{n_{l,i} + \theta - 1}{N_{l,i}}\right), \quad n_{l,i} = 1,2,\cdots,N_{l,i} \tag{2-44}$$

式中，参数 θ 是均匀分布在区间 $\left[-\dfrac{1}{2},\dfrac{1}{2}\right)$ 上并且彼此独立的随机变量，随机变量 θ 的引入，导致 AoD 和 AoA 的集合随着不同的仿真实验而变化。

(3) 为了保证仿真模型的 AoD 和 AoA 在 $[-\pi,\pi)$ 的范围内，采用如下的映射方式来得到集合 $\{\hat{\alpha}_{T/R}^{(l,i)}\}_{n_{l,i}=1}^{N_{l,i}}$，即

$$\hat{\alpha}_{T/R}^{(l,i)} = \begin{cases} \hat{\alpha}_{T/R}'^{(l,i)} + 2\pi, & \hat{\alpha}_{T/R}'^{(l,i)} < -\pi \\ \hat{\alpha}_{T/R}'^{(l,i)} - 2\pi, & \hat{\alpha}_{T/R}'^{(l,i)} > \pi \\ \hat{\alpha}_{T/R}'^{(l,i)} + 2\pi, & \text{其他} \end{cases} \tag{2-45}$$

基于上述方法，可以得到仿真模型的 AoA 和 AoD 参数的离散表达式，并将它们代入上面推导出的相应的统计特性。由于页面约束，相应仿真模型的统计特性的推导可以参考前面所述。

4. 数值结果与分析

在本节中，将比较所提出的仿真模型和参考模型之间的信道统计特性，并验证两个仿真模型的有用性。假设用于数值分析的参数值是 $D = 2f = 300\text{m}$，$R_T = R_R = 10\text{m}$，$f_c = 5.9\text{GHz}$，$f_{T(r)m,1} = f_{T(r)m,2} = 360\text{Hz}$，$f_{Tm} = f_{Rm} = f_{T(r)m,3} = 570\text{Hz}$，$\gamma_T = \gamma_R = 0$。

由于页面约束，只考虑三抽头模型，假设共焦多椭圆的半长轴为 $a_L = \{160,170,180\}$，假设低 VTD 情景下的环境参数为 $K = 3.8$，$k_T = 6.6$，$\mu_T = 12.8°$，$k_R = 8.3$，$\mu_R = 178.7°$，$k_E = 7.7$，$\mu_E = 31.3°$，而高 VTD 情景下的环境参数为 $K = 0.856$，$k_T = 0.6$，$\mu_T = 12.8°$，$k_R = 1.3$，$\mu_R = 178.7°$，$k_E = 8.5$，$\mu_E = 20.6°$。对于低 VTD 场景，第一抽头相关的比例参数为 $\eta_{SB_{1,1}} = 0.203$，$\eta_{SB_{1,2}} = 0.335$，$\eta_{SB_{1,3}} = 0.411$ 和 $\eta_{DB} = 0.051$，而其他抽头的比例参数为 $\eta_{SB_{r,3}} = 0.762$，$\eta_{DB_{r,1}} = 0.119$ 和 $\eta_{DB_{r,2}} = 0.119$。对于高 VTD 场景，第一抽头的 $\eta_{SB_{1,1}} = 0.126$，$\eta_{SB_{1,2}} = 0.126$，$\eta_{SB_{1,3}} = 0.063$ 和 $\eta_{DB} = 0.685$，而其他抽头为 $\eta_{SB_{r,3}} = 0.088$，$\eta_{DB_{r,1}} = 0.456$ 和 $\eta_{DB_{r,2}} = 0.456$。两种仿真模型都假设散射体数量为 $N_{1,1} = N_{1,2} = N_{1,3} = N_{2,3} = N_{3,3} = 20$，而随机性仿真模型假设仿真实验的次数为 $N_{\text{stat}} = 50$。

图 2-20、图 2-21 比较了当 Tx 和 Rx 沿着相同和相反方向运动时，不同 VTD 情景下参考模型与两种仿真模型的 DPSD，其中子图 (a) 和 (b) 分别表示第一抽头和第二抽头。可以看出，所提出的仿真模型可以与参考模型实现很好的匹配，这进一步证明了提出的确定性和随机性仿真模型的实用性。同时，不同的 VTD 对 V2V 信道的 DPSD 也有一定影响。从图 2-20 和图 2-21 中可以观察到，在高 VTD 情景下 DPSD 分布更平坦，而在低 VTD 情景下的 DPSD 更为陡峭。这是因为在低 VTD 情况下，接收功率主要集中在几个方向上，例如，路边环境中的静态散射体或 LoS 分量，这导致接收功率倾向于集中在某些多普勒频率。相反，在高 VTD 的情况下，接收功率主要来自各个方向的移动车辆，这意味着 DPSD 的分布更均匀。

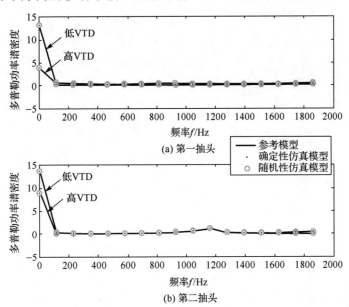

图 2-20　当 Tx 和 Rx 沿着相同方向运动时，不同 VTD 情景下参考模型与两种仿真模型的 DPSD

类似地，图 2-22 与图 2-23 表示当 Tx 和 Rx 沿着相同和相反方向运动时，不同

VTD 情景下参考模型与两种仿真模型的 LCR，其中子图(a)和(b)分别表示第一抽头和第二抽头。从图 2-22 和图 2-23 中可以看到，在低 VTD 情景下，LCR 的值很小。这种现象可以解释为在高 VTD 中，接收功率主要来自在所有方向上分布的移动散射体，并且信号包络的变化率高，导致相应 LCR 的值较大。与高 VTD 情景不同，低 VTD 情景下的接收功率来自几个特定方向。因此，V2V 信道的稳定性较高，并且相应的 LCR 值较低。

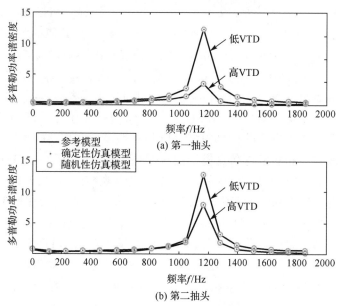

图 2-21 当 Tx 和 Rx 沿着相反方向运动时，不同 VTD 情景下参考模型与两种仿真模型的 DPSD

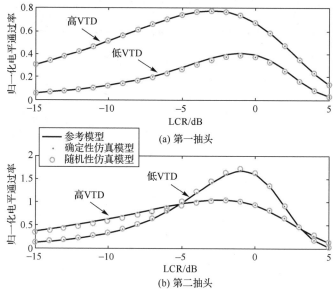

图 2-22 当 Tx 和 Rx 沿着相同方向运动时，不同 VTD 情景下参考模型与两种仿真模型的 LCR

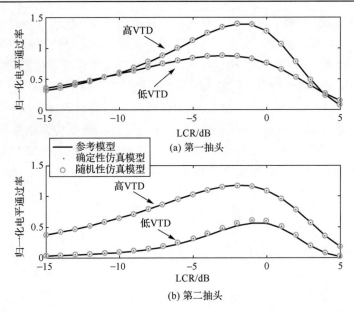

(a) 第一抽头

(b) 第二抽头

图 2-23 当 Tx 和 Rx 沿着相反方向运动时，不同 VTD 情景下参考模型与两种仿真模型的 LCR

图 2-24 给出了不同 VTD 情景下的参考模型与两种仿真模型的 STCF，其中图 2-24(a)和(b)分别表示 Tx 和 Rx 沿着相同和相反的方向运动。可以看出，随着VTD 的增加，信道的空时相关性降低。这是因为随着 VTD 增加，信道的空间分集

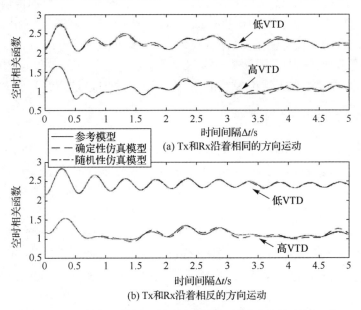

(a) Tx和Rx沿着相同的方向运动

(b) Tx和Rx沿着相反的方向运动

图 2-24 不同 VTD 情景下的参考模型与两种仿真模型的 STCF

增加，相应的相关性降低。同时，它还可以显示出确定性和随机性仿真模型均可以实现与参考模型的匹配。此外，与确定性仿真模型相比，随机性仿真模型展现出与参考模型更好的一致性。因此，尽管确定性仿真模型易于实现且可以在较短的仿真时间内实现，但在计算复杂度相似时，更倾向于选择随机性仿真模型来进行系统性能评估。

综上所述，本节提出了基于宽带 MIMO 车载通信信道的 GBSM 的参考模型和仿真模型，并且对相应的统计特性进行了推导与仿真。根据仿真结果可以看出，不同的 VTD 对信道统计特性有显著影响，并且参考模型和仿真模型之间的一致性证明了理论推导的正确性和所提出的仿真模型的实用性。

2.3　5G 的新要求

在车载通信系统中，因为发射端 Tx 和接收端 Rx 都在移动中且配备低仰角天线，同时在 Tx 和 Rx 的周围有许多高速移动的散射体，所以车载通信信道呈现出许多独特的特性。一些文献已经针对车载通信信道的测量进行了讨论和研究，但是这些测量场景考虑的频率均低于 6GHz 且仅考虑 1~4 个天线。然而正如通信行业所设想的那样，5G 的一个关键特性是传输速率，5G 应该实现 4G 数据传输速率的 10 倍以上，即 1Gbit/s。为了提高无线系统的传输速率，主要采用两种方法：①提高频谱效率；②增加传输带宽。对于 5G，有许多潜在的技术可以提高频谱效率，其中，最广泛采用的是大规模 MIMO 技术，其通常考虑 100 多个天线的场景。为了增加传输带宽，5G 首先考虑了带宽为 GHz 的毫米波（millimeter wave，mmWave）频段。可以看出，如 mmWave 和大规模 MIMO 等新技术使得 5G 车载通信（5G vehicular communications，5G-VehC）信道表现出更多独特特性，因此需要专门为此类技术设计相应的信道测量。接下来，将简要回顾 mmWave 和大规模 MIMO 场景下的 5G-VehC 信道测量。

2.3.1　mmWave 信道测量

与测量频段低于 6GHz 的车载通信信道测量相比，车载 mmWave 信道测量仍处于初期阶段。现阶段，主流的 mmWave 测量主要通过部署定向喇叭天线。文献[24]在具有代表性的环境中进行了车载 mmWave 信道测量活动，结果表明 mmWave 信道表现出适度的多径传播且更适用于无线传输，但建筑物的阻碍可能会显著地影响传输质量。文献[25]使用车载极化天线来测量 28GHz 和 73GHz 频段的路径损耗与极化特性。上述两种测量都是基于车对互联网（vehicle-to-internet）场景。最近，三星集团首次进行了动态 V2V 信道测量，其中 28GHz 频段在 100km/h 的车速下进行测量[26]。

上述测量提供了车载 mmWave 通信信道的小尺度衰落和大尺度衰落的基本特征，例如，更高的路径损耗、更大的阴影衰落、更高的延迟分辨率，以及对于一个

散射体簇传播时更少的路径，并且针对在车载通信和网络中应用 mmWave 的可行性
进行了初步讨论。然而，相对于传统蜂窝场景中的 mmWave 测量，车载系统的
mmWave 信道测量仍处于初级阶段，并且迫切需要在各种不同频段的场景中进行相
应的测量活动。

2.3.2　大规模 MIMO 信道测量

与传统 MIMO 技术相比，大规模 MIMO 信道测量更加困难和复杂。目前，大
规模 MIMO 的主流测量方法是使用虚拟天线阵列且测量频率低于 6GHz，重点是为
了揭示不同天线模式下信道的特性和变化。一些在 6GHz 以下的传统蜂窝场景下进
行的大规模 MIMO 信道测量活动[27]表明了大规模 MIMO 信道具有两个独特的属性：
球面波阵面和空间非平稳性。大规模 MIMO 具有大量天线，这导致 Tx 和 Rx 之间
的距离可能不大于瑞利距离。在这种情况下，球面波阵面的影响是显著的，并且
不可以再继续使用传统的平面波阵面假设。大规模 MIMO 中涉及大型天线阵列，
因此在整个阵列上不再能观察到某些簇。这意味着天线阵列上的每个天线元件都
可以具有其自己的一组簇。这导致空间域中的非平稳性，即信道统计特性沿着天
线阵列变化。

如前面所述，mmWave 使大规模 MIMO 技术更可行且具有更合理的特点。目前
已经针对 mmWave 的大规模 MIMO 信道进行了一些测量活动，并且已经证明，与
6GHz 及以下频段的大规模 MIMO 技术相比，其具有更明显的球面波/波阵面和更严
重的空间非平稳性。值得注意的是，上述大规模 MIMO 测量活动都是针对传统的蜂
窝场景而设计的。到目前为止，还没有针对 5G 频段(2～85GHz)大规模 MIMO 车载
通信信道的测量活动。虽然这些现有测量活动表明的信道特性可以为大规模 MIMO
车载通信信道提供一些线索，但仍然迫切需要针对 VCN 场景建立一些大规模 MIMO
测量活动，来发现其中独特的信道特性。

2.4　3D 空-时-频非平稳特性

在车载通信系统中，其复杂的高速移动环境，会产生一定的时变特性。不仅
信道随时间变化，信道的统计特性也会随时间变化，从而导致时间的非平稳性，
即时域中的非平稳性，这是车载信道的重要特性[21]。如前面所述，大规模 MIMO
中的大量天线会使其相应的信道特性沿着天线阵列维度变化，从而导致空间非平
稳性，即空间域中的非平稳性，这是大规模 MIMO 信道的重要特性[19]。另外，
mmWave 信道占用更高的频带和更多的宽带，因此表现出显著的频率分散。换句
话说，相同信号的不同频率分量具有不同的传播参数，甚至具有不同的传播机制，
导致频率非平稳性，即频域中的非平稳性，这是 mmWave 信道的重要特性。对

于 5G 车载通信信道，非平稳性同时存在于所有三个域中。更重要的是，与 5G 车载通信信道相关的快时变特性，大规模 MIMO、超高频率和带宽以及它们的相互作用将加剧这些非平稳性。因此，5G 车载通信信道将表现出更严重的三维空-时-频率非平稳性。

从数学上讲，某个域中信道的非平稳性意味着信道统计特性在该域中是变化的。三维空-时-频非平稳性意味着信道统计特性随空间、时间和频率而变化。注意，无线信道具有三个双域，如图 2-25 所示，即时间 t 与多普勒 f_D，频率 f_c 与延迟 τ，以及空间 x 与角度/方向 Ω[28]。这意味着时域和多普勒域特征反映了相同的信道现象，但是来自不同的域[28]。类似地，频率/空间域和延迟/角度域也从不同的角度反映了相同的信道属性。因此，时间/频率/空间域中的信道非平稳性等效于多普勒/延迟/角度域中的信道相关散射。广泛使用的 WSSUS 假设实际上是指时域和频域中的广义平稳性。

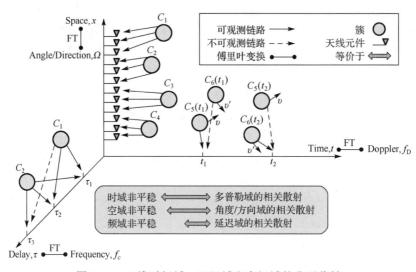

图 2-25　三维时间域、延迟域和空间域的非平稳性

为了更好地说明三维非平稳性的物理机制，将采用时域、延迟域和空间域视角来介绍。这是因为，在这三个域中，可以更具体地描述簇/散射体。从图 2-25 中可以清楚地看出，信道的快时变特性，沿时间轴 t 方向会发生簇/散射体的出现和消失，这导致时域中的非平稳性。类似地，由于大规模天线阵列，簇/散射体的出现和消失可以沿着天线阵列轴 x 发生。这导致空间域中的非平稳性。由于高延迟分辨率，不同延迟中的簇/散射体可以相关。这导致延迟域中的相关散射，即频域中的非平稳性。更重要的是，从图 2-25 中可以观察到，信道快时变特性将沿着天线阵列轴 x 的方向增强簇/散射体的出现和消失，并且大天线阵列将沿着时间轴 t 的方向增强簇/散射体的出现和消失。这意味着时间非平稳性和空间非平稳性将相互增强。类似地，在时-

频非平稳性和空-频非平稳性之间也可以得出相同的结论。可以看出,与个体空间域、时域或频域中的非平稳性相比,三维空-时-频非平稳性表现出更强的非平稳性。因此,对非平稳性的研究更有利于讨论如何合理地针对信道的非平稳性进行建模。到目前为止,已经提出一些方法来对信道的非平稳性进行建模,所有这些方法包括:参数方法、几何方法和混合方法。

2.4.1　参数方法

顾名思义,这类方法完全依赖于数学方法来模拟非平稳性。在 NGSM 中,只能采用这种方法。具体来说就是采用纯数学方法对簇/散射体的出现和消失,以及相关散射进行建模。通常情况下,时间/空间域中的簇/散射体的出现和消失可以通过使用生死过程来建模,而延迟/多普勒/角度域中的相关散射可以通过使用相关矩阵来建模。例如,在文献[21]中,基于 TDL 结构提出了非 WSSUS NGSM,其中簇由抽头表示。在该 NGSM 中,抽头的出灭过程由离散马尔可夫链建模,而相关抽头由相关矩阵通过 Cholesky 分解来获得。参数方法很简单,但不能模拟时域和空间域中簇/散射体的漂移[14]。

2.4.2　几何方法

几何方法通过直接描述动态散射几何环境(包括 Tx、Rx 和簇/散射体的移动)自然地模拟非平稳性。任何通过对基础散射几何的描述(例如,GBDM(geometry-based deterministic model) 和 GBSM)的建模方法都可以使用几何方法来模拟非平稳性。具体而言,这类方法描述了 Tx、Rx 和簇/散射体的类型、位置和移动轨迹,以自然地模拟非平稳性。例如,文献[29]中介绍的 GBDM 非常详细地描述了动态散射几何,而文献[14]中介绍的 GBSM 采用简化的统计方法来描述动态散射几何,因此自然地模拟了非平稳性。虽然几何方法可以更好地描述时域和空间域中簇/散射体的漂移,但这具有非常高的复杂性[14]。

2.4.3　混合方法

考虑到复杂性和准确性之间的权衡,混合方法可以恰当地结合上述参数和几何方法。这类方法通过描述动态散射几何环境,灵活地采用数学工具来合理地降低非平稳性建模的复杂性。通常,混合方法首先通过使用数学生灭过程来模拟时间/空间域中的簇/散射体的出现和消失,然后随着时间的推移,借助动态散射几何环境来更新簇/散射体参数,例如,位置、延迟、功率、角度等。再如,基于 TDL 结构开发了非平稳 RS-GBSM[19]。该 RS-GBSM 首先通过使用离散马尔可夫链来模拟抽头的生灭过程,然后基于常规散射几何来导出时变 AoA 和 AoD。非平稳 IS-GBSM[30]首先通过采用离散马尔可夫链对簇的生灭过程进行建模,然后基于不规则散射几何更新簇/散射体的位置、延迟、功率、AoA 和 AoD。

2.5　未来挑战及下一步工作

本节中讨论的挑战可被视为制定未来测量活动的指南，以及有利于开发更现实的 5G 车载通信信道模型。

2.5.1　信道测量

VCN 中的高速移动环境使得 5G 车载通信信道测量在几个方面非常具有挑战性。①测量平台的建立：广泛采用的基于虚拟天线阵列(virtual antenna array，VAA)的大规模 MIMO 测量方法已不再可行。这是因为 VAA 测量应该确保用于测量的单个天线在信道相干时间内转移到所有所需位置。然而，5G 车载通信的大规模 MIMO 所带来的动态快速时变环境将会导致非常短的信道相干时间，使得不可能完成基于 VAA 的大规模 MIMO 测量。因此，5G 车载通信大规模 MIMO 测量可能不得不求助于基于真实天线阵列(real antenna array，RAA)的方法。这将显著地增加测量成本，并且需要校准复杂的大型天线阵列。如果还考虑了 mmWave 频段，则必须采用涉及电子精确控制的喇叭天线 RAA 的方法，因此进一步增加了信道测量的难度和成本。②复杂特征的测量：如前面所述，3D 非平稳性是 5G 车载通信信道的特性。尽管测量已经从各种角度表明了这种 3D 非平稳性的存在，但它们不足以支持 3D 非平稳性的精确建模，例如，时间和空间域中的簇/散射体的生死过程。总之，5G 车载通信信道测量应该能够准确地描述信道分量的延迟、角度扩展和时间变化。因此，这些挑战都表明现阶段迫切需要建立联合的时-空-频 5G 车载通信信道测量策略。

2.5.2　信道建模

VCN 中的高速移动环境使得 5G 车载信道建模在很多方面都具有很大的挑战性。①极其有限的测量数据：如前面所述，5G 车载场景的独特性使得测量平台的建立非常困难。在这种情况下，可以尝试使用校准的 GBDM 来构建 5G 车载通信场景，而不是实际测量，以获得相对合理的信道属性，然后与 GBSM 组合以建立适当的信道模型。这种结合 GBDM 和 GBSM 的建模方法考虑了一个新角度，有效地解决了上述挑战。②3D 非平稳性建模：现阶段存在的信道非平稳性建模包括在单个域中的建模，例如，在时间/空间域中建模，或者在 2D 域中的建模，例如，在时-空/时-频域。然而，关于 3D 非平稳性的建模非常有限，如何正确地针对 5G 车载信道的 3D 非平稳性进行建模仍然未被解决。③分区空间相关性建模：如前面所述，5G 车载信道大规模 MIMO 表现出明显的三维非平稳性，因此，在信道空间相关性方面，导致沿天线阵列的区域化特性。然而，当前的大规模 MIMO 仍然在传统的 MIMO 信道中使用传统的线性空间相关性建模，缺乏对分区空间相关性建模的研究，并留下了许多待解决的问题。

参 考 文 献

[1] Maurer J, Fügen T, Wiesbeck W. A ray-optical channel model for vehicle-to-vehicle communication. Proceedings in Physics: Fields, Networks, Computational Methods, and Systems in Modern Electrodynamics, Berlin, 2004: 243-254.

[2] Acosta-Marum G, Ingram M A. Six time- and frequency-selective empirical channel models for vehicular wireless LANs. Vehicular Technology Magazine IEEE, 2007, 2(4): 4-11.

[3] Sen I, Matolak D W. Vehicle-vehicle channel models for the 5GHz band. IEEE Transactions on Intelligent Transportation Systems, 2008, 9(2): 235-245.

[4] Karedal J, Tufvesson F, Czink N, et al. A geometry-based stochastic MIMO model for vehicle-to-vehicle communications. IEEE Transactions on Wireless Communications, 2009, 8(7): 3646-3657.

[5] Boban M, Vinhoza T T V, Ferreira M, et al. Impact of vehicles as obstacles in vehicular ad hoc networks. IEEE Journal on Selected Areas in Communications, 2011, 29(1): 15-28.

[6] Akki A S, Haber F. A statistical model for mobile-to-mobile land communication channel. IEEE Transactions on Wireless Communications, 1986, 35(1): 2-7.

[7] Patzold M, Hogstad B O, Youssef N. Modeling, analysis, and simulation of MIMO mobile-to-mobile fading channels. IEEE Transactions on Wireless Communications, 2008, 7(2): 510-520.

[8] Zajic A G, Stubber G L. Space-time correlated mobile-to-mobile channels: Modelling and simulation. IEEE Transactions on Vehicular Technology, 2008, 57(2): 715-726.

[9] Cheng X, Wang C X, Laurenson D I, et al. An adaptive geometry-based stochastic model for non-isotropic MIMO mobile-to-mobile channels. IEEE Transactions on Wireless Communications, 2009, 8(9): 4824-4835.

[10] Cheng X, Wang C X, Ai B, et al. Envelope level crossing rate and average fade duration of non-isotropic vehicle-to-vehicle Ricean fading channels. IEEE Transactions on Intelligent Transportation Systems, 2014, 15(1): 62-72.

[11] Zajic A G, Stuber G L. Three-dimensional modeling, simulation, and capacity analysis of space-time correlated mobile-to-mobile channels. IEEE Transactions on Vehicular Technology, 2008, 57(4): 2042-2054.

[12] Akki A S. Statistical properties of mobile-to-mobile land communication channels. IEEE

Transactions on Vehicular Technology, 1994, 43(4): 826-831.

[13] Cheng X, Wang C X, Laurenson D I, et al. Second order statistics of non-isotropic mobile-to-mobile Ricean fading channels. Proceedings of IEEE International Conference on Communications, Dresden, 2009: 1-5.

[14] Molisch A F, Tufvesson F, Karedal J, et al. A survey on vehicle-to-vehicle propagation channels. IEEE Wireless Communications, 2009, 16(6): 12-22.

[15] Zajic A G, Stuber G L. Three-dimensional modeling and simulation of wideband MIMO mobile-to-mobile channels. IEEE Transactions on Wireless Communications, 2009, 8(3): 1260-1275.

[16] Cheng X, Yao Q, Wen M, et al. Wideband channel modeling and intercarrier interference cancellation for vehicle-to-vehicle communication systems. IEEE Journal on Selected Areas in Communications, 2013, 31(9): 434-448.

[17] Renaudin O, Kolmonen V M, Vainikainen P, et al. Non-stationary narrowband MIMO inter-vehicle channel characterization in the 5-GHz band. IEEE Transactions on Vehicular Technology, 2010, 59(4): 2007-2015.

[18] Renaudin O, Kolmonen V M, Vainikainen P, et al. Wideband measurement-based modeling of inter-vehicle channels in the 5GHz band. IEEE Transactions on Vehicular Technology, 2013, 62(8): 3531-3540.

[19] Yuan Y, Wang C X, He Y, et al. 3D wideband non-stationary geometry-based stochastic models for non-isotropic MIMO vehicle-to-vehicle channels. IEEE Transactions on Wireless Communications, 2015, 14(12): 6883-6895.

[20] Ivan I, Besnier P, Bunlon X, et al. On the simulation of Weibull fading for V2X communications. Proceedings of International Conference on Its Telecommunications, Petersburg, 2011: 86-91.

[21] Matolak D W. Channel modeling for vehicle-to-vehicle communications. IEEE Communications Magazine, 2008, 46(5): 76-83.

[22] Li Y, Ai B, Michelson D G, et al. A method for generating correlated taps in stochastic vehicle-to-vehicle channel models. Proceedings of Vehicular Technology Conference, Glasgow, 2015.

[23] Li Y, Ai B, Cheng X, et al. A TDL based non-WSSUS vehicle-to-vehicle channel model. International Journal of Antennas and Propagation, 2013: 103461.

[24] Maccartney G, Rappaport T, Samimi M, et al. Wideband millimetre-wave propagation measurements and channel models for future wireless communication system design. IEEE Transactions on Communications, 2015, 63(9): 3029-3056.

[25] Hur S, Baek S, Kim B, et al. Proposal on millimetre-wave channel modelling for 5G cellular system. IEEE Journal of Selected Topics in Signal Processing, 2017, 10(3): 454-469.

[26] Gozalvez J. Samsung electronics sets 5G speed record at 7.5Gb/s.Vehicular Technology Magazine IEEE, 2015, 10(1): 12-16.

[27] Zhang J, Zheng Z, Zhang Y, et al. 3D MIMO for 5G NR: Several observations from 32 to massive 256 antennas based on channel measurement. IEEE Communications Magazine, 2018, 56(3): 62-70.

[28] Yin X, Cheng X. Propagation Channel Characterization, Parameter Estimation, and Modeling for Wireless Communications. Hoboken: Wiley, 2016.

[29] Wang C X, Cheng X, Laurenson D I. Vehicle-to-vehicle channel modeling and measurements: Recent advances and future challenges. Communications Magazine IEEE, 2009, 47(11): 96-103.

[30] Ghazal A, Yuan Y, Wang C X, et al. A non-stationary IMT-A MIMO channel model for high-mobility wireless communication systems. IEEE Transactions on Wireless Communications, 2016, 16(4): 2057-2068.

第 3 章　车联网物理层关键技术

随着汽车工业和移动通信系统的快速发展，智能车辆和无线通信的结合已经成为一种新兴的趋势，并且在车辆网络安全和车辆移动应用中具有重要意义。但是，正如第 2 章所阐述的，与传统(准)静态通信相比，车载通信中的无线信道更为复杂，具有很大的多普勒和明显的非平稳性，这使得 5G 车联网通信面临着严峻的挑战。因此，在本章中，为了应对严苛的车载通信信道条件并实现高数据速率，我们探索一些适用于 5G 车联网通信系统设计的物理层技术，包括改进的信道估计方案和空域调制技术，从而可以在高时变信道条件下有效地利用正交频分复用(orthogonal frequency division multiplexing，OFDM)和 MIMO 等核心技术在高移动性车载网络中的优势。

3.1　信道估计技术

本节主要着眼于车联网的实际信道环境，设计出一种适用于 IEEE 802.11p 的信道估计方法，具有误码率低、计算量小的优点，同时为了保证准确估计它还不需要额外的信道信息。

3.1.1　IEEE 802.11p 信道估计方法介绍

作为一种典型的 OFDM 系统，其梳状导频本身是做相位跟踪的，用它们来进行信道估计有些勉为其难。IEEE 802.11p 传统的信道估计方法主要使用前导训练序列中的两个长训练符号 T_1 和 T_2 来完成(图 3-1)，估计出来的信道响应值用于后续信号域和数据域符号的均衡。长训练符号覆盖了所有 52 个子载波(48 个数据子载波和 4 个导频子载波)，是完全可以满足频域间隔 Δf 要求的。不过考虑到车载信道的时变性很强，T_1 和 T_2 虽然可以很好地估计出长训练符号处的信道响应，但是后续符号对应的信道会快速变化，如果继续使用初始得到的信道估计值为后续接收信号进行

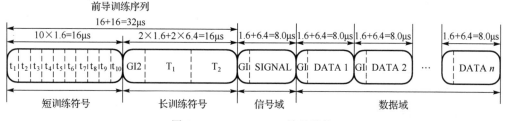

图 3-1　IEEE 802.11p 符号结构

均衡会造成较高的误码率。为了克服这些问题，现有的方法主要分为两类。第一类方法基于改进后的 IEEE 802.11p 符号结构，使信道估计可以在数据域连续进行，这样虽然大大简化了信道估计的复杂度，但是容易造成标准兼容性不足的问题。第二类方法则维持原有符号结构不变，虽然不存在兼容性方面的问题，但是复杂度的开销很大，同时容易造成较高的误码率。接下来本节主要介绍这两类方法中的代表算法。

1. 修改 IEEE 802.11p 符号结构

考虑到 IEEE 802.11p 符号结构以及实际的车载信道环境，最简单的办法就是改进其符号结构以适应车载时变信道，比较有代表性的是基于中间训练序列的信道估计法和时域最小均方估计法。

1) 基于中间训练序列的信道估计法

为了克服车载信道的强时变特性，一种有效的方法就是在图 3-2 所示的数据符号中周期性地插入中间训练序列 (midamble)[1]。这样的话只要中间训练序列数量充足，数据域的长度就可以任意长。基于中间训练序列的信道估计法实现起来比较简单，首先利用两个长训练符号 T_1 和 T_2 估计出初始的信道响应，用它对后续的数据符号均衡直到第一个中间训练序列出现。接下来的步骤就是一个重复的过程，利用中间训练序列更新信道响应，然后继续更新后续数据符号。基于中间训练序列的信道估计法中引入了一个参数 γ，称为中间训练序列插入因子，代表了数据符号个数与中间训练序列的比例。通过仿真发现，γ 值越小性能的提升越显著，特别是对于 16QAM (quadrature amplitude modulation，正交振幅调制) 这种调制方式。虽然加入中间训练序列可以有效地降低误码率，但是它的代价也很高昂，就是系统的频谱效率会相较于原始的 IEEE 802.11p 标准明显降低，造成较低的数据传输速率，而且值越小频谱效率和数据传输率越差。为了在误码率和数据传输率上取得折中，一种办法就是根据不同的车载信道和数据包长度选取最优的，但是至今这还是一个难以解决的问题。

2) 时域最小均方估计法

分辨率表示输出数字量变化一个相邻数码所需输入模拟电压的变化量，转换器的分辨率定义为时域最小均方估计 (time domain least square estimation，TDLSE) 法，最早由 Muck 等[2]于 2003 年提出，之后由 Lin[3]应用到移动场景中。在 IEEE 802.11p 标准提出之后，鉴于其符号结构设计的不足，TDLSE 信道估计法又被扩展到 802.11p 中，以解决前导训练序列无法跟踪后续数据符号的问题[4,5]。TDLSE 估计实现的前提是采用特殊设计的序列代替 802.11p 数据符号前的循环前缀 (即保护间隔)，在现有车辆通信系统的信道估计技术中出现过 ZC (zadoff-chu) 序列[4]和 PN (pseudo-noise) 序列[5]两种。TDLSE 的第一步是利用接收到的数据和已知发送的 ZC 序列或 PN 序列做最小均方 (least square，LS) 估计，由此得到信道冲激响应。接下来，估计出的信道冲激响应在相邻几个符号内求平均。最后再利用 LS 做一次信道估计，由此得到最终的信道响应值。仿真显示，当循环前缀用 ZC 序列或 PN 序列替代以后误码率的降低非常明显。

2. 保持 IEEE 802.11p 符号结构不变

上述方法基于优化后的 IEEE 802.11p 符号结构，虽然可以有效地减少信道估计的计算量，同时降低最终的误码率，但是其代价是失去和原标准的兼容性。考虑到这个问题，大部分信道估计法还是基于原始的 IEEE 802.11p 结构来进行设计的。

1）LS 估计

IEEE 802.11p 协议簇中最常用的信道估计法是 LS 估计。如图 3-1 所示，两个相同的长训练符号 T_1 和 T_2 经过车载信道以后变为 $R_{T_1}(k)$ 和 $R_{T_2}(k)$，利用它们进行 LS 估计 $R_{T_1}(k)$

$$H(k) = \frac{R_{T_1}(k) + R_{T_2}(k)}{X(k)} \tag{3-1}$$

式中，$X(k)$ 是之前在频域里定义的长训练符号；k 代表载波数，在 IEEE 802.11p 标准中 $-26 \leqslant k \leqslant 26$。通过式(3-1)得到的信道响应随后用于后续信号域和数据域的信道估计。不过由于车载信道的强时变特性，数据域符号所经历的信道会快速变化，因此直接使用式(3-1)得到的结果会造成系统性能严重下降。

2）基于维纳滤波器的信道估计法

由于 LS 估计很难用于车载环境下的快变信道，Nuckelt 等[6]提出了一种基于维纳滤波器的信道估计法。在该系统中，维纳滤波器位于信道估计模块与均衡模块之间，其原理是寻找最优系数使得维纳滤波前后信道响应的均方误差(mean square error，MSE)最小。为了实现有效的信道估计，维纳滤波器的设计至关重要。它需要知道三个参数，分别是接收信噪比、实时最大时延扩展和功率时延谱(power delay profile，PDP)形状 $P(\tau)$。这三种参数的获取并不容易，尤其是在车载信道环境下。其中最简单的是接收信噪比的估计，可以通过 Ren 等[7]提出的算法获取。然而，对于实时最大时延扩展 PDP 形状 $P(\tau)$ 的估计或者预测就显得困难很多。车载信道的时延扩展随着环境的不同而变化，在算法中难以实时检测，因此在基于维纳滤波器的信道估计法中将其设为 1.6μs，即 IEEE 802.11p 标准规定的保护间隔周期。此外，对于 PDP 形状也采用近似的方式处理，可以将其近似为矩形分布或者指数衰减分布。仿真结果证明基于维纳滤波器的信道估计法性能不错，但是由于实时最大时延扩展和 $P(\tau)$ 都是近似得到的，最终的结果是次优解。

3）基于广义离散长圆球序列的信道估计法

广义离散长圆球(generalized discrete prolate spheroidal，GDPS)序列的概念首次

由 Zemen 等[8]提出，之后发展到双选性信道下[9]。在 IEEE 802.11p 标准提出以后，GDPS 序列法被用于车联网的信道估计中[10]。基于 GDPS 序列的信道估计法是一种迭代方法，它的目的是缩紧子空间(subspace)使得 MSE 最小化。通过引入 GDPS 序列，信道估计得以简化，只需要 GDPS 系数即可完成。该算法需要多次迭代实现，会造成较高的计算量。为了解决这个问题，文献[8]～[10]提出了基于广义离散长圆球序列的改进信道估计法。其核心是在数据域后面加入后同步码(postamble)，因此可以算作第一类信道估计方法，也就是基于改进后的 IEEE 802.11p 符号结构。尽管加入后同步码以后可以在一定程度上减少计算量，但是这样会降低效率，造成和原始标准不兼容。

4) 频谱时间求均值信道估计法

为了应对车载信道的时变特性，Fernandez 等[11]提出了频谱时间求均值(spectral temporal averaging，STA)信道估计法。以估计第 i 个符号的信道响应 $H_{\text{STA},i}(k)$ 为例，STA 的第一步需要知道上一个符号对应的信道响应 $H_{\text{STA},i-1}(k)$ 以及当前接收到的符号 $S_{R,i}(k)$，

$$\hat{S}_{T,i}(k) = \frac{S_{R,i}(k)}{H_{\text{STA},i-1}(k)} \tag{3-2}$$

式中，当 $i=1$ 时，第"0"个符号的信道响应 $H_{\text{STA},0}(k)$ 通过式(3-2)得到，也就是两个长训练符号。需要强调的是，式(3-2)中并不均衡图 3-2 中的四个相位跟踪导频，

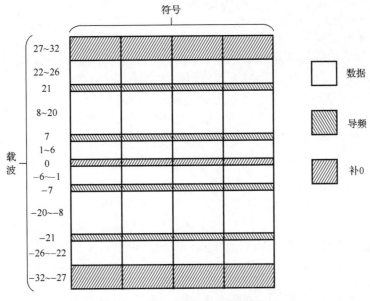

图 3-2　IEEE 802.11p 子载波样式

它只均衡 48 个数据子载波。接下来，$\hat{S}_{T,i}(k)$ 根据不同的调制方式映射得到 $\hat{X}_i(k)$。在这一步中，四个相位跟踪导频被直接赋予其在频域的值。随后，初始的信道估计 $H_i(k)$ 由式 (3-3) 得到

$$H_i(k) = \frac{S_{R,i}(k)}{\hat{X}_i(k)} \tag{3-3}$$

由于 $H_i(k)$ 是直接根据接收到的数据计算得出的，在映射中可能存在错误，文献[1]提出了一种频域和时域联合求均值的算法。频域求均值如下所示：

$$H_{\text{update}}(k) = \sum_{\lambda=-\beta}^{\lambda=\beta} w_\lambda H_i(k+\lambda) \tag{3-4}$$

式中，$2\beta+1$ 代表进行求均值运算的子载波数；w_λ 是一个权重因子的集合，一般来说认为集合中所有的 w_λ 值相等，即 $w_\lambda = \dfrac{1}{2\beta+1}$，在频域求均值结束以后接下来进行时域求均值，从而得到最终的信道响应

$$H_{\text{STA},i}(k) = \left(1 - \frac{1}{\alpha}\right) H_{\text{STA},i-1}(k) + \frac{1}{\alpha} H_{\text{update}} \tag{3-5}$$

式中，α 是一个与多普勒扩展相关的参数。通过前面的介绍可以看出，STA 算法中必不可少的参数 α 和 β 均与车载信道有关。根据文献所述，为了保证信道估计的准确性，α 和 β 需要由无线环境信息获得，如 GPS 和地图。但是在实际系统中以上信息很难得以确定，所以为了不增加复杂度，以上参数可以设定为固定值。

5) 判决指导信道估计法

判决指导信道估计法 (decision-directed，DD) 最早分别由 Kella 提出[12]，近年来被 Bourdoux 等[13]用于车载环境下的信道估计。该算法首先利用前导训练序列进行 LS 估计，接下来训练序列之后的符号一个接一个地按照均衡、判决指导估计和平滑的顺序进行信道估计。判决指导估计和 STA 算法的前两步比较类似。不过在低信噪比时由于受到误差传播的影响，容易出现误判决。因此，在该算法中加入了平滑处理以去除噪声的影响。尽管仿真结果显示判决指导信道估计法的误码率性能有所提升，但是平滑处理中需要大型矩阵的乘法运算，会带来较大的计算量。为了降低计算量，Bourdoux 等提出了两种改进算法。第一种称为无损降低计算量 (lossless complexity reduction)，它引入奇异值分解的方法减少矩阵乘法同时不会对性能造成损失。第二种算法称为有损降低计算量 (lossy complexity reduction)，具体来说它通过在平滑处理中忽略一些子载波来降低计算量，但是其代价是误码率性能会因此降低。

6) 伪导频信道估计法

Lin 等在 TDLSE 算法的文献里还提出了一种算法，称为伪导频信道估计法。这

种算法最早由 Chang 等[14]提出,其核心是利用伪导频来充当真实的导频。具体来说利用了回归多项式来描述信道响应,为此采用最小二乘拟合(least square fitting,LSF)来计算多项式因子。伪导频信道估计法的实现包括以下三步:分别是预计算、实时估计和信道跟踪。其中预计算需要预先设定回归多项式,预存后续步骤中将要用到的矩阵。实时估计首先计算导频子载波上的信道冲激响应,然后利用 LSF 计算出所有的信道冲激响应。接下来,采用与判决指导法类似的方式将这些估计出来的冲激响应进行处理,得到更为精确的结果。在最后一步的信道跟踪中,Lin 等在原有伪导频估计算法的基础上结合 IEEE 802.11p 符号结构做了相应的改进。前导训练序列首先提供信道跟踪的初始系数,然后利用导频跟踪相邻符号间信道的变化。通过引入信道跟踪技术,伪导频信道估计法的性能有所提升。

3.1.2　现有信道估计方法比较

表 3-1 给出了现有信道估计法的比较,可以看出只有三种方法基于改进后的 IEEE 802.11p 符号结构,由此会带来系统兼容性的下降。在表 3-1 中没有给出的是除了 TDLSE,其余两种方法由于引入新的训练序列还会降低频谱利用率。对于大部分算法来说它们基于原始的符号结构,为了保证误码率性能需要知道额外的信道信息来进行辅助。例如,基于维纳滤波器的信道估计法就需要获取实时最大时延扩展和 PDP 形状,这在实际的车载环境中很难实现。此外如果取固定值代替这些实际值,最终的误码率性能是次优的。对于那些基于改进后的 802.11p 符号结构的算法,可以预见的是它们都具有较低的复杂度。而对于第二类保持符号结构的算法,除了 LS 估计都会造成较高的计算量,主要原因是大型矩阵乘法运算,这可能会对硬件设计带来挑战。在性能比较方面可以看出有三种算法的误码率性能是变化的,主要原因是它们使用的一些参数并不固定,越合理的参数设置会带来越好的误码率性能。由于第二类算法难以很好地应对车载时变信道,它们最终的误码率要明显高于第一类算法,其中 LS 估计的性能最差。此外,有些算法不仅性能难以达到最优,在复杂度方面也很高。

表 3-1　现有 802.11p 信道估计法比较

信道估计法	是否修改标准	是否需要信道信息	计算量	兼容性	误码率性能
基于中间训练序列信道估计法	是	是	C2	降低	P1~P3
时域均方最小估计方法	是	否	C2	降低	P2
LS 估计	否	是	C1	不变	P5
基于维纳滤波器的信道估计方法	否	是	C3	不变	P3
基于广义离散长圆球序列的信道估计法	否	是	C5	不变	P3
频谱时间求均值信道估计法	否	是	C3	不变	P2

信道估计法	是否修改标准	是否需要信道信息	计算量	兼容性	误码率性能
判决指导信道估计法	否	是	C5	不变	P3
判决指导信道估计法(无损)	否	是	C4	不变	P3
判决指导信道估计法(有损)	否	是	C5	不变	P3/P4
伪导频信道估计法	否	是	C5	不变	P3/P4

注：C 代表复杂度(complexity)，C1 为最低复杂度，C5 为最高复杂度；P 代表性能(performance)，P1 为最佳误码率，P5 为最差误码率。

总结以上两类算法比较，可以看出，现有的 IEEE 802.11p 信道估计算法主要存在以下问题：如果基于优化后的符号结构会降低系统的兼容性和频谱效率；如果维持符号结构不变则面临系统计算量过大的问题，同时大部分算法为了实现最优估计都依赖于额外的信道信息，而这些信息在实际的车联网环境中较难获取。

3.1.3　构建数据导频信道估计法

鉴于现有算法的不足，本书提出一种基于构建数据导频的信道估计法。和以往的算法不同的是，CDP 法利用数据符号作为"导频"来进行信道估计。这样处理在以往的信道估计算法中是不常见的，主要是因为接收端并不知道发送的数据符号是什么，并且受到时变信道和噪声的影响，在接收端很难映射回正确的星座点上。通过研究发现，数据符号并不是一无是处。经过信道以后，相邻的数据符号具有较高的相关性，通过一系列特殊的处理可以充分地利用信道的相关性，最终使得数据符号能够实现"导频"的功能。

图 3-3 给出了 CDP 估计法接收机的结构框图，由于大部分模块都是发射机对应模块的逆过程，这里就不再详细介绍。其中需要强调的是 CDP 信道估计位于 FFT(fast Fourier transformation，快速傅里叶变换)模块和解调模块之间，因此相关的计算均处于频域。

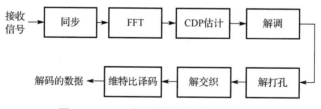

图 3-3　CDP 估计法接收机的结构框图

为了便于后续介绍具体算法，图 3-4 中简要画出了 CDP 信道估计法的流程图。可以看出 CDP 估计是一个循环的过程，为了估计第 i 个符号对应的信道响应，需要利用上一个符号估计出的信道响应 $H_{\text{CDP},i-1}(k-1)$。同样作为输入的 $S_{R,i}(k)$ 是接收到的第 i 个符号的第 k 个数据子载波。需要强调的是，与之前介绍的 LS 估计和 STA 算法一样，最基本的 CDP 算法在构建数据导频的过程中也不利用四个相位跟踪导频。在 3.1.4 节中将提出两种 CDP 算法的改进法，届时会充分地利用这些相位跟踪导频来提升 CDP 算法的估计性能。图 3-4 所示的 CDP 估计法主要包括五个步骤，分别是均衡、构建数据导频、LS 估计、均衡&构建导频以及比较。其中前三个步骤与 STA 算法比较相似，它们主要的区别在于 CDP 算法的后两步利用了相邻符号经历信道的相关性。除了这五步，CDP 估计还包括一个初始化步骤，主要是为了估计第一个符号（$i=1$）对应的信道，接下来详细介绍这几个步骤。

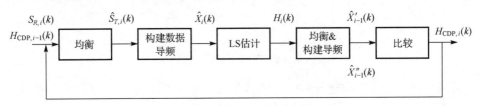

图 3-4　CDP 信道估计法流程图（$i>1$）

初始化——均衡：在初始化中，长训练符号 T_1 和 T_2 被用来做 LS 估计，如式（3-1）所示。估计得到的信道响应 $H(k)$ 会用于前导训练序列后的第一个符号的估计，它的系数 $i=1$。IEEE 802.11p 标准中规定了四种调制方式，而前导训练序列的调制方式为 BPSK（binary phase shift keying，二元相移键控），在初始化过程中需要进行特殊处理，将在介绍完后续五个步骤之后再给出。

第一步——均衡：如前面所述，鉴于相邻数据符号间的信道具有较高的相关性，CDP 估计循环利用上一个符号的信道响应对下一个符号做估计。为了简便起见，这里不妨假设第 i 个符号所经历的信道相对于上一个符号的没有变化。因此，第一步均衡如下所示：

$$\hat{S}_{T,i}(k) = \frac{S_{R,i}(k)}{H_{\mathrm{CDP},i-1}(k)} \tag{3-6}$$

式中，$H_{\mathrm{CDP},i-1}(k)$ 是第 $i-1$ 个符号估计出来的信道响应。

第二步——构建数据导频：接下来根据不同的调制方式，$\hat{S}_{T,i}(k)$ 会被解映射到对应的星座点 $\hat{X}_i(k)$ 上，也就是构建数据导频。由于噪声和其他干扰的影响，加上之前假设的 $H_{\mathrm{CDP},i}(k)$ 与 $H_{\mathrm{CDP},i-1}(k)$ 一致不一定完全准确，$\hat{S}_{T,i}(k)$ 有可能会落在错误的区间内。如图 3-5 所示，以 QPSK（quadrature phase shift keying，四元正交相移键控）为例，其中图 3-5（a）中 $X_i(k)$ 为发送的星座点，通过信道以后经由式（3-6）的处理，$\hat{S}_{T,i}(k)$ 可能落在第一象限或者第二象限。如果落在第一象限，那么构建数据导频后 $\hat{X}_i(k)$ 会落回到原先的 $X_i(k)$ 处；同理如果 $\hat{S}_{T,i}(k)$ 落在第二象限，解映射得到的 $\hat{X}_i(k)$ 则落在错误的星座点上，即如图 3-5（b）所示。虽然在这一步中构建导频会出现错误，但是在接下来的步骤中还可以利用相邻符号所经历信道的相关性进一步消除残余误差。

第三步——LS 估计：通过构建导频得到 $\hat{X}_i(k)$ 以后，利用式（3-3）给出的 LS 估

计得到当前第 i 个符号的信道响应，即 $H_i(k)$。需要注意的是 $H_i(k)$ 并不是最终 CDP 估计器的输出，它只是一个较为精确的结果。

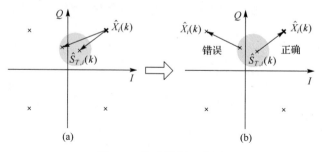

图 3-5　构建导频示意图

第四步——均衡&构建导频：在第四步和第五步中，相邻符号所经历信道的相关性得以应用，从而消除第二步中噪声和干扰等因素带来的不利影响。$H_i(k)$ 首先用于均衡上一个接收到的符号 $S_{R,i-1}(k)$，如下所示：

$$\hat{S}'_{C,i-1}(k) = \frac{S_{R,i-1}(k)}{H_i(k)} \tag{3-7}$$

与此同时，$S_{R,i-1}(k)$ 被 $H_{CDP,i-1}(k)$ 所均衡，也就是上一个符号经历的信道响应，它之前已经在式(3-7)中使用过一次，只不过被均衡的符号不同而已。均衡后的 $\hat{S}''_{C,i-1}(k)$ 表示如下：

$$\hat{S}''_{C,i-1}(k) = \frac{S_{R,i-1}(k)}{H_{CDP,i-1}(k)} \tag{3-8}$$

为了比较 $\hat{S}''_{C,i-1}(k)$ 和 $\hat{S}'_{C,i-1}(k)$ 它们需要再构建一次导频映射到具体的星座点上，由此得到的结果是 $\hat{X}''_{i-1}(k)$ 和 $\hat{X}'_{i-1}(k)$，这里认为 $\hat{X}''_{i-1}(k)$ 是准确的。

第五步——比较：如前面所述，相邻符号经历的信道具有较强的相关性。因此，如果 $\hat{X}'_{i-1}(k) \neq \hat{X}''_{i-1}(k)$，那么意味着第 k 个子载波的星座点 $\hat{X}_i(k)$ 是不准确的，为此我们定义 $H_{CDP,i}(k) = H_{CDP,i-1}(k)$，认为和上一个符号经历的信道相同。如果 $\hat{X}'_{i-1}(k) = \hat{X}''_{i-1}(k)$，则有 $H_{CDP,i}(k) = H_i(k)$。

以上五个步骤的前提都是 $i>1$，当 $i=1$ 时，即在初始化过程中需要进行特殊处理。主要原因是 IEEE 802.11p 标准中定义的前导训练序列由 BPSK 调制生成，它们只有 1 和 -1 两种可能。然而对于后续的信号域或数据域符号而言，它们可以由其他调制方式得到，不一定是 BPSK，因此不能直接使用式(3-7)进行均衡。为了保证精确，从 LS 估计得到的信道响应不能定义为 $H_{CDP,1}(k)$。鉴于此，式(3-7)可以改成如下形式：

$$\hat{S}'_{C,0}(k) = \text{real}\left(\frac{R_{T_2}(k)}{H(k)}\right) \tag{3-9}$$

式中，$R_{T_2}(k)$ 为前导训练序列中的最后一个符号，即第二个长训练符号 T_2，它的后面紧接着的就是信号域。考虑到调制方式，如果 $\hat{S}'_{C,0}(k) > 0$，令 $\hat{X}'_0(k) = 1$；否则 $\hat{X}'_0(k) = -1$。需要注意的是 $\hat{X}''_0(k)$ 为已知的频域发送信号，即 $X(k)$。随后，对 $\hat{X}'_0(k)$ 和 $\hat{X}''_0(k)$ 进行相互比较以确定 $H_{\mathrm{CDP,1}}(k)$。如果 $\hat{X}'_0(k) = \hat{X}''_0(k)$，令 $H_{\mathrm{CDP,1}}(k) = H_1(k)$；否则的话 $H_{\mathrm{CDP,1}}(k) = H(k)$，其中 $H(k)$ 为 LS 估计得到的信道响应。

3.1.4　构建数据导频信道估计法的优化

在第 3.1.6 节中我们将会给出仿真比较，其中 CDP 信道估计法的优势主要在以下三个方面：①相比于 STA 算法，CDP 可以获得更好的误码率性能，特别是在高信噪比区间；②CDP 信道估计法的计算量非常低；③CDP 不依赖于任何信道的先验信息。但是通过仿真发现，CDP 法的误码率性能在低信噪比条件下有所降低，甚至不如 STA。这主要是因为在低信噪比时算法中的比较步骤并不精确，难以跟踪车载信道的时变特性。鉴于这个问题，在本节中将进一步优化 CDP 信道估计法，会提出两种算法。其中第一种算法称为 MCDP（modified constructed data pilot），它将相邻符号所经历的信道建模为一阶马尔可夫过程，这样可以更加精确地表示相邻符号信道的相关性从而在低信噪比区间取得较低误码率。第二种算法称为 SAMCDP（SNR-aided modified constructed data），它利用估计出的实时信噪比在不同的信噪比区间选 CDP 和 MCDP，从而在较宽信噪比区间获得最优误码率。

1. 改进构建导频信道估计法（MCDP）

如前面所述，在最基本的 CDP 估计法中假设相邻符号经历的信道具有较高的相关性。从本质上看，在第二步（构建数据导频）和第五步（比较）中都用到了这个假设。显而易见的是对于第二步来说这个假设比较有帮助，但是在第五步中就显得过于粗略了。因此，很有必要得到相邻符号信道响应相关性的更精确的表达。Jakes 于 1994 年提出一阶马尔可夫过程[15]，也称为自回归模型（autoregressive model），表示为如下的形式：

$$H_m = \alpha H_{m-1} + \sqrt{1-\alpha^2} W_m \tag{3-10}$$

式中，H_m 表示第 m 个符号的信道响应；W_m 是一个服从分布的复高斯变量，该模型的核心是自相关系数 α，它可以建模为一个零阶贝塞尔函数，即 $\alpha = \mathrm{J}_0(2\pi f_d \tau)$，其中 f_d 代表最大的多普勒频移，τ 是 OFDM 符号的时间间隔。Jakes 提出的这个一阶马尔可夫模型可以有效地表示相邻符号所经历信道的相关性，至今已在不少文献中得以应用。

通过利用 IEEE 802.11p 符号结构中的四个相位跟踪导频可以很容易地得到上述 α 值。这里定义 $H_{P,i}(k)$ 为第 i 个符号第 k 个子载波经历的信道（$k \in \{-21,-7,7,21\}$），由此自相关系数可以表示为

$$\alpha_{i-1,i} = \left| \frac{\displaystyle\sum_{k\in\{-21,-7,7,21\}} H_{P,i-1}(k)H^*_{P,i}(k)}{\displaystyle\sum_{k\in\{-21,-7,7,21\}} \left|H_{P,i-1}(k)\right|\left|H^*_{P,i}(k)\right|} \right| \tag{3-11}$$

式中，$\alpha_{i-1,i}$ 代表了第 $i-1$ 个和第 i 个符号对应信道响应的自相关值。如果一个 OFDM 帧中存在 N_s 个数据符号，那么最终可以得到 N_s-1 个 $\alpha_{i-1,i}$。为了简便起见，由于相位跟踪导频是固定的已经在标准中定义过，$H_{P,i}(k)$ 可以通过 LS 估计得到。

通过引入一阶马尔可夫过程，可以获得更为精确的信道相关特性。根据式 (3-11) 得到的 $\alpha_{i-1,i}$，CDP 算法中的第五步，也就是比较过程能够得以优化。受到 STA 算法的启发，如果 $X'_{i-1}(k)=X''_{i-1}(k)$

$$H_{\text{CDP},i}(k)=\left(1-\frac{\alpha_{i,i-1}}{\rho}\right)H_i(k)+\frac{\alpha_{i,i-1}}{\rho}H_{\text{CDP},i-1}(k) \tag{3-12}$$

相反地，如果 $X'_{i-1}(k)\neq X''_{i-1}(k)$

$$H_{\text{CDP},i}(k)=\left(1-\frac{\alpha_{i,i-1}}{\rho}\right)H_{\text{CDP},i-1}(k)+\frac{\alpha_{i,i-1}}{\rho}H_i(k) \tag{3-13}$$

在式 (3-12) 和式 (3-13) 中，ρ 是一个与信道和调制方式有关的校正因子。此外需要强调的是，式 (3-12) 和式 (3-13) 成立的条件依旧是 $i>1$。当 $i=1$ 时，还需要依据 CDP 估计法中的第五步来实现，这主要是因为我们很难得到最后一个前导训练序列符号，即第二个长训练符号与信号域之间的相关系数 $\alpha_{0,1}$。

对于 CDP 估计法第五步的修改可以解释如下。以 QPSK 为例，对于所有的信道可能性取 $\rho=1.8$。由于噪声和其他干扰的影响，在信噪比较低时相邻符号经历信道的相关性会大幅度下降。通过仿真发现，在低信噪比区间自相关系数 $\alpha_{0,1}$ 的一个合理取值是 0.4。因此，式 (3-12) 可以写为 $H_{\text{CDP},i}(k)=0.78H_i(k)+0.22H_{\text{CDP},i-1}(k)$，由此取代原 CDP 算法 $H_{\text{CDP},i}(k)=H_i(k)$。大量仿真结果还证明，对于所有合理的 $\alpha_{i-1,i}$ 值，$H_{\text{CDP},i}(k)$ 所占有的比例肯定不会超过 $H_i(k)$。这个结论可以理解如下：在满足 $X'_{i-1}(k)=X''_{i-1}(k)$ 的低信噪比情况下，尽管假设数据导频构建准确，但是由于受到噪声和干扰的影响，$\hat{S}_{T,i}(k)$ 仍旧会存在较大的误差。因此从统计学的角度看，将 $H_{\text{CDP},i-1}(k)$ 加入到式 (3-12) 是很有必要的。随着 $\alpha_{i-1,i}$ 的增加，$H_{\text{CDP},i-1}(k)$ 对应的系数 $\dfrac{\alpha_{i,i-1}}{\rho}$ 也随之增大，这也就意味着相邻符号经历的信道之间相关性变大，$H_{\text{CDP},i-1}(k)$ 所占的比例增加。采用类似的分析方法同样可以解释式 (3-13)。

2. 信噪比辅助改进构建数据导频信道估计法 (SAMCDP)

通过引入式 (3-12) 式 (3-13) 来改进原始 CDP 算法的第五步，MCDP 信道估计法可以在低信噪比区间取得较低的误码率。但是当信噪比足够高时，MCDP 的误码率性能会略差于 CDP。主要原因是在高信噪比区间 CDP 算法的第二步构建数据导频足够精确，以至于噪声都可以被忽略。因此，在高信噪比时原始的 CDP 算法中第五步的比较本身就比较准确，反之引入式(3-12)和式(3-13)会带来额外的误差。经过大量仿真发现，在所有车载信道下 CDP 和 MCDP 算法的误码率曲线总会在某一固定信噪比时产生交叉点。基于之前的仿真和分析，在本节中提出 SAMCDP 信道估计法，它可以结合 CDP 和 MCDP 两种算法在不同信噪比区间的优势，即在低信噪比区间里选择 MCDP，而在高信噪比区间继续使用 CDP。总之，如果 $X'_{i-1}(k) = X''_{i-1}(k)$，定义

$$H_{\text{CDP},i}(k) = \begin{cases} \left(1 - \dfrac{\alpha_{i,i-1}}{\rho}\right) H_i(k) + \dfrac{\alpha_{i,i-1}}{\rho} H_{\text{CDP},i-1}(k), \text{SNR} \leqslant \gamma_{\text{TH}} \\ H_i(k), \qquad\qquad\qquad\qquad\qquad\quad \text{SNR} > \gamma_{\text{TH}} \end{cases} \tag{3-14}$$

否则，$H_{\text{CDP},i}(k)$ 变为

$$H_{\text{CDP},i}(k) = \begin{cases} \left(1 - \dfrac{\alpha_{i,i-1}}{\rho}\right) H_{\text{CDP},i-1}(k) + \dfrac{\alpha_{i,i-1}}{\rho} H_i(k), \text{SNR} \leqslant \gamma_{\text{TH}} \\ H_{\text{CDP},i-1}(k), \qquad\qquad\qquad\qquad\qquad \text{SNR} > \gamma_{\text{TH}} \end{cases} \tag{3-15}$$

式中，γ_{TH} 是一个预先设定的信噪比阈值，它为 CDP 和 MCDP 算法误码率曲线交点对应的信噪比。大量仿真显示，γ_{TH} 约为 25dB，具体的结果将在下面给出。

为了实现可靠的 SAMCDP 信道估计，精确的信噪比估计非常重要。但是在现实系统中特别是车载环境下，实时估计信噪比值较为困难。Ren 等[7]提出了一种有效的信噪比估计方法，它原先是为 IEEE 802.16 标准设计的，经过相应修改可以很好地适用于 IEEE 802.11p 标准。该算法充分地利用了标准中原有的两个长训练符号 T_1 和 T_2，这里首先认为 T_1 与 T_2 分别经历不同的信道 $H_{T_1}(k)$ 和 $H_{T_2}(k)$，分别如下表示：

$$R_{T_1}(k) = X(k)H_{T_1}(k) + N_{T_1}(k) \tag{3-16}$$

$$R_{T_2}(k) = X(k)H_{T_2}(k) + N_{T_2}(k) \tag{3-17}$$

式中，$N_{T_1}(k)$ 和 $N_{T_2}(k)$ 为经过信道后的加性高斯噪声。根据 IEEE 802.11p 标准的定义，除了直流子载波($k=0$)，其余的 52 个非 0 子载波均满足 $\|X(k)\|^2 = 1$。假设两个长训练符号所经历的信道响应相同，$H_{T_1}(k) = H_{T_2}(k) = H(k)$。由于频域长训练符号 $X(k)$ 均由 1 和 -1 组成，在式(3-16)和式(3-17)均乘以 $X(k)$，那么式(3-16)和式(3-17)变成

$$R'_{T_2}(k) = R_{T_2}X(k) = H(k) + N'_{T_2}(k) \tag{3-18}$$

$$R'_{T_2}(k) = R_{T_2}X(k) = H(k) + N'_{T_2}(k) \tag{3-19}$$

根据

$$E\left\{\left\|R'_{T_1}(k)-R'_{T_2}(k)\right\|^2\right\}=E\left\{\left\|N'_{T_1}(k)-N'_{T_2}(k)\right\|^2\right\}=2W \tag{3-20}$$

则有

$$W=\frac{1}{2}E\left\{\left\|R'_{T_1}(k)-R'_{T_2}(k)\right\|^2\right\} \tag{3-21}$$

考虑到遍历性，对频域的 52 个子载波求平均以后式(3-21)可以改写为

$$\hat{W}=\frac{1}{2.52}\sum_{k=-26}^{26}\left\{\left\|R'_{T_1}(k)-R'_{T_2}(k)\right\|^2\right\} \tag{3-22}$$

考虑 $R_T(k)$ 的二阶矩可以概括为以下的形式

$$M_2(k)=E\left\{\left\|R_T(k)\right\|^2\right\}=E\left\{\left\|X(k)H(k)\right\|^2\right\}=P(k)+W \tag{3-23}$$

接下来对于两个长训练符号中所有的 52 个子载波求平均，$M_2(k)$ 变为

$$\hat{M}_2=\frac{1}{2.52}\sum_{k=-26}^{26}\left\{\left\|R_{T_1}(k)-R_{T_2}(k)\right\|^2\right\} \tag{3-24}$$

最后得到信噪比的表达式为

$$\mathrm{SNR}=\frac{\hat{M}_2}{\hat{W}}-1 \tag{3-25}$$

大量仿真结果表明，在车载环境中以上的信噪比估计方法结果非常精确。

3.1.5　车载信道与最优 ρ 值

本节将介绍仿真部分使用的车载信道模型。在信道的基础上，将讨论 3.1.4 节中引入的校正因子 ρ 的取值问题。

1. 车载信道模型介绍

作为车联网研究的基础，车载信道在近几年里受到了研究者的广泛关注。自从 IEEE802.11p 标准草案被提出以后，美国和欧洲的研究者基于该标准进行了大量的实际测试，许多车载信道模型被相继提出，比较经典的有 TDL 模型、二维几何模型和三维几何模型等。本书采用的是 Acosta-Marum 等[16]提出的 TDL 模型，自从提出以来该模型被广泛接受并作为一种标准的适用于 IEEE 802.11p 协议的信道。其实际环境测试完成于佐治亚州亚特兰大市，主要包括六个场景，分别是车对车高速公路相向而行、车对车城市街谷相向而行、路边设施对车郊区街道、路边设施对车高速公路、车对车有墙的高速公路同向而行、路边设施对车城市街谷。

Acosta-Marum 等[16]只是给出了车载信道的具体参数以及其从实测数据中提取它们的方法，并未详细论述车载信道在仿真中的具体生成方法。该模型是一种典型的 TDL 模型，因此可以遵循标准的生成方式。生成车载信道的第一步是产生复高斯

序列，其实部和虚部均服从均值为 0，方差为 1 的高斯分布。在第二步中，令之前生成的复高斯序列通过多普勒滤波器，由此生成多普勒功率谱。需要强调的是在 TDL 模型中每一径都对应有不同的多普勒功率谱，文献[16]给出的谱型包括 flat、round、classical 3 dB 以及 classical 6 dB 四种，具体的功率谱表达式都可以在文献[16] 中找到。每个径生成多普勒功率谱以后，对它们进行第三步处理，即加入多普勒频偏，其具体数值与车辆之间相对运动速度直接相关。接下来进行第四步，对于每一径赋以不同的能量，并且将它们叠加起来。某些场景的某些径服从赖斯分布，因此还需要第五步，就是根据赖斯因子 K 分配直射径和非直射径的能量。

考虑到篇幅有限，很难给出所有六种场景的仿真结果。在这里选取两个最具有代表性的场景，分别是车对车高速公路相向而行和路边设施对车郊区街道。这两个场景包括了不同的车载通信类型（车对车/路边设施对车）、不同的速度（高速/低速）以及较宽的多普勒频（400～1200Hz）。

2. 最优 ρ 值的选取

表 3-2 给出了在不同场景和调制方式下 ρ 的最优值比较，其中速度和多普勒频移提取自文献[16]，ρ 的最优值均由大量系统仿真得到。从表 3-2 可以看出，多普勒频移或调制阶数越高对应的 ρ 的最优值就越大。在实际系统中由于车载信道具有较高的不确定性，ρ 的最优值会随着车辆的行驶随时发生改变。考虑到多普勒频移与车速直接相关，第一种处理方法是根据不同的调制方式将 ρ 值建模为一个与速度成正比的线性函数，其中车速可以通过车载的传感器获得。此外还有一种更为简单的方法，就是根据调制方式的不同将 ρ 的最优值设为固定值。对于 QPSK 可以令 $\rho=1.8$，对于 16QAM 而言则令 $\rho=2.0$。通过仿真可以看出虽然取固定值的方法结果是次优的，但是和最优误码率相比差距极其微小。

表 3-2　不同场景和调制方式下 ρ 的最优值比较

场景	速度/(km/h)	多普勒频移/Hz	ρ(QPSK)	ρ(16QAM)
车对车高速公路相向而行	104	1000～1200	2.1	2.4
车对车城市街谷相向而行	32～48	400～500	1.7	2.0
路边设施对车郊区街道	32～42	300～500	1.7	1.9
路边设施对车高速公路	104	600～700	1.8	1.9
车对车有墙的高速公路同向而行	104	900～1150	1.6	2.0
路边设施对车城市街谷	32～48	300	1.6	1.8

3.1.6　仿真结果分析

图 3-6 和图 3-7 分别给出了车对车高速公路相向而行与路边设施对车郊区街道

两个场景下 LS、STA、CDP、MCDP 和 SAMCDP 信道估计算法在 QPSK 调制方式下的误比特率。

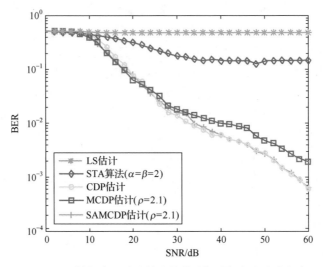

图 3-6　QPSK 调制方式下误比特率比较(车对车高速公路相向而行)

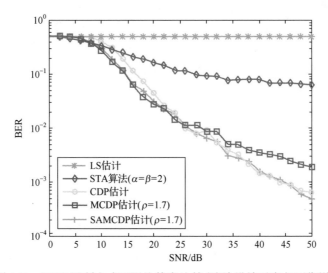

图 3-7　QPSK 调制方式下误比特率比较(路边设施对车郊区街道)

与图 3-6 和图 3-7 类似,图 3-8 和图 3-9 则分别给出了两种场景下 LS、STA、CDP、MCDP 和 SAMCDP 信道估计算法在 QPSK 调制方式下的误帧率(frame error rate,FER)曲线。

为了使得 STA 算法的性能达到最优,通过大量仿真确定 $\alpha=\beta=2$。类似地,对于 MCDP 和 SAMCDP 信道估计法也需要匹配最优参数。在本节的仿真中设定车对车高速公路相向而行场景下 $\rho=2.1$，路边设施对车郊区街道场景下 $\rho=1.7$。此外，对于两个场景的仿真设置均相同，即每次仿真使用 800 个帧，每一帧中包含 100 个 OFDM 符号，码率为 1/2。

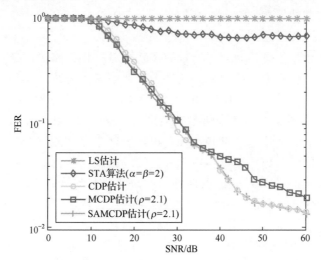

图 3-8　QPSK 调制方式下误帧率比较（车对车高速公路相向而行）

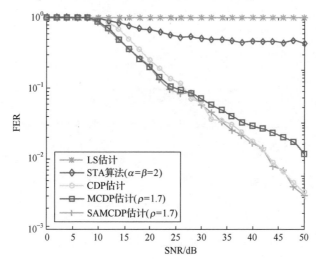

图 3-9　QPSK 调制方式下误帧率比较（路边设施对车郊区街道）

首先分析图 3-6 和图 3-7 给出的误比特率曲线。可以很清楚地看出和 3.1.1 节中介绍的一致，LS 估计的误比特率在两个场景中都非常高，可以说差不多一半的比特解码是错误的。对于 STA 算法，在高信噪比区间会出现明显的错误平台。鉴于 LS 与 STA 性能方面的缺陷，在后续的分析中不再将它们和本书提出的算法进行对比。在 3.1.5 节中曾经提到过，CDP 和 MCDP 两种信道估计法的误比特率曲线在信噪比约为 25dB 时相交,从图 3-6 和图 3-7 均可以看出它是符合仿真结果的。当信噪比低于 25dB 时,MCDP 估计优于 CDP;反之,当信噪比高于 25dB 时则 CDP 估计占优。如果以 25dB 为阈值,动态地选择应用 CDP 或 MCDP 估计,就得到了最终的 SAMCDP。从仿真结果看,SAMCDP 结合了 CDP 和 MCDP 的优点,其误比特率在较宽信噪比区间均可以达到最低。

由于车对车高速公路相向而行场景的多普勒频移相比路边设施对车郊区街道场景的要高出很多,前者的误比特率相较后者也要明显高不少。此外,由于受到高速行驶带来的高多普勒频移的影响,图 3-6 中 MCDP 和 SAMCDP 估计法在低信噪比时相较 CDP 的增益要比图 3-7 中所示的差一些。根据表 3-2 可以看出,车对车高速公路相向而行场景的车速超过 100km/h,再加上两车之间相向而行使得多普勒频移加倍,因此该场景可以算是车载环境中最差的场景。在任何其他场景下,MCDP 和 SAMCDP 信道估计法在低信噪比条件下的增益都会有明显的提高。

最后再比较图 3-8 和图 3-9 所示的误帧率曲线,因为它对于实际的通信系统非常重要。可以看出与图 3-6 和图 3-7 的结果一致,对于误帧率而言车对车高速公路相向而行场景明显要比路边设施对车郊区街道场景的差。此外,CDP、MCDP、SAMCDP 误帧率曲线之间的关系也可以与之前分析的误比特率相对应。在两种典型的车载场景下,本书提出的三种算法仿真得到的误帧率均可以令人满意。图 3-8 和图 3-9 中给出的误帧率曲线在 25~30dB 内可以降低到 10^{-1}(其中图 3-9 的误帧率要更低一些),因此大部分接收到的帧是无误的。

3.2　空域调制技术

3.2.1　空域调制技术背景

空域调制技术的历史最早可以追溯到 2001 年。北京大学焦秉立团队在 3G 无线标准会议上首次提出了通过区分不同天线信道来传递信息的想法。3G 无线标准会议出版了论文集但未在网上公开。2001 年,Chau 等[17]提出通过区别不同发射天线发射的信号来携带信息,并将此方案称为空移键控(space shift keying, SSK)。在文献[17]中,Chau 等首先介绍了在两天线 MIMO 配置下用 1 个比特来激活其中的一个发射天线的思路,使系统可获得 1bit/(s·Hz)的频谱效率。接着,还介绍了发射符号是 BPSK 调制时的使用方法,即系统频谱效率变为 2bit/(s·Hz)。2002 年,Haas 等[18]提出了一种思路类似的新的多天线调制方案。在该方案中,比特个数需要与发射天线数相同,而且它们被复用成一种正交模式。特别是,在每次信道占用中只有一个天线激活以发射 BPSK 调制信号,而且要用一些比特作为校验。通过仿真发现,该方案相比 BPSK 调制能达到更好的错误概率性能。

2004 年,北京大学焦秉立团队提出了一种信息控制的跳信道(information guided channel hopping, IGCH)技术。该技术实际上就是目前广泛认同的空域调制技术。在该工作中,焦秉立明确了这种新的调制技术由两个信息流构成,其中一个信息流用于符号的 PSK/QAM 调制,而另一个信息流用于控制一次信道占用中仅有一个天线激活的情况。在 2005 年,Mesleh 等提出了与文献[19]相同的方法。不同的是,作者的出发点是为消除信道间干扰(inter-channel interference, ICI),而且还提出了一种匹配滤波的解调方法,可以获得非常低的解调复杂度。Mesleh 等[20]进一步研究了他们之前的工作并首次命名这种技术为空域调制。

2008 年对于空域调制技术是个关键性的节点,因为从这个时候开始空域调制正式确定为一种新颖的 MIMO 调制技术。在文献[21]中,北京大学详细研究了空域调制的最大无误信息传输率,并说明空域调制能获得比正交空时编码(orthogonal space-time block code, OSTBC)方案更大的信息传输率。在文献[22]中,Mesleh 等将他们以前的工作进行了总结,并证明在一定的频谱效率下,空域调制能获得比 VBLAST(vertical bell laboratories layered space-time)和 Alamouti 方案更小的比特错误性能。Jeganathan 等[23]指出文献[22]给出的匹配滤波解调方法是次佳的,并设计了基于最大似然(maximum likelihood, ML)准则的最优接收机。

2009 年,Jeganathan 等[23]重新定义了文献[17]提出的空移键控调制的概念并明确将它与空域调制分开。此后,将同时利用空间星座图和符号星座图来传递信息的称为空域调制,而将只利用空间星座图传递信息的称为空移键控。所以,空移键控可以看作空域调制的一个特例。尽管空移键控的频谱效率更小,它却拥有很多空域调制没有的优点,例如,简单的收发链路、低解调复杂度、在通信系统中容易集成等[23]。此后,Jeganathan 等将文献[23]的工作扩展到了可以在一个信道占用中允许多个天线同时激活。根据同样的思路,也可以扩展单天线激活的空域调制到多天线激活的空域调制[24]。

此后,关于空域调制的研究如雨后春笋般涌现出来。例如,文献[25]提出了降低复杂度的空域调制硬/软解调算法,采用了球解码(sphere decoding)、压缩感知(compress sensing)等思想;文献[26]研究了当发射天线个数不是 2 的整数幂时的空域调制编码问题;文献[27]研究了空域调制在信道具有相关性或者信道估计有误差的情况下的性能;文献[20]研究了空域调制信号用单载波/多载波传输的性能和解调方法;文献[28]讨论了如何设计空域调制使之具有发射分集;另外近几年,关于如何将空域调制与其他一些物理层通信技术结合的研究也在不断发表。

2013 年,两发两收的空域调制系统已经通过了室内和室外环境的测试。2014 年 1 月 Renzo 对空域调制做了一个较为全面的总结。

以上对空域调制的历史做了个简单的回顾。总的来说,空域调制具有如下几个显著优点。

（1）高频谱效率。正如文献[29]所证明的，因为空域调制相比 SISO 系统多携带空域星座点信息，所以能获得更高的频谱效率。而且相比有发射分集的 MIMO 系统，如正交空时编码，因为空域调制能将输出能量集中，所以空域调制的中断容量可以更大。

（2）收发结构简单。不像 MIMO 系统，不同天线发射的数据流会发生干扰而导致接收机解调复杂度高；空域调制系统实际上是单流的系统，因而空域调制解调简单。另外，在空域调制中，只需要一条射频链路即可工作。所以，不需要像 MIMO 系统一样匹配多个昂贵又耗能的功率放大器、模数转换器、滤波器等。这也就是为何空域调制的能量效率可以比 MIMO 更高的主要原因。

（3）功放效率更高。文献[30]证明了在空域调制系统中采用 PSK 调制可以比 QAM 调制获得更好的比特错误性能。因此，可以带来很多好处：一是 PSK 调制比较容易实现；二是 PSK 调制信号是恒幅的，可以提高功率放大器的效率，进一步减少发射机的整体功率消耗。

由于空域调制的研究只有十年左右的时间，它还存在一些不足，总结如下。

（1）频谱效率随发射天线变大增长慢。尽管空域调制相比单发单收系统和正交空时编码的 MIMO 系统有更大的频谱效率，却仅限于单流增长。如果要提高空域调制系统的频谱效率，必须通过增多发射天线来实现。然而，空域调制的频谱效率随发射天线数 N_t 的变大，其增长速度仅为 $\log_2(N_t)$。好消息是，随着毫米波通信和大规模 MIMO 技术的不断成熟，在一个很小的区域布置非常多的天线用于通信将会成为现实。未来空域调制频谱效率低的问题将可以得到较好的解决。

（2）高速天线切换。空域调制区别于传统 MIMO 的一个重要特点是根据随机的信息流来控制天线的激活状态的。信息的随机性导致了发射天线需要在一个信道占用时间内进行切换。如果信号带宽很大，那么切换时间将非常短。

（3）脉冲成型时间太短。正如前面所述，空域调制需要进行符号级的天线切换，所以传统的脉冲成型时间将不能得到很好的满足。这个问题造成频谱的扩展。因此，以现有的技术，空域调制系统只能在符号带宽和实际带宽两方面做折中。好消息是，文献[27]提出了很多种适用于空域调制系统且满足时间和带宽受限条件的脉冲成型滤波器。

（4）需要工作在反射或散射丰富的信道环境。正如前面所述，空域调制的星座图由空域星座图和符号星座图构成。而空域星座图信号的欧氏距离由不同发射天线的信道的差别决定。信道间的差异越大越利于空域信号的判决。因此，如果信道相关性很大将降低空域调制系统的性能。至今，学术界已经提出了基于预处理、功率不平衡等方法来尽量分开不同发射天线的信道，可以在一定程度上解决这个问题。

（5）信道估计消耗大。尽管空域调制系统工作在开环（也有文献提出闭环工作方法)，但信道估计消耗大。例如，当发射端已知信道信息时，可以用预编码方法控制激活的接收天线，发射端不需要知道信道信息，但是基于最大似然的接收机必须获取所有信道的信息才能解调信号。在一个信道占用时间内，空域调制只允许一个天线激活，因此不能同时估计所有的发射天线的信道。这样，发射机只能轮流发送导频来进行信道估计，导致导频开销大、时延长。

因为空域调制利用天线激活序号作为信息承载单元，所以不同时隙激活的天线可能不同。空域调制的这种信道跳动特性使得其差分形式的设计难度加强。如果将空域调制的概念扩展至时间维度，构造出来的新的空域调制将可以遍历所有信道响应，而且很容易设计差分调制和解调。于是，基于以上思路，本书提出了一种新颖的空域调制的差分形式，命名为差分空域调制。

3.2.2　差分空域调制设计思路

差分空域调制设计思路如下。首先，将 N_t 个连续时隙下空域调制的发射信号向量 s 收集并生成一个 $N_t \times N_t$ 的空时块 S，其中第 (m,t) 个元素 s_{mt} 表示在 t 时隙通过第 m 个天线发射的调制符号。特别地，要求 S 满足以下几个条件。

(1)每个时隙只有一个天线激活。也就是说，S 的每一列只有一个非零元素。

(2)每个天线在连续的 N_t 个时隙有且只有一次激活。也就是说，S 的每行只有一个非零元素。

(3)第 i 个时隙的调制符号取自具有恒幅的 Mi-PSK 星座图 χ_i。也就是说，S 的第 i 列非零元素取自 χ_i。如果 $M_i = 1$，那么所有的发射符号均为 1，差分空域调制变成差分空移键控(differential space shift keying，DSSK)调制。

另外，差分调制和解调需要发射块满足闭合特性。在以上设计中，如果令 $\mathcal{G}$ 包含所有的空时块 S，则可以发现对于任意 N_t，总有 $\forall S_1 S_2 \in \mathcal{G}$，$S_1 S_2 \in \mathcal{G}$。

3.2.3　差分空域调制工作原理

1. 发射流程

首先，在连续 N_t 时隙发射一个任意的空时块 $S_0 \in \mathcal{G}$(为了区别马上要介绍的信息块，发射的空时块称为发射块)。因为星座点(1,0)总包含在 M-PSK 星座图中，不失一般性，选择 $S_0 = I_{N_t}$。此后，发射机进行编码和生成发射块。假设从时隙 $N_t(t-1)+1$ 到时隙 $N_t t$，第 $t-1$ 个发射块发送出去($t = 1,2,3,\cdots$)。下一个发射块的生成流程如下。

第一步：将 $\lfloor \log_2(N_t!) \rfloor + N_t \log_2 M$ 个输入比特映射到 $\mathcal{G}'$ 上，获得信息块 $X_t \in \mathcal{G}' \subseteq \mathcal{G}$。

通过一种序号映射方法，将前 $\lfloor \log_2(N_t!) \rfloor$ 个比特映射到空域上，用于选择天线的激活顺序。剩下的 $N_t \log_2 M$ 个比特以每 $\log_2 M$ 个比特为一组映射到 M-PSK 星座点上。最后，根据天线激活顺序和连续 N_t 时隙的调制符号决定信息块 $\boldsymbol{X}_t$。

第二步：计算发射块 $\boldsymbol{S}_t$。

$$\boldsymbol{S}_t = \boldsymbol{S}_{t-1} \boldsymbol{X}_t \tag{3-26}$$

注意，给定 $\boldsymbol{S}_{t-1}$ 和 $\boldsymbol{X}_t \in \mathcal{G}'$ 时，一定有 $\boldsymbol{S}_t \in \mathcal{G}'$。

第三步：在时隙 $N_t t + 1$ 到时隙 $N_t(t+1)$ 间发射 $\boldsymbol{S}_t$。差分空域调制的发射流程将不断重复以上三步直到中止发射。

图 3-10 给出了差分空域调制系统发射机和接收机框图，并以 $M = 2$，$N_t = 2$ 为例对发射流程进行了说明。在图 3-10 中，每个信息块将携带 3 个比特信息，第一个比

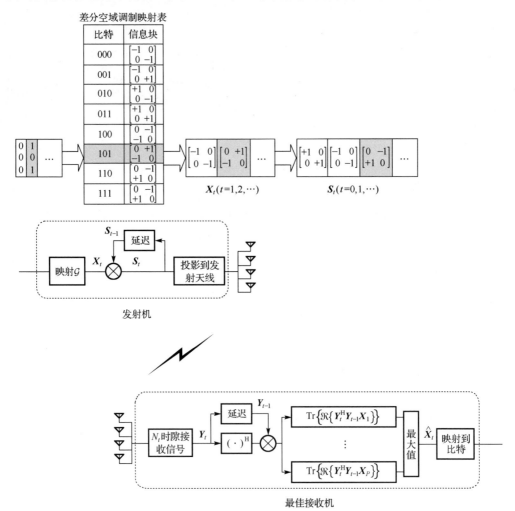

图 3-10　差分空域调制系统发射机和接收机框图

特映射到空域，比特值为 0 时选择正对角矩阵，否则选择反对角矩阵。剩下的两个比特映射到信号域，生成两个 BPSK 符号。

2. 最佳接收机

假设第 $t-1$ 到第 t 个接收信号块为 $\boldsymbol{Y}_{t-1}$ 和 $\boldsymbol{Y}_t$，根据式 (3-26)，可得

$$\boldsymbol{Y}_{t-1} = \boldsymbol{H}_{t-1}\boldsymbol{S}_{t-1} + \boldsymbol{N}_{t-1} \tag{3-27}$$

$$\boldsymbol{Y}_t = \boldsymbol{H}_t\boldsymbol{S}_t + \boldsymbol{N}_t \tag{3-28}$$

考虑准静态衰落信道：相邻两个差分空域调制发射块经历相同的信道，即 $2N_t$ 个时隙信道保持不变。

将式 (3-26) 和式 (3-27) 代入式 (3-28) 得到

$$\boldsymbol{Y}_t = \boldsymbol{Y}_{t-1}\boldsymbol{X}_t - \boldsymbol{N}_{t-1}\boldsymbol{X}_t + \boldsymbol{N}_t \tag{3-29}$$

根据式 (3-29)，最佳的最大似然检测可求得为

$$\hat{\boldsymbol{X}}_t = \arg\min_{\forall \boldsymbol{X} \in \mathcal{G}'} \left\| \boldsymbol{Y}_t - \boldsymbol{Y}_{t-1}\boldsymbol{X} \right\|_F^2 \tag{3-30}$$

因为 $\mathrm{Tr}\{\boldsymbol{AB}\} = \mathrm{Tr}\{\boldsymbol{BA}\}$，式 (3-30) 可化简为

$$\begin{cases} \hat{\boldsymbol{X}}_t = \arg\min\limits_{\forall \boldsymbol{X} \in \mathcal{G}'} \mathrm{Tr}\{(\boldsymbol{Y}_t - \boldsymbol{Y}_{t-1}\boldsymbol{X})^{\mathrm{H}}(\boldsymbol{Y}_t - \boldsymbol{Y}_{t-1}\boldsymbol{X})\} \\ \hat{\boldsymbol{X}}_t = \arg\max\limits_{\forall \boldsymbol{X} \in \mathcal{G}'} \mathrm{Tr}\{\Re(\boldsymbol{Y}_t\boldsymbol{Y}_{t-1}\boldsymbol{X})\} \end{cases} \tag{3-31}$$

依据式 (3-31) 构建的差分空域调制系统发射机和接收机框图如图 3-10 所示。

3. 激活天线顺序选择

以下将介绍两种不同的天线激活顺序的选择方法，分别称为查表法和字典序法。

1) 查表法

收发端建立一个完备的对应于输入的 $2^{\lfloor \log_2(N_t!) \rfloor}$ 个比特的天线激活顺序表格。例如，当 $N_t=3$ 时如表 3-3 所示 (注意：信息块中定义的调制符号 x_i，$i=1,2,\cdots,N_t$ 与发射块中的发射符号不同，它并不是实际发射的符号)。因为 $3!=6$，所以所有 6 种激活顺序中的 2 种不会选择到。可见，对于任意 N_t，表格的大小将为 $2^{\lfloor \log_2(N_t!) \rfloor}$。

表 3-3　以 $N_t = 3$ 为例的查表法

比特	激活天线顺序	信息块
00	（1　2　3）	$\begin{bmatrix} x_1 & 0 & 0 \\ 0 & x_2 & 0 \\ 0 & 0 & x_3 \end{bmatrix}$
01	（1　3　2）	$\begin{bmatrix} x_1 & 0 & 0 \\ 0 & 0 & x_3 \\ 0 & x_2 & 0 \end{bmatrix}$

续表

比特	激活天线顺序	信息块
10	(2　1　3)	$\begin{bmatrix} 0 & x_2 & 0 \\ x_1 & 0 & 0 \\ 0 & 0 & x_3 \end{bmatrix}$
11	(2　3　1)	$\begin{bmatrix} 0 & 0 & x_3 \\ x_1 & 0 & 0 \\ 0 & x_2 & 0 \end{bmatrix}$

明显地，当天线数很小时，查表方法是非常简单和有效的。但是，随着天线数增大，表格的大小将呈指数增长，这对于内存有限的收发机将变得不可行。

2）字典序法

字典序法可以克服查表法的缺点，它对于内存受限的系统非常有效。字典序法的思路是建立一个整数 m 和一个由 N_t 个数字组成的字典序 $\boldsymbol{a}^{(m)} = (a_1^{(m)}, \cdots, a_{N_t}^{(m)})$ 的一一映射关系。其中 $\boldsymbol{a}^{(m)}$ 是集合 $\{1, 2, \cdots, N_t\}$ 的一个排列。也就是说，对于一个固定的 N_t，任意的一个 $m \in [0, N_t! - 1]$ 都能映射到一个排列 $\boldsymbol{a}^{(m)}$。这种映射方法跟 Lehmer 码的思想类似。应用到差分空域调制则分为以下两个步骤。

将整数 m 转化为阶乘表示，获得 N_t 维阶乘向量 $\boldsymbol{b}^{(m)}$

$$m = b_1^{(m)}(N_t - 1)! + \cdots + b_{N_t}^{(m)} 0! \tag{3-32}$$

以 $N_t = 4, m = 11$ 为例，阶乘向量 $\boldsymbol{b}^{(m)}$ 可以计算为

$$11 = 1 \cdot 3! + 2 \cdot 2! + 1 \cdot 1! + 0 \cdot 0! \rightarrow \boldsymbol{b}^{(11)} = (1, 2, 1, 0) \tag{3-33}$$

这个算法的流程是首先选择一个最大的整数 $b_1^{(m)}$ 使之满足 $b_1^{(m)}(N_t - 1)! \leq m$，然后选择最大的整数 $b_2^{(m)}$ 使之满足 $b_2^{(m)}(N_t - 2)! \leq m - b_1^{(m)}(N_t - 1)!$ 依此类推。

将阶乘向量 $\boldsymbol{b}^{(m)}$ 映射到排列向量 $\boldsymbol{a}^{(m)}$。

定义 $\Theta = \{1, 2, \cdots, N_t\}$，排列向量的第 1 个元素 $a_1^{(m)}$ 选择为 Θ 的第 $b_1^{(m)} + 1$ 个元素，即 $\Theta_{b_1^{(m)}+1}$。然后将 $\Theta_{b_1^{(m)}+1}$ 从 Θ 中除去得到更新后的集合，依此类推。

对于差分空域调制，首先将输入的 $\lfloor \log_2(N_t!) \rfloor$ 个比特转换为整数 m，然后将它映射为 $\boldsymbol{a}^{(m)}$，从而确定天线激活顺序。在接收端如果知道天线激活顺序为 $\boldsymbol{a}^{(m)}$，则首先将它映射为整数 m，然后再将它转化为长为 $\lfloor \log_2(N_t!) \rfloor$ 的二进制比特序列。注意，以上解调过程不是唯一的。以式 (3-31) 为例，接收端也可以模拟发射端的调制流程，先生成 $\boldsymbol{a}^{(m)}$ 来构造信息块，再去比较最大似然值。

3.2.4　简化接收机算法

对于发射天线非常大的情况，这种方式是非常低效率的，而且会造成解调延迟。很明显，以上问题出现的主要原因是搜索在两个方向同时进行，即联合搜索天线激活顺序和调制星座点。为了解决这个问题，应尽量使这个二维搜索拆分为两个独立

的一维搜索，即分开空域检测和信号域检测。以下将介绍两种复杂度大为降低的接收机算法：匹配滤波器算法和降低复杂度的 ML 算法。

1. 匹配滤波器算法

1) 空域检测

定义 $N_t \times N_t$ 维矩阵 $\boldsymbol{W}_t = \boldsymbol{Y}_t^H \boldsymbol{Y}_{t-1}$，空域检测由式 (3-34) 完成

$$\hat{m} = \arg_{\tilde{m} \in \{1, \cdots, N_t!\}} \sum_{j=1}^{N_t} \left| W_t(j, a_j^{(\tilde{m})}) \right| \tag{3-34}$$

证明根据式 (3-29)，可知

$$\boldsymbol{W}_t = \boldsymbol{Y}_{t-1}^H \boldsymbol{Y}_{t-1} \boldsymbol{X}_t + \boldsymbol{Y}_{t-1}^H \boldsymbol{N}_t - \boldsymbol{Y}_{t-1}^H \boldsymbol{N}_{t-1} \boldsymbol{X}_t \tag{3-35}$$

忽略噪声，$\boldsymbol{W}_t$ 的第 (f, h) 个元素可以写作

$$W_t(f, h) = \sum_{q=1}^{N_t} \sum_{i=1}^{N_r} Y_{t-1}^*(i, q) Y_{t-1}(i, h) X_t^*(q, f) \tag{3-36}$$

式中，$Y_{t-1}(i, h)$ 是 $\boldsymbol{Y}_{t-1}$ 的第 (i, h) 个元素；$X_t(q, f)$ 是 $\boldsymbol{X}_t$ 的第 (q, f) 个元素。因此

$$W_t(j, a_j^{(\tilde{m})}) = \sum_{q=1}^{N_t} \sum_{i=1}^{N_r} Y_{t-1}^*(i, q) Y_{t-1}(i, a_j^{(\tilde{m})}) X_t^*(q, j) \tag{3-37}$$

差分空域调制信息块 $\boldsymbol{X}_t$ 的生成方式为

$$X_t(q, j) = \begin{cases} x_j, & q = a_j^m \\ 0, & \text{其他} \end{cases} \tag{3-38}$$

又因为调制符号是横幅的，于是有

$$\left| W_t(j, a_j^{(\tilde{m})}) \right| = \left| \sum_{i=1}^{N_r} Y_{t-1}^*(i, a_j^{(m)}) Y_{t-1}(i, a_j^{(\tilde{m})}) \right| \tag{3-39}$$

因为差分空域调制要求在一个发射块中每个天线仅激活一次，所以

$$\sum_{j=1}^{N_t} \sum_{i=1}^{N_r} \left| Y_{t-1}(i, a_j^{(m)}) \right|^2 = \sum_{j=1}^{N_t} \sum_{i=1}^{N_r} \left| Y_{t-1}(i, a_j^{(\tilde{m})}) \right|^2, \forall m, \tilde{m} \tag{3-40}$$

又因为

$$\sum_{j=1}^{N_t} \sum_{i=1}^{N_r} \left| Y_{t-1}(i, a_j^{(m)}) - Y_{t-1}(i, a_j^{(\tilde{m})}) \right|^2 > 0, \forall \tilde{m} \neq m \tag{3-41}$$

于是

$$\sum_{j=1}^{N_t} \left| \sum_{i=1}^{N_r} Y_{t-1}^*(i, a_j^{(m)}) Y_{t-1}(i, a_j^{(\tilde{m})}) \right| < \sum_{j=1}^{N_t} \sum_{i=1}^{N_r} \left| Y_{t-1}(i, a_j^{(m)}) \right|^2 \tag{3-42}$$

也就是说，对于一个无噪环境，若发射端选择的天线激活序列是 $\boldsymbol{a}^{(m)}$，则总有

$$\sum_{j=1}^{N_t}\left|W_t(j,a_j^{(\tilde{m})})\right| < \sum_{j=1}^{N_t}\left|W_t(j,a_j^{(m)})\right|, \forall \tilde{m} \neq m \tag{3-43}$$

需要说明的是，式 (3-43) 需要对每一个 $\tilde{m}$ 初始化 $a_i^{(\tilde{m})}$，$i=1,2,\cdots,N_t$。当 N_t 很大时，计算复杂度还是比较大。

2）信号域检测

因为调制符号相互独立，所以一旦估计了天线激活顺序 $\boldsymbol{a}^{(\hat{m})}$，调制符号检测可以并行进行。根据式 (3-43)，有

$$\tilde{x}_i = \arg\min\left|Y_t(:,i) - Y_{t-1}(:,a_i^{(\tilde{m})})\tilde{x}_i\right|^2 \tag{3-44}$$

式中，$Y_t(:,i)$ 指代 $\boldsymbol{Y}_t$ 的第 i 列。

根据式 (3-34) 和式 (3-44) 构建的匹配滤波器算法示意图如图 3-11 所示。

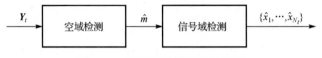

图 3-11　匹配滤波器算法示意图

2. 降低复杂度的 ML 算法

以下将介绍一种降低复杂度的 ML 算法，该算法的搜索复杂度 $O\left(\dfrac{N_t}{8}\displaystyle\sum_{i=1}^{N_t}M_i\right)$ 不同于传统的 ML 检测，需要遍历所有的星座点和天线激活顺序，本算法只需要搜索八分之一的星座点和一部分的天线激活顺序。

因为调制符号 $\{x_i\}_{i=1}^{N_t}$ 是互相独立的，所以最大似然解调等效于

$$\{\hat{m},\hat{x}_1,\cdots,\hat{x}_{N_t}\} = \arg\max_{\text{Con.1}} \sum_{i=1}^{N_t}\max_{\tilde{x}_i\in\chi_i}\Re\{W_t(i,a_i^{(\tilde{m})})\tilde{x}_i\} \tag{3-45}$$

式 (3-45) 说明解调的步骤可分为两步：第一步是找到对应一个给定的 $\tilde{m}$ 满足最大化度量 $d_{\tilde{m}} = \displaystyle\sum_{i=1}^{N_t}D_t(i,a_i^{(\tilde{m})})$ 的调制符号集 $\{\tilde{x}_i^*\}_{i=1}^{N_t}$，其中 $D_t(i,a_i^{(\tilde{m})}) = \Re\{W_t(i,a_i^{(\tilde{m})})\tilde{x}_i^*\}$；第二步是找到满足 $d_{\hat{m}^*} = \max\limits_{\tilde{m}\in\{1,2,\cdots,N_t!\}} d_{\tilde{m}}$ 的 $\{\hat{m},\hat{x}_1,\cdots,\hat{x}_{N_t}\} = \{\hat{m},\hat{x}_1^*,\cdots,\hat{x}_{N_t}^*\}$，即最终的输出。注意，为了说明的方便，这里省略了 $\{\tilde{x}_i^*\}_{i=1}^{N_t}$ 上的标注 $\tilde{m}$，因此对于不同的 $\tilde{m}$，$\{\tilde{x}_i^*\}_{i=1}^{N_t}$ 是不同的。

1）信号域预检测

因为总存在 $\tilde{m}_2 \neq \tilde{m}_1$，它们满足对于某个 i，$D_t(i,a_i^{(\tilde{m}_2)}) = D_t(i,a_i^{(\tilde{m}_1)})$，所以为了防

止重复计算，仅需要将 $D_t(p,q)$（$p,q=1,2,\cdots,N_t$）提前计算好并将结果保存。因为这一步仅跟调制符号有关，而与天线激活顺序无关，所以可归结为信号域检测（以下将说明，这一步并不能一次性将所有调制符号检测出来，因此在这小节暂且称它为信号域预检测）。

为了进一步降低信号域检测的计算复杂度，本方案不仅不需要改变星座图结构而且只利用 1/8 的星座点即可完成检测。为了说明这点，首先将 $D_t(p,q)$ 表示成

$$D_t(p,q) = \max_{\tilde{x}_p \in \chi_p} \Re\{W_t(p,q)\tilde{x}_p\} = \Re\{W_t(p,q)\tilde{x}_p^*\}$$

$$= \max_{k \in \left\{0,\cdots,\frac{M_p}{4}\right\}} \left\{ \left|\Re\{W_t(p,q)\}\right| \cos\left(\frac{2\pi k}{M_p}\right) + \left|\Im\{W_t(p,q)\}\right| \sin\left(\frac{2\pi k}{M_p}\right) \right\} \tag{3-46}$$

式中，$\tilde{x}_p$ 是能量归一化的 M_p-PSK 调制的符号。接着，因为对于 $a_1 > a_2 > 0$，$w_1 > w_2 > 0$，总有 $a_1 w_1 + a_2 w_2 > a_1 w_2 + a_2 w_1$，所以式(3-46)可以进一步化简为

$$D_t(p,q) = \max_{k \in \left\{0,\cdots,\frac{M_p}{8}\right\}} \left\{ \begin{array}{l} \left|\Re\{W_t(p,q)\}\right| \cos\left(\dfrac{2\pi k}{M_p} + \dfrac{\pi\Delta_t(p,q)}{4}\right) \\[3mm] + \left|\Im\{W_t(p,q)\}\right| \sin\left(\dfrac{2\pi k}{M_p} + \dfrac{\pi\Delta_t(p,q)}{4}\right) \end{array} \right\} \tag{3-47}$$

式中，如果 $\left|\Re\{W_t(p,q)\}\right| > \left|\Im\{W_t(p,q)\}\right|$，$\Delta_t(p,q) = 0$，否则 $\Delta_t(p,q) = 1$。注意式(3-46)和式(3-47)并没有明确指出怎么计算 $\tilde{x}_p^*$。事实上，观察式(3-46)和式(3-47)发现，为了达到最大值，$\tilde{x}_p^*$ 的实部极性必须与 $W_t(p,q)$ 的实部极性一致，而且 $\tilde{x}_p^*$ 的虚部极性必须与 $W_t(p,q)$ 的虚部极性相反。因此，$\tilde{x}_p^* = e^{j2\pi K_t(p,q)/M_p}$，依据式(3-47)可得

$$K_t(p,q) = \frac{M_p}{4}\left(2 + \alpha_t(p,q) + \alpha_t(p,q)\beta_t(p,q)\right) - \alpha_t(p,q)\beta_t(p,q)\left(k + \frac{M_p}{8}\Delta_t(p,q)\right) \tag{3-48}$$

式中，$\alpha_t(p,q) = \text{sign}\{\Re\{W_t(p,q)\}\}$，$\beta_t(p,q) = \text{sign}\{\Im\{W_t(p,q)\}\}$。

为了方便参考，信号域预检测的流程如算法 3-1 所示。

算法 3-1　对第 t 个信息块实施信号域预检测

1：输入为 N_t，$\{M_1,\cdots,M_{N_t}\}$，Y_{t-1}，Y_t
2：　$W_t \leftarrow Y_t^H Y_{t-1}$
3：**for** $p = 1:N_t$
4：　　**for** $q = 1:N_t$
5：　　　**if** $\left|\Re\{W_t(p,q)\}\right| > \left|\Im\{W_t(p,q)\}\right|$
6：　　　　$\Delta_t(p,q) = 0$
7：　　　**else**

8:	$\Delta_t(p,q)=1$
9:	**end if**
10:	依据式 (3-47) 计算 $D_t(p,q)$ ，　k
11:	依据式 (3-48) 计算 $K_t(p,q)$
12:	**end for**
13:	**end for**
14:	输出为 $\boldsymbol{D}_t$ ，　$\boldsymbol{K}_t$

2) 空域检测与信号域再检测

如前面所述，给定度量矩阵 $\boldsymbol{D}_t$，最终的任务是搜索一个天线激活顺序，使得

$$\hat{m} = \arg\max_{\tilde{m}=\{1,2,\cdots,N_t!\}} \sum_{i=1}^{N_t} D_t(i,a_i^{(\tilde{m})}) \tag{3-49}$$

最大。从而，调制符号的估计输出就是 $\tilde{x}_i = K_t(i,a_i^{(\tilde{m})}), i=1,2,\cdots,N_t$。很明显，式 (3-49) 的搜索只跟天线激活顺序有关，因此可归结为空域检测。

从式 (3-49) 可以看出，为了实现空域检测，首先需要对每一个 $\tilde{m}$ 初始化 $a_i^{(\tilde{m})}, i=1,2,\cdots,N_t$。如果 N_t 非常小以及接收机的内存充足，那么只需要计算一次并将它存储起来为后续解调所用即可。然而，随着 N_t 增大，$\{a_i^{(\tilde{m})}\}_{\tilde{m},i}$ 个数的增长将与 $N_t!$ 成正比。对于内存不足的接收机，它只能对每一个接收块进行一次独立的初始化 $\{a_i^{(\tilde{m})}\}_{\tilde{m},i}$，导致处理延迟大增。为了解决这个问题，本书提出一种降低复杂度的空域检测算法，它的思路与 Viterbi 译码类似。以下将举例说明它的工作原理。假设 $N_t=4$ 并存在两种天线激活顺序 $\tilde{m}_1$ 和 $\tilde{m}_2$ 满足 $\boldsymbol{a}^{(\tilde{m}_1)}=(1,2,3,4)$，$\boldsymbol{a}^{(\tilde{m}_2)}=(2,1,3,4)$。根据式 (3-49)，可知当 $D_t(1,1)+D_t(2,2)+D_t(3,3)+D_t(4,4) > D_t(1,2)+D_t(2,1)+D_t(3,3)+D_t(4,4)$ 时，选择 $\tilde{m}_1$ 时更佳，相反则选择 $\tilde{m}_2$ 时更佳。而实际上，以上选择可以只通过比较 $D_t(1,1)+D_t(2,2)$ 和 $D_t(1,2)+D_t(2,1)$ 即可完成。另外，如果在以上比较中得知 $\tilde{m}_1$ 更佳，那么对于其他两种激活顺序 $\tilde{m}_3$ 和 $\tilde{m}_4$，其中 $\boldsymbol{a}^{(\tilde{m}_3)}=(1,2,4,3)$ 与 $\boldsymbol{a}^{(\tilde{m}_4)}=(2,1,4,3)$ 则不用计算和比较就可以直接断定选择 $\tilde{m}_3$ 比 $\tilde{m}_4$ 更佳。也就是说，所有前两个序号为 $\{2,1\}$ 的激活天线顺序都可以从搜索空间中除去。以上例子只是说明了前两个时隙第一个和第二个天线轮流激活的情况，即 $\{1,2\}$ 和 $\{2,1\}$ 也可以将它扩展到比较前两个时隙激活天线为 $\{1,3\}$ 和 $\{3,1\}$，$\{1,4\}$ 和 $\{4,1\}$，$\{2,3\}$ 和 $\{3,2\}$，$\{2,4\}$ 和 $\{4,2\}$，$\{3,4\}$ 和 $\{4,2\}$ 的情况。同样道理，以上方法也可以扩展到比较前三个时隙激活天线都一样但具有不同顺序的情况，从而进一步减少搜索空间。最后，当所有天线都考虑到后，算法流程结束。

更一般地，对于本算法的第 n 步，将会有从 N_t 个天线抽出的 n 个天线组 $(N_t-n+1)\mathbb{C}(N_t,n-1)$ 参与运算。它们可以分为 $\mathbb{C}(N_t,n-1)$ 组，每一组包括相同 n 个天线序号形成的 n 个排列。此后，从每组选出 n 个排列里的具有最大累积度量的一个排列，这个最大度量值和最佳排列将保存起来作为第 $(n+1)$ 步的输入 $(1,2,\cdots,N_t)$。显然，为了实现这个算法，最大的问题是如何区分 $\mathbb{C}(N_t,n-1)$ 组。用计算机术语，即是如何赋予 $\mathbb{C}(N_t,n)$ 个组以不同的地址。这个问题可以通过引入组合数字系统

（combinational number system，CNS）解决，因为 CNS 可以保证一个自然数和一个严格递降序列的一一映射关系。具体地，应用 CNS 可以映射一个排列 $\{c_n, \cdots, c_1\}$，其中 $c_1, \cdots, c_n \in \{1, \cdots, N_t\}$，$c_n > \cdots > c_1$，到一个自然数 $Z \in \{1, \cdots, \mathbb{C}(N_t, n)\}$：

$$Z = \mathbb{C}(c_n - 1, n) + \cdots + \mathbb{C}(c_1 - 1, 1) + 1 \tag{3-50}$$

因为 Z 是唯一的，所以可以把它作为 $\{c_n, \cdots, c_1\}$ 的签名。不失一般性，一个组里的具有严格递降的排列的签名可以作为这个组的唯一地址。例如，对于 $N_t = 4$，$n = 2$，$\mathbb{C}(5, 2) = 10$，所以 $\mathbb{C}(5, 2)$ 个组地址可以计算为

$$
\begin{aligned}
1 &= \mathbb{C}(1, 2) + \mathbb{C}(0, 1) + 1 \leftarrow \{2, 1\} \\
2 &= \mathbb{C}(2, 2) + \mathbb{C}(0, 1) + 1 \leftarrow \{3, 1\} \\
3 &= \mathbb{C}(2, 2) + \mathbb{C}(1, 1) + 1 \leftarrow \{3, 2\} \\
4 &= \mathbb{C}(3, 2) + \mathbb{C}(0, 1) + 1 \leftarrow \{4, 1\} \\
5 &= \mathbb{C}(3, 2) + \mathbb{C}(1, 1) + 1 \leftarrow \{4, 2\} \\
6 &= \mathbb{C}(3, 2) + \mathbb{C}(2, 1) + 1 \leftarrow \{4, 3\}
\end{aligned}
\tag{3-51}
$$

图 3-12 给出了 $N_t = 3$ 的空域检测示意图。以上所述的降低复杂度的 ML 算法检测框图如图 3-13 所示。空域检测算法如算法 3-2 所示。

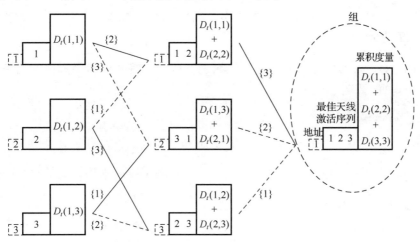

图 3-12　$N_t = 3$ 的空域检测示意图

实线表示接受的序列；虚线表示淘汰的序列

图 3-13　降低复杂度的 ML 算法检测框图

算法 3-2　空域检测算法

1：输入为 N_t，D_t，K_t
2：初始化发射天线序列集合 $\Omega \leftarrow \{1,\cdots,N_t\}$，第一个时隙下所有组的最佳天线序列 $\Phi\{1\}(:,:) \leftarrow \{1,\cdots,N_t\}^{\mathrm{T}}$，第一个时隙下的最佳累积度量 $\Theta\{1\}(:) \leftarrow D_t(1,:)$
3：**for** $n = 2 : N_t$
4：　　**for** $Z = 1 : \mathbb{C}(N_t, n-1)$
5：　　　　$\Omega' \leftarrow \Phi\{n-1\}(Z,:) \oplus \Omega$
6：　　　　**for** $k = 1 : N_t - n + 1$
7：　　　　　将 $[\Phi\{n-1\}(Z,:), \Omega'(k)]$ 以降序排列根据式 (3-50) 获得它的地址 Z^+
8：　　　　　**if** $\Theta\{n-1\}(Z) + D_t(n, \Omega'(k)) > \Theta\{n\}(Z^+)$
9：　　　　　　$\Phi\{n\}(Z^+,:) \leftarrow [\Phi\{n-1\}(Z,:), \Omega'(k)]$
10：　　　　　$\Theta\{n\}(Z^+) \leftarrow \Theta\{n-1\}(Z) + D_t(n, \Omega'(k))$
11：　　　　**end if**
12：　　　**end for**
13：　　**end for**
14：**end for**
15：将 $\Phi\{N_t\}(:)$ 转化为 $\hat{m}$
16：输出为 $\hat{m}$，$\hat{x}_i = K_t(i, a_i^{(\hat{m})})$，$i = 1,\cdots,N_t$

3.2.5　性能分析

本节的主要内容是理论分析差分空域调制的误比特率。为了分析的简单，以下仅考虑 $N_t = 2$ 的情况。

1. 平均误比特率上界

因为信息块 X_t 取正对角矩阵和反对角矩阵的概率相等，即 $\Pr(X_t = [\backslash]) = \Pr(X_t = [/]) = \dfrac{1}{2}$，所以根据联合界的定义，差分空域调制的平均误比特率 (average bit error probability，ABEP) 上界为

$$P_e \leq \sum_{X_t \leqslant \mathcal{G}, X_t = [\backslash]} \sum_{\hat{X}_t \in \mathcal{G}} \frac{N(X_t \to \hat{X}_t) \Pr(X_t \to \hat{X}_t)}{M^2 (1 + 2\log_2 M)} \tag{3-52}$$

式中，$[\backslash]$ 与 $[/]$ 分别表示正对角矩阵和反对角矩阵；$N(X_t \to \hat{X}_t)$ 表示映射 X_t 和 $\hat{X}_t$ 的比特序列中的不相等的比特数目；$\Pr(X_t \to \hat{X}_t)$ 是指当承载的信息为 X_t 但却解调成 $\hat{X}_t$ 的成对出错概率 (pairwise error probability，PEP)。

2. 渐进分析

下面将推导在高信噪比下差分空域调制平均误比特率上界的近似表达式。根据

$(1+x)^{\frac{1}{2}}$ 的泰勒级数展开结果，可求得

$$P_e \leqslant \frac{1}{2^{N_r-1}} \sum_{l=0}^{N_r-1} \binom{N_r-1+l}{l} \frac{1}{\overline{\gamma}^{N_r}} + \text{H.O.T} \tag{3-53}$$

式中，H.O.T 表示高阶项。从式(3-53)可以看出，跟空域调制相同，差分空域调制能获得满接收分集，即 N_r。另外，差分空域调制的编码增益为

$$G_{\text{DSM}} \leqslant 2 \cdot \left[2 \sum_{l=0}^{N_r-1} \binom{N_r-1+l}{l} \right]^{-\frac{1}{N_r}} \tag{3-54}$$

可以发现，两时隙均采用 BPSK 调制的差分空域调制的编码增益跟采用 BPSK 调制的空域调制的编码增益相同。需要说明的是，当差分空域调制和空域调制都采用 BPSK 调制时，它们的数据传输率是不同的。为了达到 2bit/(s·Hz) 的频谱效率，差分空域调制需要在一个时隙采用 BPSK 调制，另一个时隙采用 QPSK 调制。因为相比 BPSK 调制，QPSK 调制有 3dB 的信噪比损失，所以可以预见，对于一个指定的比特错误概率，相比采用 BPSK 调制的空域调制系统，采用 BPSK 和 QPSK 混合调制下的差分空域调制系统损失的信噪比将小于 3dB。

3.2.6　仿真结果与分析

我们利用蒙特卡罗仿真来比较在传统 V2X 环境(信号带宽为 1MHz，载波频率为 5.9GHz)下 DSM(differential spatial modulation) 和 SM(spatial modulation) 的性能，信道模型采用 802.11p 标准的信道模型(其实际环境测试完成于佐治亚州亚特兰大市，主要包括六个场景，分别是车对车高速公路相向而行、车对车城市街谷相向而行、路边设施对车郊区街道、路边设施对车高速公路、车对车有墙的高速公路同向而行、路边设施对车城市街谷)。信道参数见表 3-4。

表 3-4　V2X 六个场景信道参数

场景	速度/(km/h)	多普勒频移/Hz
场景 1	104	1000～12000
场景 2	32～48	300
场景 3	104	200～400
场景 4	104	600～700
场景 5	32～48	400～500
场景 6	32～48	300～500

为了简洁，我们给出场景 1、3、5 的仿真结果，包含了 R2V 和 V2V 场景以及大范围的多普勒频移。

　　图 3-14～图 3-16 比较了场景 1、3、5 下 DSM 和 SM 的误码率(BER)性能，为了取得数据速率 2bit/(s·Hz)，DSM 方案有两个发射天线，采取 BPSK 和 QPSK 调制。而两个 SM 系统采用 QPSK 调制，$N_t = 4, p = 1$ 和 $N_t = 2, p = 2$，另外 SM 系统采用 QPSK 调制，$N_t = 2, p = 1$ 时数据速率为 1.5bit/(s·Hz)也加入考虑范围。我们可以看到，在所有的场景下，相同数据速率下，采用 DSM 技术系统的 BER 性能都要比传统 SM 技术好，这进一步证明了 DSM 相比于 SM 对于时间选择性具有的稳定性。

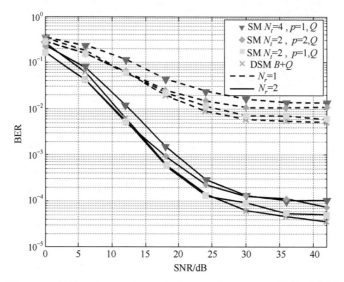

图 3-14　场景 1 在 2bit/(s·Hz)时 DSM 与 SM BER 性能对比图

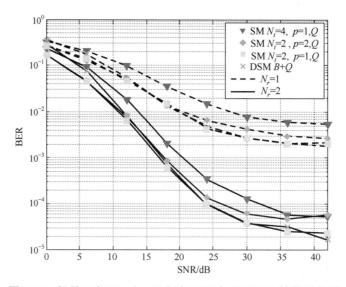

图 3-15　场景 3 在 2bit/(s·Hz)时 DSM 与 SM BER 性能对比图

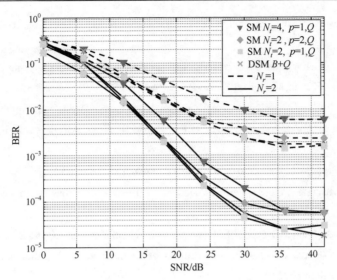

图 3-16　场景 5 在 2bit/(s·Hz) 时 DSM 与 SM BER 性能对比图

参 考 文 献

[1]　Cho W, Kim S I, Choi H K, et al. Performance evaluation of V2V/V2I communications: The effect of midamble insertion. International Conference on Wireless Communication, Aalborg, 2009.

[2]　Muck M, Courville M D, Debbah M, et al. A pseudo random postfix OFDM modulator and inherent channel estimation techniques. IEEE Global Telecommunications Conference, San Francisco, 2003: 1-5.

[3]　Lin J C. Channel estimation assisted by postfixed pseudo-noise sequences padded with null samples for mobile OFDM communications. Proceedings of Wireless Communications and Networking Conference, Las Vegas, 2008.

[4]　Lin C S, Sun C K, Lin J C, et al. Performance evaluations of channel estimations in IEEE 802. 11p environments. Proceedings of International Conference on Ultra Modern Telecommunications and Workshops, St. Petersburg, 2011.

[5]　Lin C S, Lin J C. Novel channel estimation techniques in IEEE 802.11p environments. Proceedings of Vehicular Technology Conference, Taipei, 2010.

[6]　Nuckelt J, Schack M, Kurner T. Performance evaluation of Wiener filter designs for channel estimation in vehicular environments. Proceedings of Vehicular Technology Conference, San Francisco, 2011.

[7]　Ren G, Zhang H, Chang Y. SNR estimation algorithm based on the preamble for OFDM systems

in frequency selective channels. IEEE Transactions on Communications, 2009, 57(8): 2230-2234.

[8]　Zemen T, Mecklenbräuker C F. Time-variant channel estimation using discrete prolate spheroidal sequences. IEEE Transactions on Signal Processing, 2005, 53(9): 3597-3607.

[9]　He S, Tugnait J K. On doubly selective channel estimation using superimposed training and discrete prolate spheroidal sequences. IEEE Transactions on Signal Processing, 2008, 56(7): 3214-3228.

[10]　Zemen T, Bernardó L, Czink N, et al. Iterative time-variant channel estimation for 802.11p using generalized discrete prolate spheroidal sequences. IEEE Transactions on Vehicular Technology, 2012, 61(3): 1222-1233.

[11]　Fernandez J A, Stancil D D, Bai F. Dynamic channel equalization for IEEE 802.11p waveforms in the vehicle-to-vehicle channel. Proceedings of Conference on Communication, Control, and Computing, Allerton, 2010.

[12]　Kella T. Decision-directed channel estimation for supporting higher terminal velocities in OFDM based WLANs. Proceedings of IEEE Global Telecommunications Conference, San Francisco, 2003.

[13]　Bourdoux A, Cappelle H, Dejonghe A. Channel tracking for fast time-varying channels in IEEE802.11p systems. Proceedings of Global Telecommunications Conference, Kathmandu, 2012.

[14]　Chang M X, Hsieh T D. Detection of OFDM signals in fast fading with low-density pilot symbols. Wireless Communications and Networking Conference, Kowloon, 2007: 11-15.

[15]　Jakes W C. Microwave Mobile Communications. 2nd ed. New York: Wiley-IEEE Press, 1994.

[16]　Acosta-Marum G, Ingram M A. Six time- and frequency-selective empirical channel models for vehicular wireless LANs. IEEE Vehicular Technology Magazine, 2007, 2(4): 4-11.

[17]　Chau Y A, Yu S H. Space modulation on wireless fading channels. Proceedings of Vehicular Technology Conference, Atlantic City, 2001: 1668-1671.

[18]　Haas H, Costa E, Schulz E. Increasing spectral efficiency by data multiplexing using antenna arrays. IEEE International Symposium on Personal,Indoor and Mobile Radio Communications, Pavilhao, 2002: 610-613.

[19]　Song S, Yang Y, Xionq Q, et al. A channel hopping technique I: Theoretical studies on band efficiency and capacity. Proceedings of International Conference on Communications, Chengdu, 2004: 229-233.

[20]　Mesleh R, Haas H, Ahn C, et al. Spatial modulation-OFDM. Proceedings of the International OFDM Workshop, Hamburg, 2006: 30-31.

[21]　Yang Y, Jiao B. Information-guided channel-hopping for high data rate wireless communication.

IEEE Communications Letters, 2008, 12 (4) : 225-227.

[22] Mesleh R, Haas H, Sinanovic S, et al. Spatial modulation. IEEE Transactions on Vehicular Technology, 2008, 57 (4) : 2228-2241.

[23] Jeganathan J, Ghrayeb A, Szczecinski L, et al. Space shift keying modulation for MIMO channels. IEEE Transactions on Wireless Communications, 2009, 8 (7) : 3692-3703.

[24] Wang J, Jia S, Song J. Generalised spatial modulation system with multiple active transmit antennas and low complexity detection scheme. IEEE Transactions on Wireless Communications, 2012, 11 (4) : 1605-1615.

[25] Yang P, Xiao Y, Tang Q, et al. A low-complexity ordered sphere decoding algorithm for spatial modulation. IEICE Transactions on Communications, 2012, 95 (7) : 2494-2497.

[26] Yang Y, Aissa S. Bit-padding information guided channel hopping. IEEE Communications Letters, 2011, 15 (2) : 163-165.

[27] Mesleh R, Gansean S, Haas H. Impact of channel imperfections on spatial modulation OFDM. Proceedings of IEEE International Symposium on Personal, Athens, 2007: 1-5.

[28] Rajashekar R, Hari K, Hanzo L. Spatial modulation aided zero-padded single carrier transmission for dispersive channels. IEEE Transactions on Communications, 2013, 61 (6) : 2318-2329.

[29] Yang Y, Jiao B. Information-guided channel-hopping for high data rate wireless communication. IEEE Communications Letters, 2008, 12 (4) : 225-227.

[30] di Renzo M, Haas H. Bit error probability of SM-MIMO over generalized fading channels. IEEE Transactions on Vehicular Technology, 2012, 61 (3) : 1124-1144.

第 4 章　车联网 MAC 层方案设计

在 5G 车联网中，物理层技术的改进可以有效地提升链路传输的效率，但是基于数据交互的车辆应用需要可靠、有效的通信来降低传输冲突概率、减小传输时延，从而保证数据在车辆网络中传输的准确性和时效性。因此，有效的通信媒介接入控制(medium access control，MAC)方案对 5G 车联网通信显得尤为重要。但是，车联网的高移动性、异构性，以及网络拓扑结构变化快、通信模式多样化(V2I(vehicle to infrastructure)、V2V、V2C(vehicle to cloud)等多种模式)等网络特征，使得车联网的 MAC 方案设计面临很大的挑战。目前比较成熟的车载通信 MAC 方案是基于 IEEE 802.11p 的分布式 EDCA 机制，但是其所能实现的网络性能无法满足 5G 车联网的超高传输速率、超低传输时延的应用需求。本章首先介绍 EDCA(enhanced distributed channel access)机制并分析其优缺点，然后针对分布式 MAC 方案的不足之处，本章重点介绍基于设备到设备(device-to-device，D2D)通信接入的中心式 MAC 方案，最后将基于信道预测的中心式调度策略应用于车联网数据分发业务中，实现优化的网络数据传输效率。

4.1　分布式 EDCA 机制

车联网中的 MAC 方案主要可以分为分布式 MAC 方案和中心式 MAC 方案两大类。其中，目前实际中被认为最为成熟同时也被广泛应用的是基于 IEEE 802.11p 的增强分布式信道接入机制[1,2]。EDCA 设计了 4 个具有不同传输优先级的接入 AC 队列，将上层需要传输的数据根据其流量类型和服务质量(quality of service，QoS)需求接入相应的队列中。车辆节点中的每个 AC 队列相互独立，分别采用载波侦听多路访问/冲突避免(carrier sense multiple access with collision avoidance，CSMA/CA)机制去竞争信道的传输机会 TXOP。当内部业务队列发生传输碰撞时，则将传输机会分配给传输优先级较高的队列。如图 4-1 所示，AC 队列包括语音类业务队列(AC_VO)、视频类业务队列(AC_VI)、尽力类业务队列(AC_BE)和后台类业务队列(AC_BK)，其对应的传输优先级依次降低。不同类型的业务队列对应的关键信道接入控制参数不同，这其中主要包括帧间信道状态仲裁时间(arbitration inter-frame space，AIFS)、最小竞争回退窗长(CW$_{min}$)和最大竞争回退窗长(CW$_{max}$)，具体不同队列的信道接入控制参数设置如表 4-1 所示。在标准中，一般设置 CW$_{min}$ 为 15，设置 CW$_{max}$ 为 1024。队列 AC 的 AIFS 参数与表 4-1 中的 AIFSN 的关系式为

$$AIFS[AC]=AIFSN[AC] \times aSlotTime + aSIFSTime \tag{4-1}$$

式中，aSoltTime 表示时隙长度；aSIFSTime 表示帧间间隔。从表 4-1 中可以看到，相应的业务的传输优先级越高，其对应的信道接入控制参数的值设置越小，使得高优先级业务可以较快地接入信道。

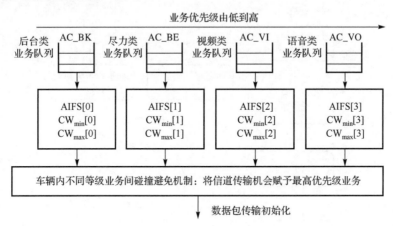

图 4-1　IEEE 802.11p MAC 层 AC 队列

表 4-1　IEEE 802.11p 协议下信道接入控制参数设置

AC	$CW_{min}[AC]$	$CW_{max}[AC]$	$AIFSN[AC]$
AC_BK	CW_{min}	CW_{max}	9
AC_BE	$(CW_{min}+1)/2-1$	CW_{max}	6
AC_VI	$(CW_{min}+1)/4-1$	CW_{min}	3
AC_VO	$(CW_{min}+1)/4-1$	$(CW_{min}+1)/2-1$	2

具体各个 AC 队列基于 CSMA/CA 机制的信道接入机制如图 4-2 所示。首先各个 AC 队列侦听信道状态，当信道在对应的信道状态仲裁时间 AIFS[AC] 内为空闲状态时，且队列中有数据等待传输时，则队列进入竞争回退状态，启动信道接入的回退倒计时机制。回退倒计时长则在 [0,CW[AC]] 区间中等概率地随机选择，其中 CW[AC] 表示竞争回退窗长，初始值为最小回退窗长 $CW_{min}[AC]$。在回退倒计时过程中，各 AC 队列需要继续侦听信道状态，当侦听到信道在回退过程中处于忙碌状态时，则需要停止回退倒计时，重新侦听信道，当信道重新处于空闲状态时，则在之前倒计时停止的计数继续回退，当倒计时完成时则发起信道的接入进行数据传输。由于节点中内部设置了多个 AC 队列，则队列之间可能发生传输碰撞，即同时发起数据的传输。如果内部发生传输碰撞，则将传输机会分配给高优先级业务。而当节点与节点之间发生传输碰撞时，则不能避免，因为节点与节点之间没有传输优先级的交互，所以节点之间是平等地进行信道的竞争。当传输碰撞发生时，节点需要增大回退窗长为

$$CW[AC]_i = 2(CW[AC]_{i-1}+1)-1 \tag{4-2}$$

式中，$CW[AC]_i$ 表示 AC 队列第 i 次数据传输的回退窗长，而回退窗长的最大值限制为 $CW_{max}[AC]$。当队列发生一次成功传输时，将回退窗长，$CW[AC]$ 重新初始化为最小回退窗长 $CW_{min}[AC]$。

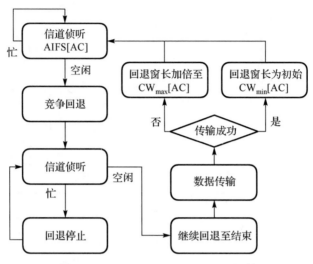

图 4-2   IEEE 802.11p CSMA/CA 机制

根据 MAC 层协议 EDCA 的设计，可知各队列的信道接入速率与回退窗长呈反比关系。对于具有小回退窗长的两个高优先级业务队列 AC_VO 和 AC_VI，相比于较大回退窗长的低优先级业务队列 AC_BE 和 AC_BK 具有绝对的传输优先级，采用基于 EDCA 的 IEEE 802.11p MAC 层协议，高优先级业务的信道竞争主要来源于高优先级业务本身，而并非低优先级业务。当发生信道拥塞时，不仅要降低低优先级业务的传输速率，同时也需要降低高优先级业务的传输速率，才能有效地降低传输碰撞概率，从而保障高优先级业务的正确传输。对于车联网保证高优先级业务的传输很重要，因为安全类的传输应用隶属于最高优先级业务。

IEEE 802.11p 的 EDCA 机制是一种分布式 MAC 方案，这一分布式的竞争机制符合车载通信网络车辆节点的拓扑结构特征，简单易行，但是基于 CSMA/CA 的 MAC 方案同样也存在着很多问题[3]，如网络吞吐率低、网络传输时延高等，尤其是当通信需求急剧增大时，这类基于分布式竞争的 MAC 方案的性能将会由于传输冲突的加剧而迅速下降，数据丢包率升高，传输时延加大，无法满足 5G 车联网超高传输速率、超低时延的通信需求。另外，中心式 MAC 方案可以通过收集信息做出中心优化的资源接入和调度决策，因而可以有效地避免数据传输冲突，从而提升网络传输效率。下面我们将具体介绍适用于 5G 车联网的基于 D2D 接入的中心式 MAC 方案和中心式数据分发方案。

4.2　基于 D2D 接入的中心式 MAC 方案

4.2.1　D2D 通信介绍

1. D2D 背景

作为面向 5G 的关键候选技术，设备到设备通信具有潜在的提高系统性能、提升用户体验、扩展蜂窝通信应用的前景，受到广泛关注。D2D 技术[4](即终端直通技术)是指邻近的终端可以在近距离范围内通过直连链路进行数据传输的方式,而不需要通过中心节点(即基站)进行转发。D2D 技术本身的短距离通信特点和直接通信方式使其具有如下优势:

(1)终端近距离直接通信方式可实现较高的数据速率、较低的延迟和较低的功耗;

(2)利用网络中广泛分布的用户终端以及 D2D 通信链路的短距离特点，可以实现频谱资源的有效利用，获得资源空分复用增益;

(3)D2D 的直接通信方式能够适应如无线 P2P(peer to peer)等业务的本地数据共享需求，提供具有灵活适应能力的数据服务;

(4)D2D 直接通信能够利用网络中数量庞大且分布广泛的通信终端以拓展网络的覆盖范围。

这些优点使得 D2D 非常适合应用于车联网通信场景。由于 V2I 链路涉及与安全相关的服务，对频谱效率指标要求很高，所以需要对其占有的通信资源进行保护。所以本章主要讨论在 V2V、V2I 共同存在的场景下，由 D2D 充当 V2V 链路方案的可行性。

2. D2D 模型与原理

在一个通用的蜂窝网络与 D2D 共存的场景中，小区中央配有一个全向天线的基站。该网络利用 OFDM 技术，将频谱资源划分为一系列相互正交的子载波分配给不同的用户，使得利用正交资源的用户之间不会产生干扰。网络中用户可分为两类:

(1)传统蜂窝用户，它们之间通过基站通信;

(2)D2D 用户，彼此之间直接通信，也可进行蜂窝通信，并且能够实现两种通信模式的切换。

如图 4-3 所示，用户 1 和用户 2 以蜂窝模式通信，用户 3 和用户 4 以 D2D 模式通信。D2D 通信分为集中式控制和分布式控制。集中式控制由基站控制 D2D 连接，基站通过终端上报的测量信息，获得所有链路信息，但该类型会增加信令负荷;分布式控制则由 D2D 设备自主完成 D2D 链路的建立和维持，相比集中式控制，分布式控制更易获取 D2D 设备之间的链路信息，但会增加 D2D 设备的复杂度。集中式控制既可以发挥 D2D 通信的优势，又便于对资源和干扰的管理与控制。如图 4-4 所示，用户 3、用户 4 以 D2D 链路进行数据交换，并受基站的控制。

 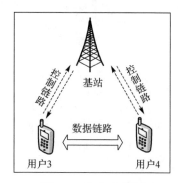

图 4-3　分布式控制　　　　　　　图 4-4　集中式控制

在蜂窝网络中引入 D2D 通信可以使网络获得如下四种增益。

(1)进场增益：D2D 通信中由于用户之间距离短，可以以较低的传输功率实现较高的传输速率。当两个用户在蜂窝网络中使用 D2D 链路进行通信时只需要建立两个信道，而单一的蜂窝通信需要四条信道(两条上行、两条下行)。

(2)单跳增益：信道的节约带来了频带资源的节约，可以同时建立更多单跳链路。

(3)复用增益：D2D 通信和蜂窝通信共用相同的频带资源，节约了额外的频带资源消耗。

(4)配对增益：用户可以自由选择蜂窝或者 D2D 通信模式建立通信。

3.　D2D 通信的模式选择与干扰控制

D2D 用户在进行通信时，既可以在基站的控制下直接通信，也可以通过基站转发进行通信。同时，D2D 用户既可以占用蜂窝系统的空闲资源进行信号传输，又可以复用蜂窝用户的资源传输信号。如何根据不同的通信环境进行选择，以优化系统性能，就是 D2D 通信过程中需要面临的模式选择的问题。具体而言，D2D 的四种通信模式[5]如下所示。

(1)蜂窝模式：D2D 用户通过基站转发进行通信，D2D 用户在蜂窝模式下与蜂窝用户没有区别。

(2)专用模式：D2D 用户在基站的控制下占用蜂窝系统空闲资源进行通信，此时 D2D 用户占用的资源与蜂窝用户的资源相互正交，没有干扰。

(3)复用模式：在基站的控制下，D2D 用户复用蜂窝用户的资源进行通信。此时，D2D 用户和蜂窝用户之间会有同频干扰。

(4)完全模式：所有可用资源分配给 D2D 通信设备，而蜂窝通信设备保持休眠。

当 D2D 用户之间以复用的方式使用无线资源时，会产生同频干扰。资源分配与功率控制是解决 D2D 通信和蜂窝通信之间干扰的关键问题[6-9]。需要对传输功率进行调整，从而满足服务质量的要求，如有效的传输需要信噪比高于一定阈值。事实上，频谱利用率的改善需要合适的功率配置和资源分配，从而允许更多 D2D 用户共享相同的资源。

4.2.2　基于 D2D 的车联网通信方案的可行性

车联网多种通信模式共存的拓扑结构与蜂窝网络 D2D 通信的架构十分相似，接下来，基于车联网的特点，我们具体研究 D2D 通信在车联网通信中的可行性[10]。我们将首先讨论 D2D 通信在车联网中的适用性，然后提出一些提升 D2D 通信性能的技术。

车联网中的 D2D 通信与蜂窝网络中的 D2D 通信在两个方面存在区别：①在车联网中，固定的道路限制了车辆的移动轨迹，车辆的移动方向比较稳定，使得车辆空间分布与蜂窝网络中的用户设备的分布区别很大。②与蜂窝网络中的行人相比，车联网中的车辆移动性更强，信道特性有所区别。由于快速变化的车联网拓扑结构，车联网中的信道建模比蜂窝网络中更加复杂。因此，尽管现有工作已经证实了 D2D 通信的引入在蜂窝网络中带来了积极影响，D2D 通信在实际车联网中的潜在增益需要进行更深入的评价。

我们考虑发送机和接收机距离为 5～100m 的单一 V2V 对，同时系统中含有 V2I 通信链路的场景。对于蜂窝系统，基站的覆盖范围是 1km，而对于车联网来说，我们考虑 1km×20m 的路段。在图 4-5 中，我们在蜂窝和车联网下对比了四种场景的平均频谱效率，分别是 D2D 复用模式（即 D2D Underlay）、D2D 专用模式（即 D2D Overlay）、蜂窝安静模式以及 D2D 完全模式。在所有的情况下，除了 D2D 通信的传输功率是 20dBm，其他通信方式的传输功率是 40dBm。路径损耗模型是 $32.4 + 20 \lg d + 20 \lg f$，其中载波频率 $f = 5.9$GHz。

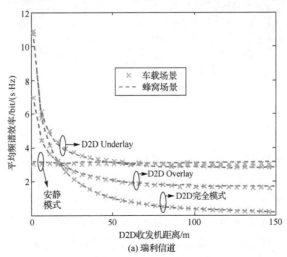

(a) 瑞利信道

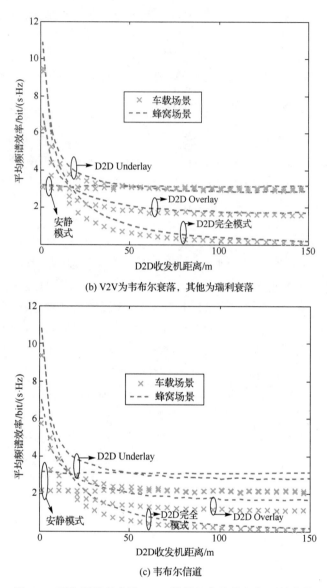

(b) V2V 为韦布尔衰落，其他为瑞利衰落

(c) 韦布尔信道

图 4-5　平均频谱效率随 D2D 发射机和接收机间距的变化

　　当所有信道均为瑞利信道时，所有曲线非常接近。当所有的 V2V 信道采用韦布尔模型时，车联网场景与蜂窝场景的频谱效率性能开始出现差异，并在 V2I 通信也采用韦布尔信道模型时更加明显。这意味车辆分布对于频谱效率的影响可以忽略，而韦布尔信道在我们研究的四种场景下对频谱效率起决定性影响。

　　除了信道分布，D2D 复用模式可以实现最大的频谱效率。此外，当 D2D 收发机距离小于 15～20m 时，D2D 完全模式会获得最好的性能，而蜂窝模式的性能最差。

当 D2D 收发机之间的距离变大时这种关系发生反转。出现这一现象的原因是 D2D
通信链路的质量与收发机距离之间呈负相关。

通过这些比较,可以总结出以下结论。

(1)当近距离通信时,D2D 完全模式可以获得 2～5 倍于蜂窝模式的性能,可以
满足高数据率应用的通信需求。

(2)当长距离通信时,安静模式可以提供稳定的数据率,也可以支持与安全相关
的低数据率、低时延应用。

(3)D2D 复用模式在所有的通信距离上都可以获得最高的频谱效率。

为了验证引入多 D2D 链路时,额外的干扰对上面所述的频谱利用率性能的影
响,本节中,我们考虑存在多 D2D 对的场景。其中链路的有效范围为 20m。在图 4-6(a)
中,我们注意到尽管当所有信道都是韦布尔信道时,车联网的平均频谱效率(即有效
D2D 对的数量,如图 4-6(b)所示。其中有效的定义是 SINR 大于 3dB)也明显提升。
这意味着当多个 D2D 链路存在时车辆的空间分布显著地影响 D2D 通信链路之间的
干扰。此外,车联网的拓扑结构使得它非常适合部署 D2D 通信。

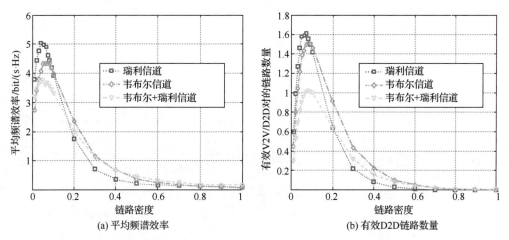

(a) 平均频谱效率   (b) 有效D2D链路数量

图 4-6   无干扰控制下平均频谱效率和有效 V2V/D2D 对的链路数量随链路密度变化曲线

观察所有曲线后,我们也发现由于 D2D 通信对之间存在干扰,频谱效率随着
D2D 对数量的增加出现先增后降的变化趋势。当 D2D 密度较低时由于干扰很小,
平均频谱效率主要由 D2D 对的数量决定,所以出现上升的趋势。在 D2D 对的数量
达到一定数值之后,干扰带来的影响开始变大,导致平均频谱效率随着 D2D 链路的
密度上升而下降。在韦布尔信道中传播环境更加苛刻,干扰更大,每条链路的容量
降低,也限制了不同 D2D 链路之间的干扰。因此,韦布尔信道的平均频谱效率在噪
声限制距离之内较小,却在干扰限制距离之内最大。

基于以上结果,结合车联网的特殊拓扑结构,可以提出以下干扰控制机制。

在整个传输过程中，基于车辆实施位置和预测得到的移动特性，干扰控制机制可以防止 200m 内不同的 D2D 对使用相同的资源块带来的干扰。链路的选择问题是一个优化问题，在蜂窝网络中较为复杂。而在车联网中，车辆的运动是一维的，可预测性更强，容易实现有效的链路选择。在图 4-7 中，我们注意到平均频谱效率呈持续增长的趋势，而有效 D2D 通信链路的比例保持平稳。在不同的传播环境中，瑞利信道具有最好的性能。考虑到瑞利信道对 D2D 链路会带来最大的干扰，此结果进一步验证了这种简单的干扰控制机制在抑制干扰方面的有效性。

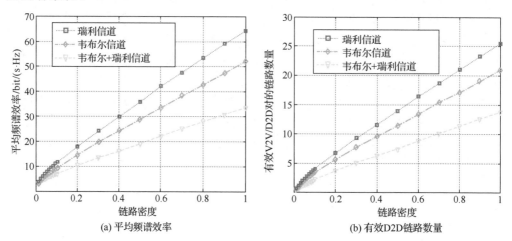

(a) 平均频谱效率　　　　　　　　　(b) 有效D2D链路数量

图 4-7 带有干扰控制的平均频谱效率和有效 V2V/D2D 对的链路数量随链路密度变化曲线

4.2.3 基于 D2D 接入的中心式 TDMA 方案

4.2.2 节我们论述了基于 D2D 接入的车联网通信的可行性，基于此，本节介绍一种基于 D2D 接入的时分多址(time-division multiple access，TDMA)资源调度方案[10,11]，在方案中，车对路通信链路与车对车通信链路的时隙资源调度由路边中心单元根据各个通信链路的权重因子统一调度，同时允许中心车辆间距大于一定干扰间隔的多个车对车通信链路共用同一段时隙资源来提升网络频谱效率。如图 4-8 所示，其中 V2I 通信链路和 V2V 通信链路进行数据传输的时隙资源由路边中心单元(roadside unit，RSU)根据各个通信链路的权重因子统一调度，同时允许中心车辆间距两两大于一定干扰间隔的多个 V2V 通信链路共享同一时隙资源进行数据传输(图 4-9 中我们将干扰间隔设为车辆通信半径的 2 倍，即 $2r_v$)，这时，可共享时隙资源的多个 V2V 通信链路就构成一个通信链路组，RSU 对各个通信链路(组)的权重因子进行排序，并将时隙资源优先调度给权重因子较高的通信链路(组)，其中，通信链路组的权重因子为其内部所有通信链路的权重因子之和。

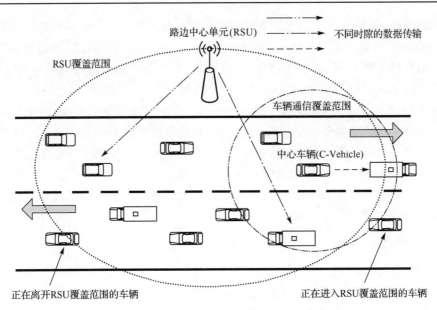

图 4-8　基于 D2D 接入的车联网通信空间复用场景

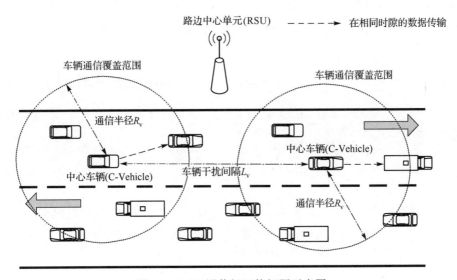

图 4-9　V2V 通信间干扰间隔示意图

　　在基于 D2D 接入的 TDMA 方案中,有通信需求的通信链路需要周期性地向 RSU 反馈通信链路的信道状态信息、通信链路中车辆的位置和速度信息以及通信的业务种类(access category,AC),具体而言,在 V2I 通信链路中,由移动端车辆向 RSU 反馈当前 V2I 链路的信道状态信息、车辆的移动速度和需要传输的业务种类;在 V2V 通信链路中,由中心车辆(C-Vehicle,即当前作为发射端的车辆)向 RSU 反馈当前 V2V 链路的信道状态信息、两辆车移动的相对速度、中心车辆的位置信息和需要传输的业务种类。RSU 在每一个传输帧的帧头通过控制信道收集其通信范围内各个通信链路的反馈信息,并基于这些反馈信息计算出各个通信链路(组)的权重因子,从而进行有效的时隙资源调度。

我们设计了一种全新的调度权重因子,其由信道质量因子(channel-quality-based factor, CQF)、速度因子(speed factor, SF)和业务种类因子(AC factor, ACF)三部分组成,其中,信道质量因子可以反映不同通信链路的当前信道质量从而通过调度来优化网络吞吐率并在较长的调度周期内保证通信链路传输的公平性;速度因子用于实现各个通信车辆潜在服务时间的公平性;业务种类因子用来区分不同业务种类在调度过程中的优先级。下面我们将具体介绍这三部分权重因子的设计。

1. 信道质量因子

为了优化整个网络的吞吐率,我们引入不同通信链路的信道质量作为资源调度的考量,并将时隙资源优先调度给信道质量较高的链路,但同时仍需要保证在一段时间内长期经历较差信道质量的通信链路的用户服务质量,因而我们通过比例公平(proportional fair, PF)[12]的方法来设计 CQF,通信链路 k 的信道质量因子为

$$\mathrm{CQF}_k(t) = \frac{C_k(t)}{\mathcal{R}_k(t-1)} \tag{4-3}$$

式中,$C_k(t) = W \log_2\left(1 + \frac{p_r g_k(t)}{\sigma^2}\right)$ 表示 RSU 根据通信链路 k 反馈的当前信道传输增益 $g_k(t)$ 计算出通信链路 k 潜在的传输速率;$\mathcal{R}_k(t)$ 表示通信链路 k 在前一时刻迭代更新的平均传输速率[13],有

$$\mathcal{R}_k(t) = \left(1 - \frac{1}{t_c}\right)\mathcal{R}_k(t-1) + \frac{1}{t_c}R_k(t) \tag{4-4}$$

式中,t_c 为预先设置的平均窗长。需要注意的是,如果通信链路 k 此前没有从 RSU 获得过任何时隙的话,则 $R_k(t) = 0$。无论通信链路 k 为 V2I 链路还是 V2V 链路,信道质量因子的计算方法均为式(4-3)中所给。

2. 速度因子

由于在车联网中速度的分布比较离散化,因而具有不同速度的车辆在同一个数据发射源端(RSU 或者 C-Vehicle)的有效通信范围内停留时间也长短不一,这就会造成不同的用户质量体验,因而这里在车联网通信中还存在一个由车辆行驶速度不同造成的潜在服务时间的公平性,速度因子的引入正是为了解决这一公平性的问题。通信链路 k 的速度因子被设计为

$$SF_k = \left(\left[\frac{D}{v_k T_f} \right]_{\text{int}} \right)^{-1} \tag{4-5}$$

式中，D 为通信链路 k 的通信直径(即当通信链路 k 为 V2I 链路时，$D = 2r_{\text{RSU}}$；当通信链路 k 为 V2V 链路时，$D = 2r_{\text{v}}$，其中 r_{RSU} 与 r_{v} 分别为 RSU 和 C-Vehicle 的有效通信半径)；T_f 为传输帧时长；v_k 为通信链路 k 中发射节点和接收节点相对速度的绝对值；$[\ ]_{\text{int}}$ 表示向下取整。

3. 业务种类因子

参照 IEEE 802.11p 中定义的四种接入业务种类，即 AC_j，$j = 1,2,3,4$，同样在这一方案中我们通过业务种类因子的设计来保证不同接入业务种类的优先级。接入业务 AC_j 的业务种类因子被设计为

$$ACF_j = \frac{1}{CW_{\text{min}}(AC_j)} + \frac{1}{CW_{\text{max}}(AC_j)} \tag{4-6}$$

式中，CW_{min} 与 CW_{max} 分别为这四种接入业务种类在 IEEE 802.11p 的 EDCA 机制中定义的最小竞争窗长和最大竞争窗长，具体参数设置见表 4-2。

表 4-2　IEEE 802.11p 的 EDCA 机制中最大、最小竞争窗长参数设置

AC	AC_1	AC_2	AC_3	AC_4
CW_{min}	3	3	7	15
CW_{max}	7	15	1023	1023

结合上述三种权重因子的设计，在方案中，通信链路 k 中的接入业务 AC_j 在时刻 t 的调度权重因子可设计为

$$Q_{k,j}(t) = (CQF_k(t))^{\alpha} (SF_k)^{\beta} (ACF_j)^{\gamma} \tag{4-7}$$

式中，α、β 和 λ 为平衡因子，用于调节信道质量因子、速度因子和业务种类因子在调度权重因子中的比重，可根据实际系统的需求具体设定。

4. 方案流程

图 4-10 为基于 D2D 接入的 TDMA 资源调度方案的流程示意图，该调度方案是一种中心控制的方案，RSU 在每个传输帧开始时接收 V2I 通信链路中的车辆和 V2V 通信链路中的中心车辆反馈的通信链路信道状态信息、待传送接入业务的种类信息、车辆(或中心车辆)的位置信息以及通信链路中车辆的速度信息。RSU 根据接收到的反馈信息计算各个通信链路当前的调度权重因子，并对其从高到低进行排序。在调度过程中，始终优先调度时隙资源给调度权重因子最高的通信链路使其进行相应的数据传输。需要注意的是，当多个中心车辆两两间距大于一定干扰间隔的 V2V 通信

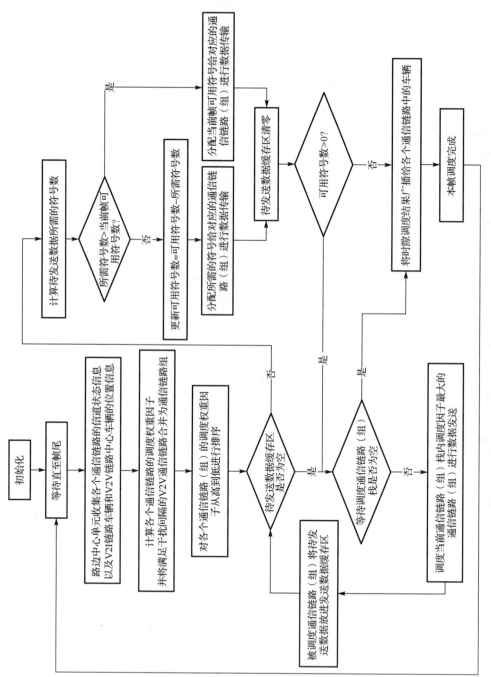

图 4-10　基于 D2D 接入的 TDMA 资源调度方案的流程示意图

链路时，可以将其合并为一个通信链路组，在同一通信链路组中的多个 V2V 通信链路可以共享同一时隙资源进行数据传输，而对于多个满足干扰间隔的 V2V 通信链路所组成的通信链路组其调度权重因子为各个 V2V 通信链路调度因子之和。当所有带通信链路栈为空或者可使用的符号资源为 0 时，当前传输帧的调度完成，而后 RSU 将调度结果广播给各个通信链路中的车辆，各个被分配时隙资源的通信链路在各个分配的时隙上进行数据传输。

5. 仿真分析

在车联网通信系统下，我们具体研究了基于 D2D 接入的 TDMA 方案与 IEEE 802.11p 中的 EDCA 机制的网络吞吐率性能对比，仿真参数如表 4-3 所示。

表 4-3　仿真参数

传输带宽/MHz	10
RSU 发射功率/dBm	20
车辆发射功率/dBm	5
RSU 有效通信半径/m	500
车辆有效通信半径/m	30
小尺度衰落	零均值归一化的瑞利因子
时隙符号长度/μs	10
传输帧长度/ms	20
V2I 通信链路百分比/%	20
车辆速度分布/(km/h)	30～100

图 4-11 给出了在车联网场景下，基于 D2D 接入的 TDMA 方案与 IEEE 802.11p CSMA/CA 接入的 EDCA 机制的网络吞吐率仿真对比，从图 4-11 中可以看到相比于

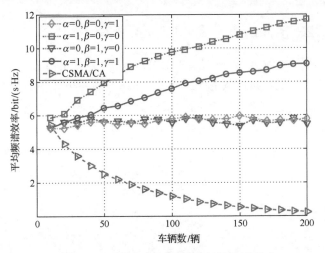

图 4-11　平均网络频谱效率的性能比较

在当前的 EDCA 机制中，基于 D2D 接入的 TDMA 方案在网络吞吐率上具有明显的性能优势，而且随着网络中通信需求数的增加，这种优势越发明显，可以有效地解决当前车载通信系统中随着网络车辆数的增多由随机碰撞的加剧所导致的车载网络性能的快速下降。

图 4-12 进一步给出了在车联网中，基于 D2D 接入的 TDMA 方案与 IEEE 802.11p CSMA/CA 的 EDCA 机制在高低网络负载情况下的网络吞吐率累积分布函数(cumulative distribution function，CDF) 曲线对比，从图 4-12 中可以看到基于 D2D 接入的 TDMA 方案对网络高负载具有很强的鲁棒性，可以很好地在高负载车联网中保持较高的网络吞吐率性能。

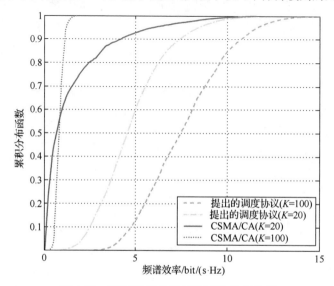

图 4-12　不同网络负载情况下的性能比较

4.2.4　基于 D2D 接入的中心式 OFDMA 方案

虽然相比于传统 EDCA 机制，基于 D2D 接入的中心式 TDMA 方案可以有效地提升网络传输效率，但是 TDMA 的机制将同一时隙的整个频谱资源看作最小的接入单元，无法区分不同通信链路在不同频率资源块上的选择性衰落性能。为了克服这一点，同时使车联网 MAC 方案更加适用于 OFDM 系统，本节我们介绍一种基于 D2D 接入的中心式 OFDMA (orthogonal frequency division multiple access) 方案[14]，允许车联网中不同的车对车通信链路与车对路通信链路可以在路边中心单元的控制和调度下共享时频资源块进行通信，从而有效地提升整个车联网的通信容量和频谱效率。

在基于 D2D 接入的中心式 OFDMA 方案中，不同的 V2V 通信链路之间、V2V 通信链路与 V2I 通信链路之间可以在路边单元的控制和调度下共享资源进行各自的通信。整个传输带宽被分为 K 个正交的资源块 (resource block，RB)，不同的通信链路采用 FDMA(frequency division multiple access)或 TDMA 的方式接入信道,在每个传输帧开始时,RSU 接收网络中各个通信链路的通信需求和信道信息,并根据通信链路的信道信息和各个通信链路间的干扰情况做出资源分配的决策,并将资源块的分配情况反馈给车辆,有通信需求的车辆则根据资源分配的结果在授权的资源块上进行通信。需要注意的是,不同的 V2I 通信链路之间不能共享资源进行通信。

　　基于此,我们设计了两种基于干扰图的资源共享方案,即基于干扰预知图的资源共享方案和基于干扰等级图的资源共享方案。

1. 基于干扰预知图的资源共享方案

图 4-13 为车联网中资源共享接入示意图。

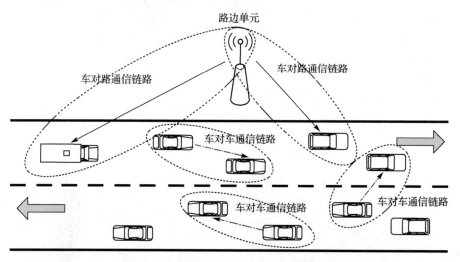

图 4-13　车联网中资源共享接入示意图

　　图 4-14 为针对图 4-13 车联网场景抽象构建的干扰预知图,图 4-14 中节点 A_1、A_2 代表两条 V2I 通信链路,节点 B_1、B_2、B_3 代表三条 V2V 通信链路,图 4-14 中每条边都有一个权重值,定义为两条链路之间相互干扰的大小。在干扰预知图中,每个节点 V_i(即通信链路)具有三个自身属性,即链路属性、资源属性和集合属性。其中,链路属性标明该节点是 V2I 通信链路还是 V2V 通信链路,即 $V_i \in \mathcal{A}$ 或者 $V_i \in \mathcal{B}$,其中 $\mathcal{A}$ 表示 V2I 链路集合,$\mathcal{B}$ 表示 V2V 链路集合。资源属性包含两个参数:一是 RB 列表($\mathcal{L}(V_i)$),包含一系列 RB 标号,在列表中按照该通信链路在各个 RB 上对应 SNR 的大小进行排序;二是当前 RB 指针($\delta(V_i)$),指向当前该通信链路最希望获得的 RB 标号。集合属性($\tau(V_i)$)表示当前节点所属的 RB 集合,需要注意的是当该节点当前不属于任何 RB 集合时,则有 $\tau(V_i) = 0$。图 4-14 中边值被定义为

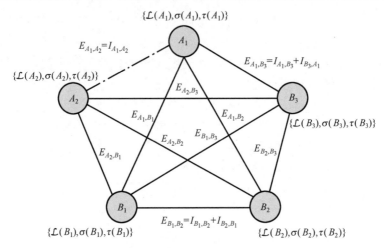

图 4-14　干扰预知图示意图

$$\boldsymbol{E}_{V_i,V_j} = \begin{pmatrix} E_{V_i,V_j}^1 & 0 & \cdots & 0 \\ 0 & E_{V_i,V_j}^2 & \cdots & 0 \\ \vdots & \vdots & & \vdots \\ 0 & 0 & \cdots & E_{V_i,V_j}^K \end{pmatrix} = \begin{pmatrix} I_{V_i,V_j}^1 + I_{V_j,V_i}^1 & 0 & \cdots & 0 \\ 0 & I_{V_i,V_j}^2 + I_{V_j,V_i}^2 & \cdots & 0 \\ \vdots & \vdots & & \vdots \\ 0 & 0 & \cdots & I_{V_i,V_j}^K + I_{V_j,V_i}^K \end{pmatrix} \tag{4-8}$$

式中，I_{V_i,V_j}^k 表示两条通信链路 V_i 和 V_j 间在第 k 个 RB 上的干扰值，可被定义为

$$I_{V_i,V_j}^k = \begin{cases} \infty, & V_i \in \mathcal{A}, V_j \in \mathcal{A} \\ \dfrac{p_r}{K} g_{V_i,V_j}^k, & V_i \in \mathcal{A}, V_j \in \mathcal{B} \\ p_v g_{V_i,V_j}^k, & V_i \in \mathcal{B} \end{cases} \tag{4-9}$$

此外，定义 RB_k 集合的集合值 $(v_c(\mathcal{C}_k))$ 为该 RB 集合内所用通信链路可实现的信道容量之和，注意这里考虑同一 RB 集合内不同链路之间的干扰，即

$$v_c(\mathcal{C}_k) = \sum_{V_i \in \mathcal{C}_k} \frac{W}{K} \log_2(1 + \mathrm{SINR}_{V_i}^k) \tag{4-10}$$

定义 RB_k 集合的干扰值 $(v_i(\mathcal{C}_k))$ 为该 RB 集合内通信链路两两间互干扰的和，即

$$v_i(\mathcal{C}_k) = \sum_{V_i,V_j \in \mathcal{C}_k, V_i \neq V_j} (I_{V_i,V_j}^k + I_{V_j,V_i}^k) = \sum_{V_i,V_j \in \mathcal{C}_k, V_i \neq V_j} E_{V_i,V_j}^k \tag{4-11}$$

定义 RB_k 的虚拟集合 $(\mathcal{C}_k^\star)$ 为所有当前 RB 指针指向 k 的通信链路的集合，即

$$\mathcal{C}_k^\star = \{V_i | \ \delta(V_i) = k, V_i \in \mathcal{V}\} \tag{4-12}$$

基于上述对干扰预知图的构建和定义，我们设计基于干扰预知图的资源共享算法如下。

(1) 基于车辆反馈得到的通信链路和干扰链路信息构建干扰预知图，并对图中节点属性和边的权重进行初始化。

① 初始化节点属性 $\mathcal{L}(V_i)$，$\delta(V_i)$，令 $\tau(V_i)=0$，$V_i \in \mathcal{V}$。

② 计算边的权重 E_{V_i,V_j}，$V_i,V_j \in \mathcal{V}$，$V_i \neq V_j$。

③ 设定 $\mathcal{C}_k = \Phi$，其中 Φ 表示空集，$v_i(\mathcal{C}_k) = v_c(\mathcal{C}_k) = 0$。

④ 初始化虚拟集合 $\mathcal{C}_k^* = \{V_i | \delta(V_i) = k, V_i \in \mathcal{V}\}$。

(2) 迭代收敛。

① **Repeat**

② 从虚拟集合 $\mathcal{C}_k^*$ 中选择一个节点使其满足：

如果 $\mathcal{C}_k = \Phi$，那么 $V^* = \arg\max_{V_i \in \mathcal{C}_k^*} v_c(\mathcal{C}_k \bigcup \{V_i\})$；

否则，$V^* = \arg\min_{V_i \in \mathcal{C}_k^*} v_i(\mathcal{C}_k \bigcup \{V_i\})$。

③ 比较集合值 $v_c(\mathcal{C}_k)$ 和 $v_c(\mathcal{C}_k \bigcup \{V^*\})$ 大小：

如果 $v_c(\mathcal{C}_k \bigcup \{V^*\}) > v_c(\mathcal{C}_k)$，则 $\mathcal{C}_k = \mathcal{C}_k \bigcup \{V^*\}$，$\tau(V^*) = k$，$\delta(V^*) = 0$；

否则，删除 $\mathcal{L}(V^*)$ 中第一个元素，并更新 $\delta(V^*)$。

④ 更新所有虚拟集合。

⑤ **Until** 所有虚拟集合均为空集。

(3) RB 分配结果为 $\{\tau(V_i) | V_i \in \mathcal{V}\}$。

2. 基于干扰等级图的资源共享方案

基于干扰预知图的资源共享方案具有较低的复杂度，但其中干扰预知图构建的前提必须保证在 RSU 处可以获知各个通信链路和干扰链路的信道信息，通信代价较大，因而为了降低资源共享方案的通信代价，我们还设计了一种基于干扰等级图的资源共享方案，在干扰等级图中，可根据 RSU 与车辆，车辆与车辆之间的相对位置关系对它们之间的干扰进行等级划分，并对不同的干扰等级设定特定的数值，干扰等级图的构建不需要具体的干扰链路信道信息，因而所需的通信代价较小，更适合实际应用。

图 4-15 是车联网不同场景下，车辆与 RSU、车辆与车辆之间的相对位置关系，可将这 8 种相对位置关系划分为 4 个干扰等级，即无干扰(图 4-15 中的子图 (a)、(e))、中等干扰(图 4-15 中的子图 (b)、(c)、(f)、(g))、强干扰(图 4-15 中的子图 (d)、(h))、无穷干扰(两条 V2I 通信链路之间的干扰情形)，分别可设定为 W_0、W_1、W_2 和 W_n，满足 $W_0 \ll W_1 < W_2 \ll W_n$。图 4-16 为针对图 4-15 车联网场景抽象构建的干扰等级图，图中的各边均量化为相应的干扰等级，即

$$W_{V_i,V_j} = \begin{cases} W_0, & V_i \notin \mathcal{V}_j^{\text{neighbor}}, V_j \notin \mathcal{V}_i^{\text{neighbor}} \\ W_1, & V_i \notin \mathcal{V}_j^{\text{neighbor}}, V_j \in \mathcal{V}_i^{\text{neighbor}}, \text{或} V_i \in \mathcal{V}_j^{\text{neighbor}}, V_j \notin \mathcal{V}_i^{\text{neighbor}} \\ W_2, & V_i \in \mathcal{V}_j^{\text{neighbor}}, V_j \in \mathcal{V}_i^{\text{neighbor}}, V_i \in \mathcal{B} \text{ 或 } V_j \in \mathcal{B} \\ W_n, & V_i \in \mathcal{A}, V_j \in \mathcal{A} \end{cases} \qquad (4\text{-}13)$$

并且 $W_{V_i,V_j}^k = \dfrac{W_{V_i,V_j}}{K}$。干扰等级图中节点属性的定义与干扰预知图相同。

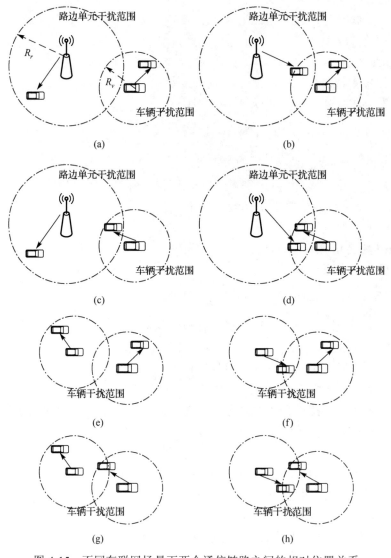

图 4-15　不同车联网场景下两个通信链路之间的相对位置关系

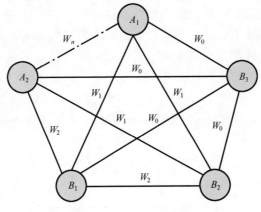

图 4-16　干扰等级图

基于上述对干扰等级图的构建和定义，我们设计基于干扰等级图的资源共享算法如下。

(1)基于车辆反馈得到的通信链路信息和车与 RSU、车与车之间的相对位置关系构建干扰等级图，并对图中节点属性和边的权重进行初始化。

①初始化节点属性 $\mathcal{L}(V_i)$，$\delta(V_i)$，令 $\tau(V_i) = 0$，$V_i \in \mathcal{V}$。

②计算边的权重 W_{V_i,V_j}，$V_i, V_j \in \mathcal{V}$，$V_i \neq V_j$。

③设定 $\mathcal{C}_k = \Phi$，其中 Φ 表示空集，$v_i(\mathcal{C}_k) = v_c(\mathcal{C}_k) = 0$。

④初始化虚拟集合 $\mathcal{C}_k^* = \{V_i | \ \delta(V_i) = k, V_i \in \mathcal{V}\}$。

(2)迭代收敛。

①**Repeat**

②从虚拟集合 $\mathcal{C}_k^*$ 中选择一个节点使其满足 $V^* = \arg \min\limits_{V_i \in \mathcal{C}_k^*} v_i(\mathcal{C}_k \bigcup \{V_i\})$。

如果 $|\mathcal{C}_k| < T_{ic}$，则 $\mathcal{C}_k = \mathcal{C}_k \bigcup \{V^*\}$，$\tau(V^*) = k$，$\delta(V^*) = 0$。

否则，将 RB 标号 k 从所有当前的 RB 列表 $\mathcal{L}(V_i)$，$V_i \in \mathcal{V}$，$V_i \notin \mathcal{C}_k$ 中删除。

③更新所有虚拟集合。

④**Until** 所有虚拟集合均为空集。

(3)RB 分配结果为 $\{\tau(V_i) | \ V_i \in \mathcal{V}\}$。

3. 仿真分析

下面我们对比给出在联网场景下不同 MAC 方案的网络吞吐率性能对比。仿真参数如表 4-4 所示。

图 4-17 给出了在车联网中，基于两种干扰图的资源共享方案与遍历算法得到的最优资源复用结果，以及传统的 OFDMA 方案的系统性能比较。从仿真结果中可以看到，基于干扰预知图的资源共享方案与最优的资源复用结果在网络性能方面非常

接近，但其复杂度要远低于得到最优资源复用结果的遍历算法。虽然基于干扰等级图的资源复用方案性能不如基于干扰预知图的资源复用方案，但由于干扰等级图的构建只需要知道车与 RSU、车与车的相对位置即可，而不需具体的干扰链路信道信息，因而系统资源管理的通信代价较低，在实际中的可操作性更高。同时，从仿真结果中也可以看到，V2I 和 V2V 通信链路资源复用的 MAC 方案要明显优于传统的OFDMA 方案，尤其是在网络负载较大的情况下，可以有效地提升网络的吞吐率和频谱效率。

表 4-4 仿真参数

传输带宽/MHz	20
RB 总数 K	10
RSU 发射功率/dBm	20
车辆发射功率/dBm	5
路损因子	3
噪声功率谱密度/(dBm/Hz)	−174
集合最大用户数 T_{ic}	3
V2I 通信链路百分比/%	30
车辆速度分布/(km/h)	0～100

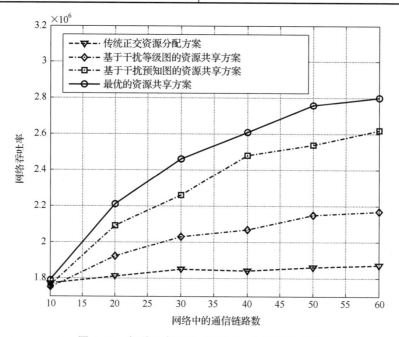

图 4-17 车联网中不同 OFDMA 方案性能对比

4.3 基于中心式调度的数据分发方案

4.3.1 车联网中的数据分发方案

数据分发是车联网场景中的一个重要应用，包含了点到点和点到多点的数据传播模式。其中对于点到点场景，源节点将数据发送给目的节点，关键问题在于选择中继节点进行路由转发[15]，对于点到多点场景，源节点需要将数据发送给一定区域范围内的多个节点，关键问题在于减少网络中节点分发引起的冗余传输以及网络拥塞问题。本节主要研究基于点到多点的数据传播场景，包含：①RSU 或车辆节点将实时的路况和车辆碰撞警告等信息发送给周围的车辆节点，使得司机或者智能驾驶设备可以根据实时的路况信息做出调整，避免发生交通事故或者拥堵；②RSU 或车辆节点将一定区域内的广告和服务信息分享给该区域的其他车辆节点，可以使节点获得周围环境的相关信息(如商店、停车场等信息)，提高车辆驾驶的满意度；③多个车辆节点从 RSU 或者某一车辆节点下载共同感兴趣的大数据，例如，热映的电影等。一般实时的路况信息具有一定的时效性和地域性，并且车联网节点的拓扑结构实时动态变化，由此尽快将数据传播给相应的车辆节点，提高数据传播效率，降低数据传播时延是数据传播方案设计追求的目标。

在现有的数据分发方案研究中，Nandan 等[16]首次提出了在车联网中被动式数据传播方案 SPAWN(sumproduct algorithm over a wireless network)，方案中 RSU 持续将数据广播给覆盖范围内的车辆节点，而当车辆节点移动出 RSU 覆盖范围内时，则车与车之间通过 P2P 的方式进行数据共享，被动式指车辆数据接收未完成时，向周围节点请求数据的发送。而 Nandan 等[17]后续提出的 AdTorrent 方案在 SPAWN 方案基础上改进为主动式数据传播，即车辆与车辆节点主动互相分享数据接收状态信息，车辆节点转发周围车辆最多需求的数据。为了进一步提高数据传播效率，网络编码技术被应用于车联网中。Yeh 等[18]首次提出了基于随机线性网络编码(random linear network coding，RLNC)的数据传播方案 CodeTorrent，CodeTorrent 与 SPAWN 同样属于被动式数据请求与发送的数据传播，与 SPAWN 不同在于 CodeTorrent 将数据的请求局限于一跳的相邻节点之间，避免了 SPAWN 中 P2P 式多跳引入的中继选择与转发问题。基于 CodeTorrent，Li 等[19]提出了 CodeOn 方案，将其改进为主动式数据传播，类似于 Nandan 等[17]提出的 AdTorrent 方案，数据转发效用最大的节点优先给周围邻节点。在这之后 Yu 等[20]将节点之间的信道状态考虑加入 CodeOn 方案的设计中，节点间数据转发效用为节点与周围节点之间的信道与数据效用的综合考虑。

除了 RLNC 技术，Sardari 等[21]将喷泉码应用于数据传播，Stefanovic 等[22]在此基础上结合车联网具体应用场景采用扩展窗的喷泉码，传播的数据重要性越高，其在喷泉码编码中重复编码次数越高，以提高其传输可靠性。然而文献[23]中的方案只考虑采用 RSU 向车辆节点广播数据的传播方式。Palma 等[24]则考虑相邻车辆节点间的联合编码方案，以降低接收节点解码复杂度。Zhang 等[25]提出了车辆协作接入控制(vehicular cooperative media access control，VC-MAC) 数据传播方案，在数据传播方案中最大化系统吞吐效率为目标选择中继转发节点，方案设计中很明显地忽略了节点间数据转发的有效性导致选择出的中继节点可能对周围节点无数据转发效用。Cenerario 等[26]研究节点间的相遇概率来决策节点间何时需要数据转发。Ros 等[27]提出了基于 ACK（ACKnowledgement)机制的数据传播方案，其中关键连接控制节点具有较高的传输优先级。

现有的数据传播方案在数据的发送与接收基本上基于现有分布式 V2V 协作机制进行数据传播，只是在节点接入的优先级、中继节点的选择和数据的编解码中根据车联网的特性和节点数据转发的有效性进行了设计。虽然分布式的数据传播方案可以有效地适应车联网网络拓扑结构动态变化，但是也引入一系列的问题。主要包括在分布式协同的数据传播机制中，节点间需要收集相邻节点间的数据接收状态(例如，文献[17]～[19])，一般节点不可能同时接收来自周围多个节点发送的信息，节点收到部分节点发送的信息计算出的节点转发效用是不准确的，而当节点等待收集周围节点交互的信息时，则会需要较多的时间。另外，分布式的信道接入会引入节点传输碰撞问题，特别是当节点密集时，节点的传输碰撞概率越高，引入的数据重传越多，更加恶化了节点传输拥塞程度。

针对上述问题，本节我们从中心式调度的角度进行数据分发方案的设计[28-30]。在基于中心调度的数据分发方案中，将传输帧分配给分发效用高的节点，以最大化系统的分发效用，从而达到最小化数据分发时延的目的。基于中心调度的数据分发机制，在车联网中同样具有可行性，当 RSU 获得车辆位置的速度信息时，即可以跟踪预测时变的网络拓扑结构，由于车辆节点的速度在很小的时间内(通信所需的时间维度内)一般不会发生变化，因此，在这段时间内 RSU 则可以发挥类似于传统网络基站的中心调度功能。当车辆周期性更新位置和速度信息时，则可以设计帧结构周期性进行 RSU 调度。

4.3.2　车联网数据分发系统模型

如图 4-18 所示，考虑车联网场景下数据分发的典型场景[28]，即 RSU 作为数据源节点，而传输数据有效兴趣区域(area of interest，AoI) 内的车辆节点作为接收节点。P 个 RSU 源节点集合表示为 RSU = $\{RSU_1, RSU_2, \cdots, RSU_P\}$，$K$ 个接收车辆节点集合表示为 $U = \{U_1, U_2, \cdots, U_K\}$。各个 RSU 之间通过有线回传链路与核心网之间进行互联。由于 AoI 区域内的车辆与源节点 RSU 之间的信道不同，RSU 将数据广播给其覆盖范围内的车辆节点时，会出现 V2I 信道质量较好的车辆正确接收数据，而V2I 信道质量较差的车辆未正确接收数据或者正确接收部分数据。此时 V2V 链路车辆间互相协作共享数据，减少 RSU 的重复广播以提高数据传播效率。车联网包含 V2I 和 V2V 两种通信模式，在数据传播的过程中包含：①V2I 数据传播模式，即 RSU 将数据广播给覆盖范围内的车辆节点；②V2V 数据传播模式，即车辆节点与周围相邻节点进行数据共享。除此之外，假设每个车辆节点包含 GPS，可以获得精准的定位。在数据传播过程中涉及的控制信令的传输采用无误的信令信道传输，而有效负载数据的传输则采用数据信道传输。

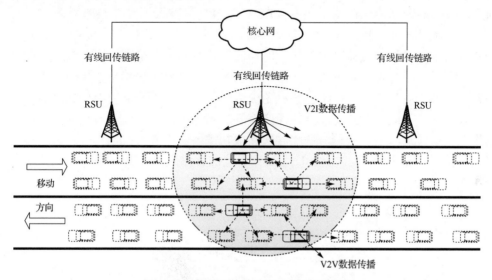

图 4-18　车联网数据分发传播系统模型

为了提高数据传播效率，在本节中采用了网络编码的数据编解码传播方式。网络编码技术可以有效地减少数据的冗余传播和简化调度方案设计，所以常用于数据广播场景中。相比于常应用于数据传播的网络编码技术(随机线性网络编码 RLNC)，本节中采用编解码更为简单的空时网络编码(space-time network coding，STNC)[29]。在 RLNC 中，对于传播 N 个数据包，则需要利用伽罗瓦域的系数将 N 个数据包编码叠加成 N 个线性不相关的编码数据包，接收节点正确收集到 N 个编码系数线性不相干的编码数据包时，才能正确解码出原始 N 个数据包。RLNC 相比于逐个数据包传输，不需要接收端反馈哪个数据包传输失败而引发重传，从而提高数据传播效率。而 STNC，则采用正交码的思想，利用相互弱相关或正交的编码系数将 N 个数据包叠加成 1 个编码数据包，接收端则采用相关解码的方式可以从 1 个编码数据包中解码出原始 N 个数据包，相比于 RLNC 编解码更为简单，效率更高。

4.3.3　中心式调度策略

设计基于中心式调度的数据分发机制，在调度中需要选择有效提升数据分发效率的中继转发节点，并为该节点分配传输时隙。由此系统中需要一个实施调度策略的节点。在车联网中，携带 GPS 的车辆节点将获得的准确定位周期性地上报给 RSU 时，RSU 可以获得其覆盖范围内车辆节点的位置信息以及跟踪网络拓扑结构动态变化的能力。由此一般的研究中都设计 RSU 作为调度的节点。当数据分发的 AoI 包含在 1 个 RSU 覆盖范围内时，可以选择 RSU 作为调度节点，而当 AoI 包含多个 RSU 覆盖范围时，RSU 间非协作，调度各自覆盖范围内的中继节点时则会出现传输碰撞问题，如图 4-19 所示。在图 4-19 中，RSU1 选择中继节点 1，RSU2 选择中继节点 2，节点 1 和节点 2 在同时进行数据转发时，如果两个节点具有相同邻节点 x：①当 x 处于 RSU1 和 RSU2 覆盖交叠的区域时，同时接收到来自 RSU1 和 RSU2 的调度信息，则同时接收节点 1 和节点 2 发送的相同数据不会发生传输碰撞失败，但是同时不会获得多节点传输增益；②当 x 处于 RSU1 和 RSU2 覆盖非交叠的区域时，只能接收来自 RSU1 或者 RSU2 一方的调度信息，则会将节点 1 或者节点 2 发送的一方当作干扰信号，降低有效信号的接收解调成功概率。由此，我们在设计系统调度时应该避免图 4-19 中所示的由 RSU 非协作引起的传输碰撞问题。

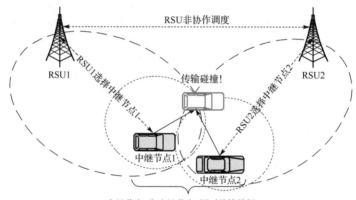

图 4-19　RSU 非协作下的传输碰撞示例

　　避免的方法是进行 RSU 间的协作，在 RSU 的上层引入一个中心调度器，如图 4-20 所示，各个 RSU 向中心调度器上报其收集的调度相关的测量信息(包括自其覆盖范围内的车辆节点的移动速度、位置和数据解码状态信息)。相比于 RSU 非协作场景，中心调度器可以收集来自整个 AoI 区域的调度相关信息，然后做出调度决策，并在决策中避免将同一传播时隙发送给具有共同邻节点的中继节点引起的传输碰撞问题。最后中心调度器再将决策出的调度结果反馈给各个 RSU，各个 RSU 再广播给其覆盖范围内的车辆节点。因为 RSU 之间通过有线回传链路互联，所以中心调度器可以是 AoI 对应的 RSU 节点集合中指定的一个 RSU 或者是独立于 RSU 的后台与多个 RSU 互联的控制节点。

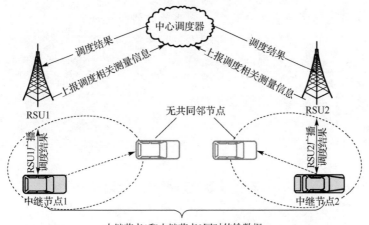

图 4-20　RSU 协作下数据分发调度

4.3.4　基于信道预测的中心式数据分发调度方案

图 4-21 是基于信道预测的数据分发场景示意图[30]，系统中所有车辆都装备 GPS 接收机，用于获得其位置和速度信息，并将这些信息实时反馈到路边中心单元。为了进行有效的协同数据分发，路边中心单元通过线缆与控制服务器相连，因此控制服务器可以掌握整个路段所有车辆的状态信息，使用中心式调度算法对车辆的通信行为做出决策，并通过路边中心单元将决策下达给控制范围内的车辆。

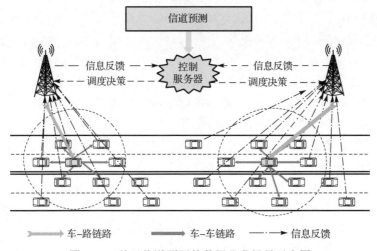

图 4-21　基于信道预测的数据分发场景示意图

在数据分发过程中，车联网的拓扑结构随着车辆节点的移动会不断变化，接收 V2V 信道与 V2I 信道质量也发生实时变化，因此在数据分发过程中，只作 1 次调度无法预测 AoI 内的车辆节点是否都可以正确接收到传播的数据, 需要车辆节点在根据调度信息接收数据后进行相应的接收信息的反馈, 中心控制器根据新的反馈信息做新一轮的数据传播调度直到 AoI 内所有车辆节点都正确接收到完整数据。因此, 我们设计的数据分发调度机制是一个周期过程, 每一个周期的调度帧结构如图 4-22 所示, 各阶段的具体操作包括以下几方面。

(1)信息收集阶段(T1): 系统中所有车辆根据 GPS 信息获取当前速度、位置信息, 并向与之对应的路边中心单元反馈。路边中心单元将各自获得的车辆状态信息反馈给控制服务器。

(2)中继选择阶段(T2): 控制服务器做出调度决策, 为数据传输阶段的数据帧选择对应的中继集合。

(3)数据传输阶段(T3): 在中继选择阶段中被选中的节点(包括车辆与路边中心单元)根据被分配的数据帧进行数据广播。

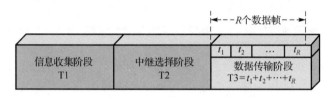

图 4-22　数据分发周期示意图

基于信道预测的中心式数据分发调度方案如图 4-23 所示。方案的关键点在于选择最有效的车辆节点作为中继节点进行数据转发, 实现最大的通信效益。中继选择的目标在于选择出的中继节点可以为对应的传输帧带来最大的数据传播效用。当一个车辆节点接收到来自中继节点发送的信号后, 可以成功解码出新的数据信息, 则认为该中继节点的数据转发具有有效性。在中心调度器, 首先需要调度出第 1 个中继传输帧 t_1 的中继节点集合 Ω_1, 然后再依次调度后续传输帧的中继节点集合 $\Omega_r(r = 2,3,\cdots,R)$。中心调度器对中继传输帧 t_r 进行中继选择需要的调度相关信息包括车辆在上一传输帧结束时的数据解码状态信息和车辆的位置、移动速度信息。在实际中继传输阶段, 车辆节点每经过一个中继传输帧, 其数据的解调状态就可能发生变化, 因此, 中心调度器在对各个中继传输帧进行中继选择时需要对上一传输帧结束时车辆的数据解码状态进行预测。经过各个候选中继节点的数据分发效用(定义为可以通过自身的数据分发使周围节点解码状态的增益和)计算, 则可以为传输帧选择出效用最大的中继节点, 而在 AoI 区域, 距离相距较远且没有相同邻节点的两个节点可以同时发送数据, 而互不产生干扰和传输碰撞问题, 由此在一个传输帧可以选择多个中继节点解码转发数据。

接下来, 我们通过车联网场景下的仿真, 对四种方案进行性能比较, 其中包括了采用过时信道信息进行调度的策略、基于信道预测的数据分发调度方案(预测阶数为 6、8、12)、一种分布式数据分发策略 CodeOn[19]和采用完全准确信道信息进行调度的理想情况。在理想情况中，中继选择时使用的车辆位置、速度等信息与车辆的实时数据完全吻合，以验证我们所述基于信道预测的调度方案和理想情况的性能对比。

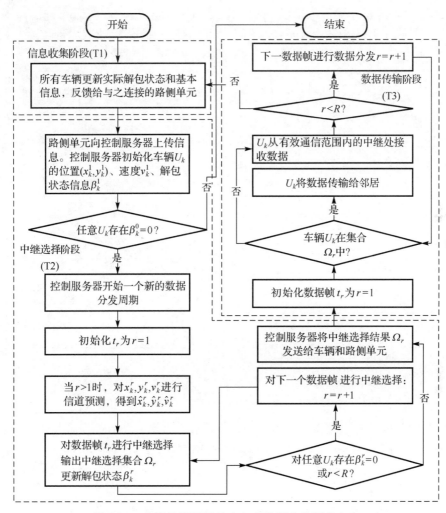

图 4-23　基于信道预测的中心式数据分发调度方案

图 4-24 是四种车辆通信场景下不同方案在文件下载进度方面的性能曲线比较。相比于不加预测的方案，基于信道预测的数据分发调度方案在所有场景中都显著地提升了文件下载速度。随着预测器阶数的提升，预测的准确率不断提高，文件下载速率性能会进一步改善。但是当预测器阶数变大时，算法的计算复杂度也随之上升。因而在实际场景中，需要权衡预测代价和系统性能。此外，在拥有相近的计算复杂

度的背景下，基于信道预测的数据分发调度方案比 CodeOn 分布式数据分发方案性能更好。与需要车辆实时反馈信道信息的中心式数据分发方案(理想情况下的中心式调度方案)相比，基于信道预测的数据分发调度方案在保证了近似理想性能的前提下，显著地降低了通信代价。

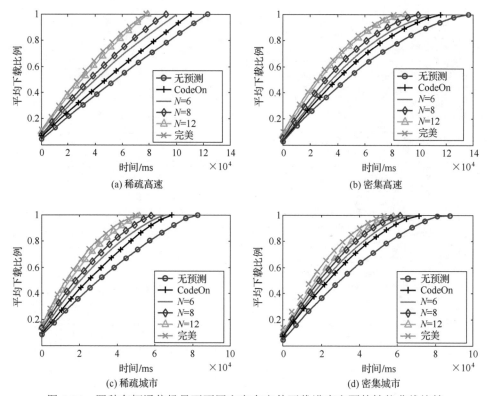

图 4-24　四种车辆通信场景下不同方案在文件下载进度方面的性能曲线比较

图 4-25 是四种方案在吞吐率方面的性能比较。相比于采用过时信道信息的方案，

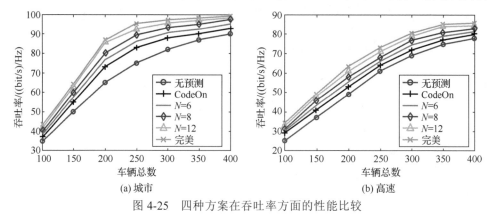

图 4-25　四种方案在吞吐率方面的性能比较

基于信道预测的数据分发调度方案在各种场景下都能有效地提高系统吞吐率，并且性能与预测器阶数呈正相关。与实时反馈的策略（如理想情况）和分布式策略（如CodeOn）相比，我们提出的基于信道预测的数据分发调度方案实现了通信代价和系统性能的折中。

参 考 文 献

[1] Wireless LAN Medium Access Control (MAC) and Physical Layer (PHY) Specifications Amendment 6: Wireless Access in Vehicular Environments. Technical Report, IEEE Standard 802. 11p, 2010.

[2] IEEE Standard for Information Technology-Local and Metropolitan Area Networks-Specific 1121 Requirements-Part 11: Wireless Lan Medium Access Control (MAC) and Physical Layer 1122 (PHY) Specifications - Amendment 8: Medium Access Control (MAC) Quality of Service 1123 Enhancements. IEEE Standard 802. 11e-2005, 2005: 1-212.

[3] Shen X, Cheng X, Zhang R, et al. Distributed congestion control approaches for the IEEE 802. 11p vehicular networks. IEEE Intelligent Transportation Systems Magazine, 2013, 5(4): 50-61.

[4] Doppler K, Rinne M, Wijting C, et al. Device-to-device communication as an underlay to LTE-advanced networks. IEEE Communication Magazine, 2009, 47(12): 42-49.

[5] Min H, Seo W, Lee J, et al. Reliability improvement using receive mode selection in the device-to-device uplink period underlaying cellular networks. IEEE Transactions on Wireless Communications, 2011, 10(2): 413-418.

[6] Yu C H, Doppler K, Ribeiro C B, et al. Resource sharing optimization for device-to-device communication underlaying cellular networks. IEEE Transactions on Wireless Communications, 2011, 10(8): 2752-2763.

[7] Zhang R, Cheng X, Yang L, et al. Interference graph-based resource allocation (InGRA) for D2D communications underlaying cellular networks. IEEE Transactions on Vehicular Technology, 2015, 64(8): 3844-3850.

[8] Fang L, Zhang R, Cheng X, et al. Cooperative content download-and-share: Motivating D2D in cellular networks. IEEE Communications Letters, 2017, 21(8): 1831-1834.

[9] Yang T, Zhang R, Cheng X, et al. Graph coloring based resource sharing (GCRS) scheme for D2D communications underlaying full-duplex cellular networks. IEEE Transactions on Vehicular Technology, 2017, 66(8): 7506-7517.

[10] Cheng X, Yang L, Shen X. D2D for intelligent transportation systems: A feasibility study. IEEE Transactions on Intelligent Transportation Systems, 2015, 16(4): 1784-1793.

[11] Zhang R, Cheng X, Yang L, et al. A novel centralized TDMA-based scheduling protocol for vehicular networks. IEEE Transactions on Intelligent Transportation Systems, 2015, 16(1): 411-416.

[12] Zhu Y, Zhang R, Cheng X, et al. An interference-free graph based TDMA scheduling protocol for vehicular ad-hoc networks. Proceedings of IEEE 85th Vehicular Technology Conference, Sydney, 2017.

[13] Jalali A, Padovani R, Pankaj R. Data throughput of CDMA-HDR a high efficiency-high data rate personal communication wireless system. Proceedings of VTC 2000-Spring, Tokyo, 2000.

[14] Zhang R, Cheng X, Yao Q, et al. Interference graph-based resource-sharing schemes for vehicular networks. IEEE Transactions on Vehicular Technology, 2013, 62(8): 4028-4039.

[15] Sharef B T, Alsaqour R A, Ismail M. Vehicular communication ad hoc routing protocols: A survey. Journal of Network and Computer Applications, 2014, 40: 363-396.

[16] Nandan A, Das S, Pau G, et al. Co-operative downloading in vehicular ad-hoc wireless networks. Proceedings of IEEE, St. Moritz, 2005: 32-41.

[17] Nandan A, Tewari S, Das S, et al. Delivering location cognizant advertisements to car networks. Proceedings of IEEE, Les Ménuires, 2006: 203-212.

[18] Yeh J G, Lee P U, Park J S, et al. Code torrent: Content distribution using network coding in VANET. Proceedings of IEEE, Los Angeles, 2006:1-5.

[19] Li M, Yang Z, Lou W. CodeOn: Cooperative popular content distribution for vehicular networks using symbol level network coding. IEEE Journal on Selected Areas in Communications, 2011, 29(1): 223-235.

[20] Yu T X, Yi C W, Tsao S L. Rank-based network coding for content distribution in vehicular networks. IEEE Wireless Communication Letters, 2012, 1(4): 368-371.

[21] Sardari M, Hendessi F, Fekri F. DMRC: Dissemination of multimedia in vehicular networks using rateless codes. Proceedings of IEEE INFOCOM Workshops, Riode Janeiro, 2009: 1-6.

[22] Stefanovic C, Vukobratovic D, Chiti F, et al. Urban infrastructure-to-vehicle traffic data dissemination using UEP rateless codes. IEEE Journal on Selected Areas in Communications, 2011, 29(1): 94-102.

[23] Sejdinovic D, Vukobratovic D, Doufexi A, et al. Expanding window fountain codes for unequal error protection. IEEE Transactions on Communications, 2009, 57(9): 2510-2516.

[24] Palma V, Mammi E, Vegni A M, et al. A fountain codes-based data dissemination technique in vehicular ad-hoc networks. Proceedings of ITST, St. Petersburg, 2011: 750-755.

[25] Zhang J, Zhang Q, Jia W. VC-MAC: A cooperative MAC protocol in vehicular networks. IEEE Transactions on Vehicular Technology, 2009, 58(3): 1561-1571.

[26] Cenerario N, Delot T, Ilarri S. A content-based dissemination protocol for VANETs: Exploiting

the encounter probability. IEEE Transactions on Intelligent Transportation Systems, 2011, 12(3):
771-782.

[27] Ros F J, Ruiz P M, Stojmenovic I. Acknowledgment-based broadcast protocol for reliable and
efficient data dissemination in vehicular ad hoc networks. IEEE Transactions on Mobile
Computing, 2012, 11(1): 33-46.

[28] Shen X, Cheng X, Yang L, et al. Data dissemination in VANETs: A scheduling approach. IEEE
Transactions on Intelligent Transportation Systems, 2014, 15(5): 2213-2223.

[29] Lai H Q, Liu K J R. Space-time network coding. IEEE Transactions on Signal Processing, 2011,
59(4): 1706-1718.

[30] Zeng F, Zhang R, Cheng X, et al. Channel prediction based scheduling for data dissemination in
VANETs. IEEE Communications Letters, 2017, 21(6): 1409-1412.

第 5 章　车联网应用

虽然加强设计的5G车联网通信物理层技术与MAC层方案可以有效地提升车联网链路级和网络级数据传输的效率，来满足日益增长的车辆应用中的通信需求，但未来无线通信与智能汽车将会以不断发展的车辆核心功能为基础进一步融合，围绕车辆的高度智能化、网联化形成新一代车联网的应用。在本章中，我们将从无线通信与车辆核心功能的融合角度出发，讨论一些基于 5G 车联网的重要应用问题，包括无人机辅助数据分发、车辆协同定位、无人车协作感知、分布式存储应用、物理层安全问题等。

5.1　车联网应用场景和问题

随着车辆发展越来越智能化和网联化，车辆功能的优化也越来越依赖于有效和高效的通信。例如，当传统的自动驾驶辅助系统(advanced driver assistance system，ADAS)朝着自动驾驶方向发展时，车辆与车辆之间以及车辆和控制中心之间将会出现海量的数据交换，从而实现驾驶环境的准确感知、车辆间的相互协调以及优化的交通规划。

伴随车联网智能化和网联化进程的不断推进，车联网的网络安全已成为关系到车联网快速稳定发展的重要因素。车联网具有高速移动性、网络拓扑结构变化快等特点，使得信息安全的维护和对网络攻击的防范具有很多不确定性。随着自动驾驶汽车、智能网联汽车的发展，车联网将面临巨大信息量和数据传输需求，其中的信息安全问题也为车联网的应用和发展带来了巨大的挑战。如何针对车联网安全性需求和应用，融合无线通信的传输特性设计合理的信息安全方案对实现车联网网络安全具有重要意义。

换句话说，5G 车联网通信系统设计必须针对核心车辆功能进行定制，而车辆功能的设计也必须考虑无线通信的限制。图 5-1 列举了一些 5G 车联网中的重要应用。

图 5-1　5G 车联网应用举例

5.2 车联网中的无人机辅助的数据分发

车联网通信是未来 5G 通信的重要应用场景之一，支持车-路(V2I)和车-车(V2V)两种通信模式，包含了安全类和非安全类的多种应用服务，具有不同的时延和数据率要求。车联网中的协同数据分发系统可以解决车-路、车-车链路生成时间过短的问题。而在车联网数据分发中，数据传输则是一个很有发展前景的应用方向，这也就能克服具体车-车和车-路链路中连接时间的限制，并且能有效地接收路边设施发送的文件信息。但尽管如此，链路吞吐量在理论上仍然达不到令人满意的需求，于是，车联网无人机辅助通信技术应运而生。无人机技术在近期被视为无线网络中一种有效的辅助通信技术，能提供直射径链路来实现更好的信道质量，而且无人机的高灵活性和移动性也能提高通信系统的各项指标。

5.2.1 无人机介绍

文献[1]中详细介绍了无人机通信的相关知识。文献[1]指出，包含无人机的无线通信系统能够为没有基础设施覆盖的设备提供经济有效的无线连接。和传统的陆地通信相比较，在通常情况下，无人机能更快地进行部署，更灵活地进行重建。

无人机的高移动性和低成本，在过去的几年里，都得到了广泛的应用。从历史上看，无人机最初被应用在军事领域上，主要是部署在敌对的领域来减少飞行员的伤亡。由于花费的持续降低和设备的迷你化，小型无人机(通常情况下重量不超过25kg)现在能够为大众所熟悉；因此，无人机在文化和商业领域开始有了越来越多的应用，例如，天气预报与监测、森林火灾探测、交通控制、货物运输、应急搜救与援助、通信中继等。无人机被广泛地分为两个类别：固定翼和旋转翼，每一种都有各自的优势和劣势。例如，固定翼无人机通常情况下拥有更高的速度和更重的载荷，但是它们必须时刻移动以维持高空飞行状态，因此它们就不太适合类似近距离检查这样的稳态应用。作为对比，例如，四轴飞行器的旋转翼无人机，尽管移动性和载荷都有一定的限制，但是能够向任何方向进行移动，同时还能够在空中保持固定状态。因此，对于无人机的选择取决于应用方面。

在由无人机确保的广大应用之中，实现高速无线通信被期望将在未来的通信系统中扮演非常重要的角色。事实上，无人机辅助的无线通信能在基础设施覆盖不足的地方，例如，城市里深衰落区域、山区以及被自然灾害破坏了基础设施的场所，无人机可以为设备提供更好的无线接入服务，这不失为一种很有前景的解决方式。值得注意的是，除了无人机，无线连接还有一种备选的解决方案，就是通过高海拔平台(high altitude platform，HAP)进行数据传输，例如，热气球，高海拔平台通常会工作在离地面几万米高的平流层。和以无人机辅助的低海拔平台(low altitude platform，LAP)相比，以高海拔平台为基础的通信具有以下几个优点，例如，更宽广的覆盖范围和更长的服务时间等。因此，高海拔平台更被倾向用于为很大的地理区域提供可靠无线覆盖的范畴。但另外，和以高海拔平台为基础的通信以及陆地通信、卫星通信相比，低海拔无人机通信(高度一般不会超过几公里)也有很多吸引人的优势。

首先，无人机系统更节约成本，也能更为快速地进行部署，这就使得无人机非常适合处理意想不到或者限期任务的情况。同时，在低海拔无人机平台的帮助下，短距离直射径通信链路能够在大多数场景下建立起来，这就很可能在源和终端的直接通信上实现巨大的性能提升，或者在高海拔平台上实现长距离直射径链路。此外，通过动态调整无人机状态可以最佳地适应通信环境，也就是说，无人机的可操作性为性能增强提供了新的机会。此外，自适应通信可以与无人机移动性控制联合设计，以进一步改善通信性能。例如，当无人机与地面终端经历良好的信道时，除了以更高的速率进行传输，还可以降低其速度以维持良好的无线连接以将更多数据传输到地面终端。这些明显的好处使得无人机辅助无线通信成为未来无线系统的一个有前途的组成部分，它需要支持更多样化的应用，并且能够在当前系统上实现数量级的容量改进。图 5-2 表示了无人机辅助无线通信的三种典型场景。

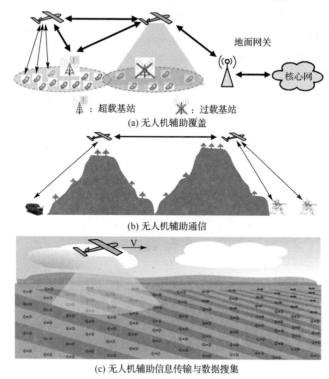

图 5-2　无人机辅助无线通信的三种典型场景

第一种是无人机辅助覆盖,即部署无人机以协助现有的通信基础设施(如果有的话)在服务区域内提供无缝的无线覆盖。两个示例场景是在由自然灾害导致的部分或完全基础设施损坏之后的快速服务恢复,以及在极度拥挤的区域(例如,体育赛事期间的体育场)中减轻基站压力。值得注意的是,后一种情况已被确定为第五代无线系统需要有效解决的五个关键方案之一。

第二种是无人机辅助通信,即在没有可靠直接通信链路的情况下,在两个或更多远程用户或用户组之间部署无人机以提供无线连接。例如,这能够应用于前线和指挥中心之间进行的紧急响应。

第三种是无人机辅助信息传输与数据搜集,即无人机被用于向(从)大量分布式无线设备传输(搜集)延迟容忍信息。典型的例子就是无线传感器在精准农业当中的应用。

尽管有很多有前景的应用优势,但是无人机无线通信也同时面临着不少全新的设计挑战。首先,除了地面系统中的正常通信链路,在无人机系统中需要额外的控制和非有效载荷通信链路,以及更严格的延迟和安全要求,以支持安全关键功能和避免碰撞与坠毁,例如,实时控制等。这需要专门为无人机通信系统设计更有效的资源管理和安全机制。此外,无人机系统的高移动性环境通常会产生高度动态的网络拓扑,通常会导致稀疏和间歇性的连接。因此,需要设计有效的多无人机协作或无人机群体操作方案,以确保实现可靠的网络连接。同时,需要设计新的通信协议,并要考虑到稀疏和间歇性网络连接存在的可能性。另一个主要挑战源于无人机的尺寸、重量和功率的限制,这可能会限制它们的通信、计算以及续航能力。为解决这些问题,需要设计出能量感知无人机部署和调度方案来作为智能能量的使用以及补充。由于无人机的移动性以及缺乏固定的后向链路和集中控制,具有无人机的空中基站的相邻小区之间的干扰协调比地面蜂窝系统更具挑战性。因此,需要专门为无人机辅助蜂窝覆盖而设计有效的干扰管理技术。

5.2.2　无人机在车联网中的应用

通过车辆到车辆(V2V)和车辆到基础设施(V2I)通信,车辆自组织网络可以通过实现各种道路安全和交通有效应用,来显著地提高驾驶员和乘客的体验质量,例如,安全警告和智能导航。其中,车辆安全与商业服务相关的协作数据传播是很有前景的一个应用,即感兴趣的地理区域内的车辆尝试从 RSU 获得一些公共信息/数据文件,例如,本地天气、拥塞状态和本地商业广告。VANET 中数据传播的主要目标是尽可能地减少传播延迟。传播延迟是指从数据传播开始到 AoI 中所有车辆成功解码整个所需数据包的时间。系统吞吐量也是数据传播的优化目标,目的是提高系统的资源利用效率。

通常情况下,协作数据传播的框架可以分为分布式协议和集中式协议。分布式协议通常建立在一些随机信道接入技术上，没有中央节点(即控制服务器)来收集其感兴趣区域内的车辆的全局信道状态信息(channel state information，CSI)，这就可能遇到如传输请求的随机交互或车辆之间解码状态交换，以及不可避免的碰撞问题。此外，由于对整个网络的了解有限，节点根据一些建立的规则发送数据(例如，利用 CodeOn，具有最大分组知识的节点具有发送数据的最高优先级)。因此，分布式协议只能实现局部最优，这也就限制了它们的网络性能。相反，集中式数据传播协议使用控制服务器(control server，CS)来合成 RSU 和车辆报告的信息，然后调度数据进行传输[2]，和分布式数据传输相比，这种方案可以提高系统吞吐量，同时也可以降低冲突概率。然而，在 CS 中获取的 CSI 在传统的集中式协议中总是不完美的，因为小尺度衰落的相干时间远小于 CSI 集合的延迟。基于 VANET 中车辆的运动模式，文献[3]在 VANET 中应用了大尺度衰落预测，这提高了 CSI 的准确性，从而提高了延迟和吞吐量性能。

最近，无人驾驶飞行器(unmanned aerial vehicle，UAV)已广泛地应用于无线通信网络中，以扩大有效通信覆盖范围并改善网络性能。在 VANET 中，V2I 与 V2V 链路总是遭受障碍物的严重阴影和路径损耗影响，这降低了信道质量并因此减缓了数据传输进程。由于无人机和地面用户之间的视距空对地(A2G)通信链路的可能性很高，无人机具有提高 VANET 数据传播效率的潜力，就好像飞行的中继站或者小型基站。

因此，为了充分地利用无人机在合作数据传播中的潜在优势，本章将采用无人机作为 VANET 中具有数据缓存能力的飞行中继站，提出了一种改进的无人机辅助数据传播协议，来有效地降低数据传输延迟，提高系统吞吐量。仿真结果表明，与非无人机数据传播协议相比，无人机辅助数据传播方案能够显著地提高网络性能，衡量指标包括下载过程的延迟和系统吞吐量。

5.2.3　基于无人机辅助的数据传输模型

1. 系统描述

如图 5-3 所示，本章考虑在车联网中的一种无人机辅助写作数据传输场景。场景中存在 K 辆车，M 个路边设施 RSU 以及 U 架无人机 UAV，分别用集合 $U = \{C_1, C_2, \cdots, C_K\}$，$RSU = \{RSU_1, RSU_2, \cdots, RSU_M\}$ 和 $UAV = \{UAV_1, UAV_2, \cdots, UAV_U\}$ 表示。RSU 是数据文件的来源，AoI 内部的车辆从 RSU 接收想要的数据文件，所以它们被看成接收终端。而 UAV 在场景中存储 RSU 的需求数据文件，然后飞到车辆上方的某些地点向车辆传输数据包。本章所研究的网络包含以下三种典型的通信方式：①V2V 通信，基于相邻车辆间的共享信息；②V2I 通信，RSU 在 AoI 内向车辆传输数据包；③A2G 通信，无人机与地面车辆共享它存储的数据。每辆汽车/每架无人机都配备上了全球定位系统设备，这就能够提供实时位置信息和时间同步信号。此外，所有的 RSU 都通过高速有限光纤与 CS 进行连接。

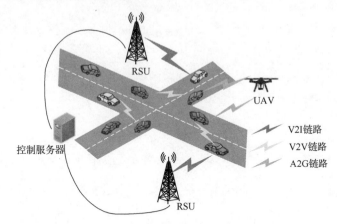

图 5-3　车联网无人机辅助通信数据传输场景

2. 数据传输问题

在本节所研究的系统中，协作数据传输的目的就是向所有包含在内的车辆传输 N 个受请求的数据包。在相对富余的容量情况下，本节假设 RSU 拥有完整的数据包，并且在数据传输的过程之中每个数据包的解码状态都是有效的。而对于每个被请求的数据包，车辆的初始解码状态是无效的。通过 RSU、UAV 以及其他车辆间相互地通信，车辆就能够逐渐获得所想要的数据包，并且将与每个数据包相关联的解码状态从无效更改为有效。如果车辆的所有数据包的解码状态变为有效，则可以认为其下载过程已完成。

这里还定义了一个新概念，称为传输效用，计算为当研究节点 x 传输数据包 n 时所有车辆的数据包解码状态增益(即当从无效到有效的特定数据包时为 1)之和，这就能表明数据传输的有效性和效率，传输效用与 V2V、V2I 和 A2G 链路的 SNR 都有关联。作为中央调度器，CS 有效地将每个可用传输帧分配给具有最大传输效用的不同节点(即车辆、RSU 和 UAV)，以减少数据文件下载过程的延迟从而提高系统吞吐量。

3. A2G 信道模型

通常，A2G 信道包括两个分量：LoS 和非视距(non-light of sight，NLoS)链路[4]，其中 NLoS 链路由于障碍物的反射和阴影效应而具有更高的路径损耗。因此，与 LoS 链路相比，NLoS 链路具有额外的路径损耗因子。对于地对空通信，每个地面用户通常具有针对给定概率的特定 UAV 的 LoS 视图。该 LoS 概率取决于环境、地面用户和 UAV 的位置，以及地面用户和 UAV 之间的仰角。根据参考文献[4]，LoS 和 NLoS 链路的路径损耗模型可以表示为

$$L_i(x,y) = \begin{cases} |d_i(x,y)|^{\alpha}, & \text{LoS链路} \\ \varepsilon |d_i(x,y)|^{\alpha}, & \text{NLoS链路} \end{cases} \tag{5-1}$$

式中，$L_i(x,y)$ 是第 i 架位于坐标点 (x_i,y_i,z_i) 的无人机 UAV_i 与位于地面的地面用户 (x,y) 之间的路径损耗；$|d_i(x,y)|$ 是地面用户和 UAV_i 之间的距离；α 是路径损耗指数；ε 是 NLoS 链路的额外路径损耗因子。LoS 链路的概率依赖于环境、无人机和地面用户的位置，以及它们之间的仰角。根据参考文献[5]，它们之间的相互关系可以表示为

$$P_{\text{LoS}} = \frac{1}{1 + E \exp(-D[\theta - E])} \tag{5-2}$$

式中，D 和 E 是环境自带的参数，即不同环境会有所不同，θ 是无人机和地面用户之间的仰角。显然，$\theta = \dfrac{180}{\pi}\arcsin\left(\dfrac{h_i}{d_i(x,y)}\right)$，$d_i(x,y) = \sqrt{(x-x_i)^2 + (y-y_i)^2 + h_i^2}$，而 NLoS 的概率等于 $P_{\text{NLoS}} = 1 - P_{\text{LoS}}$。根据式（5-2）可知，LoS 概率与仰角成正比。

因此，UAV_i 与位于 (x,y) 的车辆之间的平均路径损耗可以表示为

$$\overline{L}_i(x,y) = P_{\text{LoS}}|d_i(x,y)|^{\alpha} + \varepsilon P_{\text{NLoS}}|d_i(x,y)|^{\alpha} \tag{5-3}$$

5.2.4　基于无人机辅助的数据传输协议

本章通过部署无人机作为有效存储数据文件的中继，提出一种全新的无人机辅助数据传输协议。

1. 协作数据传输周期

如图 5-4 所示，本章所涉及的数据传输循环包含三个阶段：信息搜集阶段、调度阶段和数据传输阶段。在数据传输阶段，将每个数据传输循环里可用的数据传输帧数量设置为 R，每个传输帧的持续时间设置为 τ。

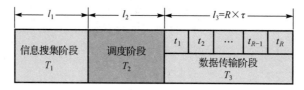

图 5-4　数据传输循环的三个阶段

信息搜集阶段 T_1：每个车辆利用 GPS 获得其状态信息，包括速度、移动方向和当前位置，将状态信息与其当前解码状态合成，并通过控制信道将信息上传到相邻 RSU。然后，RSU 将收集的信息转发给 CS。

调度阶段 T_2：调度阶段包括用于 UAV 的轨迹调度和用于网络中所有节点的数据传输的传输调度。传输调度由 CS 进行，而轨迹调度由 UTSS（UAV-based trajectory scheduling strategy)以分布式方式实现，而 CS 就用 CTSS(CS-based trajectory scheduling strategy)以集中方式实现，二者均能优化无人机的飞行路线。

数据传输阶段 T_3：无人机基于在 T_2 中确定的轨迹调度决策而移动。同时，包括 RSU、UAV 和车辆的所有节点通过 V2I、V2V 或 A2G 链路在所分配的传输帧中传输数据。

2. 协议设计

无人机辅助通信数据传输流程如图 5-5 所示。

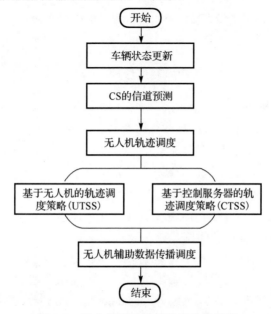

图 5-5　无人机辅助通信数据传输流程

车辆状态更新：在接收到车辆和 UAV 的状态信息之后，CS 合成这些信息，同时 CS 更新解码状态和每个车辆的位置信息。

CS 的信道预测：在 VANET 中，车辆通信拓扑图的快速变化和传输/处理延迟使得收集的信道信息在 CS 处并不太完美。因此，本章在 CS 处采用大规模信道预测。通过有效的信道预测，CS 可以获得具有较低通信开销节点的相对准确的状态信息，这可以提高数据传播调度的效率。

无人机轨迹调度：为了提高无人机数据传输的效率，无人机的飞行轨迹通过两种轨迹调度策略，即 UTSS 和 CTSS 进行优化。值得注意的是，对于 UTSS，轨迹调度由 UAV 以分布式方式完成，但是调度决策将被发送回 CS 以进行进一步的数据传播调度。

无人机辅助数据传输调度：利用 UAV 的轨迹和车辆的预测状态信息，CS 采用所提出的 UDDSS，将 T_3 内的可用传输帧分配给不同的节点集。

3. 信道预测

根据参考文献[6]，VANET 中快衰落信道的相干时间通常小于 1ms，并且从车辆到 CS 的小规模衰落的总延迟是几毫秒，这使得小规模衰落信道信息不适合进行信道预测。因此，本章提出的无人机辅助数据传播协议中，仅根据当前和之前报告的节点状态信息来采用大规模信道预测。

预测算法通常基于三种广泛应用的模型，即自回归（auto-regression，AR）模型、正弦曲线、SOS（sum of sine）模型以及带限过程模型，其中 AR 模型在 VANET 复杂度和准确性上面都实现了良好的性能[6]。在 t_n 时刻，$c(n)$ 是过时的信息样本（例如，车辆的位置 x_n 或者 y_n），w_n 是滤波器系数向量，那么根据以 AR 模型为基础的算法，就能够产生预测的信息样本 $\hat{c}(n)$，即

$$\hat{c}(n) = \sum_{j=1}^{P} w_n(j)c(n-j) \tag{5-4}$$

式中，P 是 AR 模型的阶数；$c(n-1),\cdots,c(n-P)$ 是在之前数据传输循环中车辆报告的 P 个样本；$w_n(1),\cdots,w_n(P)$ 是在时刻 t_n 滤波器系数向量 w_n 的 P 个指数。

广泛应用的基于 AR 模型的算法是最小均方（least mean square，LMS）算法，能为每个传输帧更新滤波器矩阵 w_n。通过计算代价函数 J 并求它的偏导数，问题就可以转化为

$$w_n = R_c^{-1}(n)r_{\hat{c}c}(n) \tag{5-5}$$

式中，$R_c(n)$ 是 $c(n)$ 的加权样本协方差矩阵。$r_{\hat{c}c}(n)$ 是预测样本 $\hat{c}(n)$ 与原始样本 $c(n)$ 之间的交叉协方差的等价估计矩阵。

LMS 算法中逆矩阵 $R_c^{-1}(n)$ 的计算拥有 $O(N^3)$ 的计算复杂度。当预测序列 P 被设定为一个很大的值，目的是实现精确预测时，计算复杂度也会同时快速上升。于是本章利用在 CS 端的高级 RLS（recursive least square）算法来预测大规模信道信息[7]，这能将计算复杂度降低到 $O(N^2)$ 并且也更加适用于 CS 端的实时处理。

算法 5-1 清楚地说明了引入的 RLS 算法的步骤，其中 $c(n)$ 是原始数据向量，$\hat{c}(n)$ 是预测数据向量，$y(n)$ 是期望的输出向量，$w(n)$ 是滤波器系数向量，λ 是遗忘因子，$P(n) = R_c^{-1}(n)$ 是 t_n 时刻加权样本协方差矩阵的逆。

算法 5-1　RLS 算法

Initialize the coefficient vector to $w(0)=0$ and the weighted sample covariance matrix to $P(0)=\delta^{-1}I$, where I is $p+1$ rank identity matrix

While executed

1. **Filter the sample:** $\hat{c}(n)=c^{\mathrm{T}}(n)w(n-1)$
2. **Get the error of prediction:** $\alpha(n)=y(n)-\hat{c}(n)$
3. **Update the gain vector:** $g(n)=P(n-1)c(n)\{\lambda+c^{\mathrm{T}}(n)P(n-1)c(n)\}^{-1}$
4. **Update matrix $P(n)$:** $P(n)=\lambda^{-1}P(n-1)-g(n)c^{\mathrm{T}}(n)\lambda^{-1}P(n-1)$
5. **Update the coefficient vector:** $w(n)=w(n-1)+\alpha(n)g(n)$

End

4. 无人机辅助数据传输调度策略

为了实现协同数据传输的包含节点的高效协调，本章在 VANET 中提出了一种新的集中式无人机辅助数据传输调度策略(UAV-aided data dissemination scheduling strategy，UDDSS)。在提出的 UDDSS 中，CS 选择节点作为数据传输中继，然后为它们分配传输帧，即 CS 在 T_3 时间内 $\{t_1,t_2,\cdots,t_R\}$ 集合相应 R 传输帧所对应的中继集合为 $\{\Omega_1,\Omega_2,\cdots,\Omega_R\}$。

以车辆更新的状态信息和无人机的调度轨迹为基础，CS 首先计算不同候选节点(车辆或者无人机)的传输效用值，然后在每个帧之中应用贪婪算法调度无人机、车辆和 RSU 进行数据传输，再把每个传输帧分配给具有最大效用值的节点上，最后，CS 上传 AoI 内每辆车的数据解码状态。

本章用 R_x 表示候选中继节点，R_x 可以是 RSU、车辆或者 UAV。$\beta_x^{r-1,n}$ 表示在 t_{r-1} 时刻在 R_x 处数据包 n 的解码状态，如果 n 被 R_x 正确解码，那么 $\beta_x^{r-1,n}$ 的取值就为 1，否则取值就为 0。R_y 表示潜在的接收端。对于传输帧 t_r，CS 将会采取如下步骤来进行中心调度。

(1)大尺度衰落预测：依赖于车辆间的预测信息，CS 能够预测 R_x 和 R_y 间的距离 $\hat{d}_{xy}^r$。因此，大尺度衰落 $\hat{L}_{xy}^r$ 就能通过信道模型函数 f 进行建模，即

$$\hat{L}_{xy}^r = f(\hat{d}_{xy}^r) \tag{5-6}$$

式中，f 依赖于链路类型，例如，V2V、V2I 或者 A2G。

(2)链路 SNR 计算：在计算每次中继的传输效用值之前，R_x 和 R_y 间的链路信噪比可以根据如下公式进行计算，即

$$\gamma_{xy}^r = \frac{P_x \hat{L}_{xy}^r}{W S_n} \tag{5-7}$$

式中，P_x 是 R_x 的发射功率；W 是传输带宽；S_n 是高斯噪声功率谱密度。

(3)传输效用值计算：从 x 到 y 的有效数据包解码指标为

$$I_{xy}^r = \begin{cases} 1, & \lambda_{xy}^r \geq \lambda_{th} \\ 0, & \text{其他} \end{cases} \tag{5-8}$$

式中，λ_{th} 是解码的门限值。

从 R_x 传输数据包 n 到 R_y 的解码状态增益可以表示为

$$\lambda_{xy}^{rn} = I_{xy} \beta_x^{r-1,n}(1 - \beta_x^{r-1,n}) \tag{5-9}$$

式中，在数据传输之前，n 的解码状态在 x 处是有效的，在 y 处是无效的。

因此，针对中继数据包 n，R_x 的传输效用值可以表示为

$$\varPhi_x^{rn} = \sum_{y=1,\ R_y \in \mathcal{N}_x^r}^{Y} \lambda_{xy}^{rn} \tag{5-10}$$

式中，$\mathcal{N}_x^r$ 是帧 t_r 中 R_x 的邻近节点集合。

(4) 中继排序：在 t_r 帧，CS 将会输出中继集合 $\varOmega_r = \{(x_1,n_1),(x_2,n_2),\cdots,(x_{Lr},n_{Lr})\}$ 用于调度节点 $\{x_1,x_2,\cdots,x_{Lr}\}$ 来对应传输数据包 $\{n_1,n_2,\cdots,n_{Lr}\}$，于是问题就可以转化为

$$\varOmega_r = \arg\max_{\varOmega_r} \sum_{\forall(x,n)\subseteq\varOmega_r} \varPhi_x^{rn} \tag{5-11}$$

当网络越稠密时，式(5-11)的计算复杂度也会快速增加。因此，本章提出了一种中继排序算法，如算法 5-2 所示，关键点就在于通过迭代选择出拥有最大效用值的节点和数据包的结合 (x,n)，这就能确保 R_x 传输数据包 n。同时考虑不能够传输和接收的节点，CS 就会把 R_x 周围所有节点移除。为了避免传输冲突，CS 也会移除掉和 R_x 拥有相同相邻节点的节点。

算法 5-2　中继排序算法

Initialize the candidate set $\mathcal{R} = \{(x,n)\,|\,x \in X, n \in N\}$, and the relay set $\varOmega_r = \emptyset$
While executed
1. Delete (x,n) from $\mathcal{R}$ which has the largest $\varPhi_x^{rn}$, and add (x,n) to the relay set $\varOmega_r$
2. Delete all of (z,n) form $\mathcal{R}$ in which $z \in \mathcal{N}_x^r$
3. Delete all of (z,n) from $\mathcal{R}$ in which $\mathcal{N}_x^r \bigcap \mathcal{N}_z^r \neq \emptyset$
Until $\mathcal{R} = \emptyset$

(5) 解码状态更新：若 $R_y \in \mathcal{N}_x^r$ 并且 $(x,n) \in \varOmega_r$，那么 $\beta_y^{rn} = \lambda_{xy}^{rn}$，此时 CS 在调度传输完数据后就上传车辆的解码状态。这就表明如果 R_y 在中继节点 R_x 的覆盖范围内，它的解码状态也必须进行上传。

复杂度与通信开销分析：提出的 UDDSS 调度策略计算复杂度包括三个主要方面。

① 信道预测：假定 RLS 算法的阶数为 P，因为 CS 需要计算每辆车的大尺度衰落，所以对于 T_3 内一个传输帧而言，提出的 RLS 算法复杂度为 $O(K^2P^2)$。

② 效用值计算：为计算传输 N 个数据包的 K 辆车的传输效用值，一个传输帧内的计算复杂度为 $O(NK^2)$，于是在研究的 VANET 场景下，UAV 和 RSU 的数量比车辆少太多了。

③ 中继选择：对于某个具体的传输帧，本章所提出的中继排序算法的计算复杂度为 $O(NK)$。

因此，CS 端一个传输帧总的计算复杂度为 $O(K^2(N+P^2))$。对于一个数据传输循环中的 R 传输帧而言，计算复杂度为 $O(RK^2(N+P^2))$，这和车辆的数量 K 多项式相关。因此，当密集网络中存在更多车辆时，计算复杂度将会稳定增长。此外，在

实际情况下，本章提出的算法复杂度是可以接受的，因为与其他研究中的一些现有数据传播策略相比，它具有相同的数量级，它的计算复杂度为 $O(SK^2L^3)$）。

本章所提出的 UDDSS 通过实时状态信息的反馈，大大降低了大多数现有数据传播策略的通信开销。这是因为车辆和 UAV 仅在数据传播周期中上传一次基本信息，并且 CS 为所有传输帧分配中继集，并且仅在一个周期中传输一次结果，这显然可以降低信令成本。

5.2.5　基于无人机辅助的轨迹调度策略

本节会提出两种新颖的 UAV 轨迹调度策略，即 UTSS 和 CTSS。在 UTSS 中，每架 UAV 周期性地搜集在它覆盖范围内的车辆的状态信息，并且应用一种全新的最大车辆覆盖(maximum vehicle coverage，MVC)算法来决定在当前数据传输循环中的分布式飞行轨迹。UAV 的轨迹判决将会被传送回 CS 进行数据传输调度。而在 CTSS 中，UAV 轨迹调度是由 CS 所执行的，所依赖的就是 UAV 和车辆所有搜集到的状态信息。

1. 基于无人机的轨迹调度策略

在提议的 UTSS 中，系统为每个无人机提供最大车辆覆盖算法，以根据其当前位置和其 AoI 中的车辆拓扑来调度其路线。然后将轨迹结果发送到 CS 以进行数据传输调度。考虑到无人机能源供应有限，在 UTSS 中，所提出的用于无人机轨迹调度的 MVC 算法可以在网络性能和计算复杂性之间实现良好的折中。

MVC 算法：应用于 UAV 的 MVC 算法能够覆盖更多的车辆，因此能够发挥数据包共享的有效性。假定在时刻 T，无人机 u 通过 GPS 获取自己的状态信息，例如，二维直角坐标 (x_u,y_u)、方位角 α_u 以及速度 v_u。轨迹调度问题等价于在 $\bar{T}=T+\Delta t$ 时刻最大化它的传输效用值。把第 u 架无人机调度后的位置、方位角和速度分别表示为 $(\bar{x}_u,\bar{y}_u)$、$\bar{\alpha}_u$ 和 $\bar{v}_u$。因为 UAV 拥有最大的移动速度 v_{max} 和角速度 α_{max}，所以 u 的新状态应该满足以下条件：

$$\begin{cases}(\bar{x}_u-x_u)^2+(\bar{y}_u-y_u)^2\leqslant(v_{max}\Delta t)^2\\|\bar{\alpha}_u-\alpha_u|\leqslant\alpha_{max}\Delta t\end{cases}\tag{5-12}$$

以车辆的预测位置为基础，UAV u 计算 AoI 内车辆数量 N_u，于是问题也就转变为

$$(\bar{x}_u,\bar{y}_u)=\arg\max_{\bar{x}_u,\bar{y}_u}N_u\tag{5-13}$$

上述问题属于 NP-hard 问题，对于能量受限的无人机部署来说不符合实际的状况，于是本节将采用一种以离散采样的次优化解决办法。假定 UAV u 在 T 与 $\bar{T}$ 时刻的极坐标分别是 $(0,0)$ 和 (r,α)，考虑 UAV 的最大速度和角速度，可以得到

$$\begin{cases} r \leqslant v_{\max} \Delta t \\ |\alpha| \leqslant \alpha_{\max} \Delta t \end{cases} \tag{5-14}$$

然后将距离 $v_{\max}\Delta t$ 均匀离散为 $M_1 + 1$ 个取值，将角度 $\alpha_{\max}\Delta t$ 均匀离散为 $2M_2 + 1$ 个取值，于是 $\overline{T}$ 时刻无人机的潜在位置极坐标为 $(\overline{r}, \overline{\alpha})$，即

$$\begin{cases} \overline{r} \in \left\{ 0, \dfrac{v_{\max}\Delta t}{M_1}, \dfrac{2v_{\max}\Delta t}{M_1}, \cdots, v_{\max}\Delta t \right\} \\ \overline{\alpha} \in \left\{ -\alpha_{\max}\Delta t, \cdots, \dfrac{-\alpha_{\max}\Delta t}{M_2}, 0, \dfrac{\alpha_{\max}\Delta t}{M_2}, \cdots, \alpha_{\max}\Delta t \right\} \end{cases} \tag{5-15}$$

每个候选位置均满足上述条件，UAV u 计算 $\overline{T}$ 时刻 AoI 内的车辆，并选择覆盖大多数车辆的坐标作为目标位置，然后将其转换为笛卡儿坐标和方位角，并发送回 CS 进行通信调度。

复杂度分析：在每个数据传输周期内，UAV u 需要在 T_3 内 R 个传输帧中决定飞行的轨迹，在 MVC 算法中，为确定轨迹，UAV 需要计算在 AoI 内它与所有车辆的距离。考虑在离散采样方式中，传输帧内每个位置的计算复杂度为 $O(KM_1M_2)$，其中 M_1 和 M_2 表示离散采样的参数，K 表示车辆的数量。因此，UAV 的计算复杂度就可以表示为 $O(KRM_1M_2)$，这对于有功率限制的实时信号处理系统而言是可以接受的。

2. 基于 CS 的轨迹调度策略

与 UTSS 相比，在提出的 CTSS 中，无人机轨迹规划由 CS 以集中方式实现。CS 处的电源总是充足的，因此用于 UAV 轨迹的应用算法可能更复杂，这可以在延迟和吞吐量方面产生更好的系统性能。CS 采用丰富的电源，采用 DP(dynamic programming)算法进行次优轨迹调度，有利于进一步提高系统性能。

DP 算法：动态编程(也称为动态优化)是一种解决复杂问题的方法，通过将问题分解为更简单的子问题集合，只解决一次这些子问题，并存储其解决方案。下次出现相同的子问题时，系统不是重新计算其解决方案，而是简单地查找先前计算的解决方案，从而节省计算时间，不过代价就是存储空间中的适度支出。

因为 UAV 只能在控制系统的安排下离散地调整它们的移动状态(例如，速度和方向)，所以 CS 需要为 UAV 飞行轨迹分配一些离散位置，使得 UAV 在 T_3 内能有序地访问潜在的位置。假定 CS 为无人机提供了 Q 个位置，把 T_3 分解为 Q 个移动部分，每个部分持续 l_3/Q，包含 R/Q 传输帧。轨迹调度算法提出了一种拥有 Q 个位置的优化轨迹路线，它具有每个移动部分的最大传输效用值，以通过 A2G 链路中继数据包。

考虑到 UAV 的候选位置是 2D 笛卡儿坐标系的连续，上述问题也属于 NP-hard

问题。因此，本节提出了一种基于离散位置采样的次优实现。因为 UAV 具有最大移动速度 $v_{\max}$ 和角速度 $\alpha_{\max}$，所以在 T_3 内 UAV 拥有最大移动距离 $l_3 v_{\max}$。然后再把 $-l_3 v_{\max}$ 到 $l_3 v_{\max}$ 均匀离散化为 $2T+1$ 个值，因此候选的坐标值就来自集合 $\left\{ -l_3 v_{\max}, \cdots, \dfrac{-l_3 v_{\max}}{T}, 0, \dfrac{l_3 v_{\max}}{T}, \cdots, l_3 v_{\max} \right\}$，所有的这些候选节点就组成了集合 C。而算法的最大空间复杂度为 $O(T^2)$，这对 VANET 中的 CS 是可以接受的。因此，问题就被转化为从提供的离散点之中选择 Q 个点作为 UAV 开始的移动区域部分。两个相邻移动区域 q_j 和 q_{j+1} 间的地点和方位角需要满足下列限制条件，即

$$\begin{cases} (x_{j+1} - x_j)^2 + (y_{j+1} - y_j)^2 \leqslant (v_{\max} l_3 / Q)^2 \\ \left| \alpha_{j+1} - \alpha_j \right| \leqslant \alpha_{\max} l_3 / Q \end{cases} \tag{5-16}$$

式中，(x_j, y_j)、α_j 是 UAV 在 q_j 起始区域的二维直角坐标和方位角；(x_{j+1}, y_{j+1})、α_{j+1} 是 q_{j+1} 区域的坐标和方位角。如果两点 c 和 d 满足上述限制条件，那么就定义 d 作为 c 可达。

获得无人机最大传输效用的传统解决方案是基于相邻位置之间关系的深度优先搜索(deep first search，DFS)方法，不过这种方法的计算复杂度为 $O\left(H^Q\right)$，这与潜在点 H 的数量呈指数关系，并且当 Q 被设置为较大数值以实现有效的轨迹调度时，该指数就显得非常大。为解决这个问题，本节提出了一种基于 DP 的方法来解决高复杂度的问题，可以实现无人机传输效用的次优性能。对于集合 C 中的每个点 c，CS 建立一个数组来记录轨迹调度过程的历史信息，其长度为 Q。阵列的第 q 个元素包含如下三个值：①移动部分 q 的索引；②可以访问第 q 个移动部分中的点 c 的所有轨迹的最大传输效用量，表示为 $\rho_{c,q}$，其被初始化为 0；③轨迹中拥有最大效用值的坐标 $(x_{c,q}, y_{c,q})$，其初始化的值为 $(0,0)$。

图 5-6 清楚表示了以 DP 为基准的算法执行过程，其中 φ 表示 UAV 从 c 移动到 d 的效用函数值之和。本节所提出的以 DP 为基准的算法，依赖历史数据，通过区域 p 的最优轨迹会被 CS 有序计算。在上传区域 p 内所有阵列后，CS 会找到拥有最大效用函数值的点，然后通过存储在阵列中的坐标 $(x_{e,q}, y_{e,q})$ 回忆最佳轨迹的前几点。

这种算法的计算复杂度为 $O(T^2 Q)$，和拥有 $O(T^2)$ 计算复杂度的 DFS 算法相比有了显著的降低。

复杂度分析：CTSS 调度方案的计算复杂度为 $O(QKT)$。虽然这比 UTSS 调度方案的复杂度高，但是这也与车辆数量 K 多项式相关，当在密集网络中出现更多车辆时，这种算法的复杂度会保持一个相对稳定的增长。当为增加 T 来实现高精确调度时，CTSS 的复杂度也是可以接受的。

此外，在 CTSS 中，在 CS 处会进行 UAV 轨迹调度。UAV 也不需要收集车

辆的状态信息，并且也不会将调度结果反馈到 CS，这也就能进一步降低 UTSS 的通信开销。

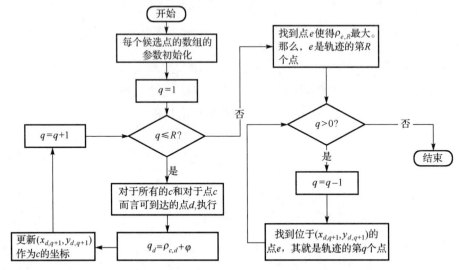

图 5-6   基于 DP 的轨迹调度算法过程

5.2.6   仿真结果分析

如图 5-7 所示，本节在仿真过程中考虑模拟中的两种情形，即具有不同网络拓扑的城市和高速公路场景。在城市情景中，四个 RSU 位于 4km×4km 的区域内，具有三个南北向和三个东西向的道路。仿真中高速公路全长 6km，每个方向有两条车道，沿着高速公路有三个 RSU。此外，本节还考虑每种情景中车辆数量的变化，以研究系统性能与车辆密度之间的关系。

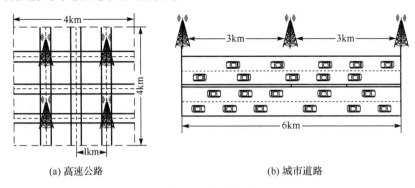

(a) 高速公路   (b) 城市道路

图 5-7   仿真场景

在仿真中，整个数据包数量 N 设置为 1000，每个数据包的大小是 100KB，因此整个车辆需要的数据文件为 100MB。此外，本节设定解码 SNR 门限 γ_{th} (=3 dB) 来确保比特错误率不超过 $10^{-2\,[8]}$。数据收集阶段 T_1 以及轨迹调度和传输阶段 T_2 的时间设定为 10ms。在 T_3 中，传输帧的数量为 100，每个帧的传输时间是 1ms，因此，数据传输阶段 T_3 的最大持续时间就是 100ms，本节仿真中出现的其余参数见表 5-1。

表 5-1　仿真参数

参数	设置
RSU 发射功率	40dBm
UAV 发射功率	30dBm
车辆发射功率	20dBm
UA 最大速度	15m/s 和 150(°)/s
V2I 和 V2V 路径损耗模型	$L = 40\lg d + 20\lg f - 20\lg(h_t h_r)$ h_t：发射机的高度 h_r：接收机的高度
通信链路的路径损耗指数 α	3
NLoS 链路的附加路径损耗参数 ε	−20dB
载波频率 f	5.9GHz
离散的采样数	$M_1 = M_2 = T = 100$
离地节点的高度	RSU：8m；车辆：1m
UAV 的高度	100m
传输帧长度	1ms
传输帧的数目 R	100
车辆密度	稀疏：150 辆；密集：400 辆
在公路时上的车速	在[72,108]km/h 区间内以最大加速度为 2m/s^2 随机选取
在市区里的车速	在[72,108]km/h 区间内以最大加速度为 0.5m/s^2 随机选取
高速上的车密度	稀疏：100 辆；密集：200 辆
市区里的车密度	稀疏：200 辆；密集：300 辆

根据参考文献[9]，本节在三维 A2G 通道中应用基于几何的随机模型。假设地面移动用户周围的所有有效散射体分布在圆柱体的表面上，而 UAV 没有散射体。基于该模型，本节生成导出与 UAV 和车辆相关的独特参数的信道脉冲响应，例如，UAV 对车辆的仰角，UAV 和车辆的运动。

本节在仿真中，将下列四种方案的系统性能进行比对，并分别在城市场景和高速场景进行相应的对照。

（1）Non-UAV 调度策略：该策略不使用 UAV 作为中继来共享数据，因此网络中也不存在 A2G 链路，而只有 RSU 和车辆充当中继节点去传输数据。此外，在 T_2，CS 不调度 UAV 的二维移动，并且车辆仅能够从 RSU 或其他车辆接收数据分组。

（2）UTSS 调度策略：在 UTSS 中，无人机可以通过 RSU 下载数据，然后在车辆和 RSU 上方进行移动。基于 MVC 算法的无人机分布式地调度其轨迹，并在每个数据传输周期中将轨迹调度的结果反馈给 CS。在本节的仿真中，不考虑无人机的能耗。

（3）CTS-MVC 调度策略：与 UTSS 相比，在 CTS-MVC 策略中，CS 通过具有低完全性的 MVC 算法做出相应的调度决策。此外，CS 可以在进行轨迹和传输调度之前应用基于 RLS 算法的信道预测，以提高无人机和车辆状态信息的准确性，从而提高调度效率。

（4）CTS-DP 调度策略：和 CTS-MVC 调度策略相比，CS 为无人机应用了先进的基于 DP 的轨迹规划算法，预计该算法具有更好的系统性能。

性能指标：本节将考虑三种不同的性能指标来评估每种调度策略的性能，即下载过程、系统吞吐量和最大延迟。

下载过程：车辆在数据传播过程中成功且正确接收的数据包百分比，表示为累积分布函数（CDF）。

系统吞吐量：网络中所有通信链路，包括 V2V、V2I 和 A2G 的吞吐量之和。

最大延迟：成功接收所有数据包的车辆的最大延迟。

1. 下载过程和延迟性能

图 5-8 和图 5-9 分别表示在不同车辆密度的情况下，城市场景和高速场景下的下载过程。城市场景中包括四架无人机，高速公路场景中包括三架无人机，每架 UAV 均由特定 RSU 直接进行监督和管理。由仿真图片可以看出，与非无人机策略相比，另外三种无人机辅助策略在所有仿真场景下均能够加速下载进程，从而验证了无人机作为中继的有效性。利用更准确的信道状态信息，CTSS 在系统性能上更优于 UTSS，这也验证了本节所提出的基于 RLS 的大规模信道预测的有效性。此外，CTS-DP 调度策略的下载进度比 CTS-MVC 策略快得多。考虑到 UAV 在每个潜在位置，DP 算法可以最大化轨迹的总传输效用，从而有助于加快车辆的下载进度。

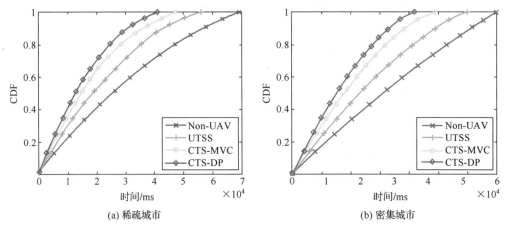

(a) 稀疏城市　　　　　　　　　　(b) 密集城市

图 5-8　城市场景下的时间 CDF

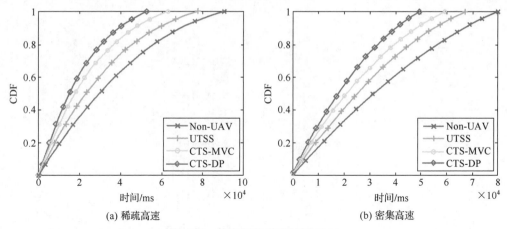

(a) 稀疏高速　　　　　　　　　　　　(b) 密集高速

图 5-9　高速场景下的时间 CDF

图 5-10 和图 5-11 所代表的最大延迟性能更清楚地说明了不同调度策略的有效性。很明显，传统的非无人机策略的延迟是最大的，其中只有 RSU 是数据传输开始时的数据源。无人机配备完整的数据包，可以飞往车辆密度较高的区域，从而通过具有高概率 LoS 链路的 A2G 链路提高其传输效率。CTS-DP 策略的延迟始终是每个场景中最低的，这保证了车辆所需数据包的及时性。

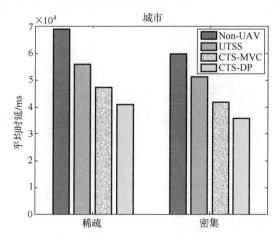

图 5-10　稀疏城市与密集城市场景下的延迟

2. 系统吞吐量

图 5-12 和图 5-13 表明，在所有场景下，和非无人机调度策略相比，无人机辅助调度策略能够显著地提高系统的吞吐量。采用信道预测的 CTSS 调度策略能够为系统提供更准确的状态信息，因而提高系统吞吐量。与非无人机调度策略相比，CTS-DP 调度策略几乎使吞吐量性能翻了一番，这也能突破非无人机调度策略所带来的性能瓶颈。

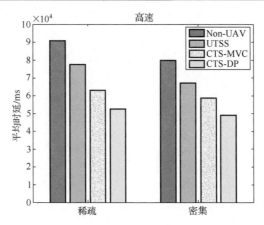

图 5-11　稀疏高速与密集高速场景下的延迟

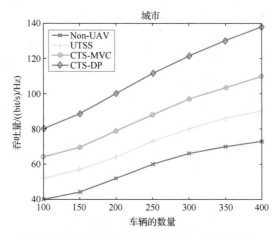

图 5-12　城市场景下系统吞吐量 vs.车辆数量

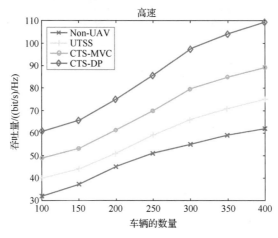

图 5-13　高速场景下系统吞吐量 vs.车辆数量

3. 不同无人机数量下的延迟性能

为比对提出的调度策略中无人机数量与系统性能的关系，本节分别在城市场景中设置 4、8、12、16 架无人机，在高速场景中设置 3、6、9、12 架无人机。换言之，每个 RSU 都会监督并管理 1～4 架无人机。根据图 5-14 和图 5-15，可以很清楚地看到，在网络中工作的无人机数量越多，数据传输的速率也就更快。无人机拥有全部的数据，因此它们也可以实现与 RSU 一样的功能，并能在 RSU 无法覆盖的区域上向车辆共享数据包。与其他替代方案相比，CTS-DP 策略在所有调查方案中表现最佳，这有望提高实际应用中的数据传播效率。

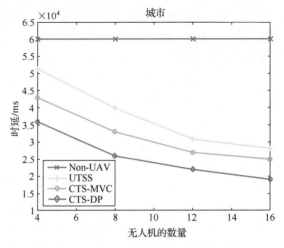

图 5-14　城市场景下延迟 vs.无人机数量

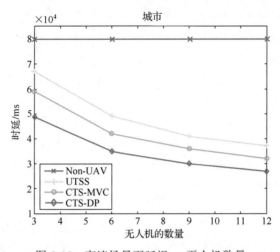

图 5-15　高速场景下延迟 vs.无人机数量

5.3　基于车联网的车辆协同定位

5.3.1　背景介绍

1. 车联网介绍

随着经济社会的发展，汽车已经成为人们生活中必不可少的组成部分。统计数据显示，2014 年我国的汽车产、销量分别达到 2372.3 万辆和 2349.2 万辆。与 1980 年相比，全国机动车保有量增加了 33 倍，达到 24577.2 万辆。在给人们带来便利的同时，汽车的激增也引发了一系列严重的问题。首先，由于我国人口基数大、汽车保有量增长迅速，交通事故数量居高不下，成为我国人群伤害第一杀手。根据国家统计局发布的数据，2014 年道路交通事故万车死亡人数为 2.22 人，结合汽车保有量数据可得出当年的交通事故死亡人数约为 34292 人，相比 2013 年增长 8.5%。其次，随着汽车保有量的增加，许多城市路网早已不堪重负，严重拥堵成为家常便饭。2015 年的调查显示，北京和上海这类的大型城市平均上班时间超过 50 分钟，许多中小型城市上班时间相较几年前增长明显，道路拥堵状况加剧。此外，机动车尾气排放已成为我国空气污染的重要来源，是造成雾霾和光化学烟雾污染的重要原因。特别是在道路拥堵时，车辆低速或者怠速运行的油耗和污染物排放更容易大幅度增加。据统计显示，汽车在怠速时造成汽油不完全燃烧，会产生更多的污染物排放，37 辆怠速车辆排放的有害气体相当于 4000 辆汽车正常行驶的排放量。

从以上的数据分析可以看出，我国目前面临严重的交通问题，解决交通问题刻不容缓。如果不能及时有效地解决，将对人民的生命健康、生活质量以及社会发展造成消极影响。在这个背景下，车联网（vehicular networks）技术应运而生。不同行业对于车联网的定义存在不同，一种比较传统的定义是指通过装载在车辆上的电子设备通过无线技术，实现在信息网络平台上对所有车辆的静、动态信息进行提取和有效利用。车联网的概念源自物联网（internet of things, IoT），虽然这个中文名词第一次出现于 2009 年，但是实际上最早的车联网相关技术可以追溯到 20 世纪 60 年代末 70 年代初。

顾名思义，车联网需要将车辆相互连接起来，核心技术就是通信，其中基本模式包括车对车、车对路（vehicle-to-road, V2R）、车对互联网以及车对人（vehicle-to-human, V2H）[10]。图 5-16 给出了车联网最基本的结构示意图，其中位于每辆车上的通信单元称为车载单元（onboard unit, OBU），路边设施称为 RSU（roadside unit）。OBU 之间的通信就是之前提到的 V2V 模式，OBU 和 RSU 的通信即 V2R，V2H 不仅包括车与行人的通信，还有车与驾驶员、车与乘客间的互联。通过核心网，服务提供商可以与 RSU 建立连接，从而为 OBU 提供服务，实现 V2I 模式。此外，车辆与卫星之间也可以建立通信，如接收 GPS 信号等。

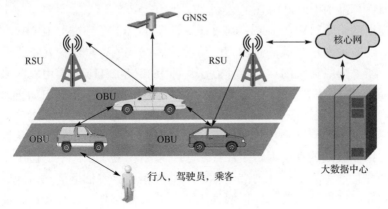

图 5-16　车联网最基本的结构示意图

　　结合车联网最新的发展趋势，它的应用方向主要可以归纳为以下四个。第一，车联网最核心的目的是提高道路交通的安全性，在安全方面的典型应用包括交通信号灯违规警示、弯道速度警示、紧急电子刹车灯、变道警示、互联追尾事故警示等。第二，车联网可以减少油耗、缓解拥堵、降低碳排放。这里需要强调的是第一种安全类应用本身就可以减少交通事故的发生、缓解道路拥堵，从而降低油耗和碳排放。此外，像堵车预警、信号灯最优速度提示系统也都可以疏导交通、提高道路的通畅性。第三，基于云和空中下载技术(over the air，OTA)的应用将会对汽车行业带来重大变革。在不久的将来，车辆将可以通过云系统对车辆硬件进行诊断，直接向驾驶员发送诊断报告。同时，采用 OTA 系统以后，车辆的软件可以及时得到更新，从而降低车辆召回的比例。第四，车联网是走向自动驾驶的必然之路。根据自动驾驶系统的介入程度，自动驾驶的发展可以概括为以下四个阶段，分别是驾驶员辅助系统、半自动驾驶、高度自动驾驶和完全自动驾驶阶段。自动驾驶技术现在处于第三个阶段，谷歌和特斯拉等公司之前已经对自动驾驶汽车进行了大量的测试。目前特斯拉已经可以支持有限的自动驾驶，相信不久的将来在车联网的引领下完全自动驾驶将成为可能。

　　2.　车联网中的无线通信技术

　　通过前面的介绍可知，为了实现车联网的功能，车辆与车辆、车辆与道路之间必须建立有效且可靠的联系。因此，车联网一切研究的基础在于其通信标准的物理层。在研究的初期，人们更加关心车载信道对于通信的影响，主要是因为车载信道相比以前研究的静态信道或者低速移动信道复杂了很多。从 2007 年开始，基于大量的实测数据，许多车载信道模型相继被提出，如时间延迟线模型[11]、二维几何模型[12]

和三维几何模型[13]等。在信道模型的基础上，对于车联网物理层的研究主要集中在如何保证车与车、车与路边设施间通信的准确性和稳定性，即信道估计技术。鉴于车联网的通信标准 IEEE 802.11p 已经颁布，现有信道估计方法主要是基于该标准的符号结构提出的。不过由于 IEEE 802.11p 主要源自 Wi-Fi 标准即 IEEE 802.11a[14]，设计之初未过多地考虑车载场景的实际情况，因此它的符号结构并不完全适用于车联网环境。如果按照传统的信道估计方法，即 IEEE 802.11a 的通用算法来进行解码会造成很高的误码率，所以在开始时研究者将主要精力集中在如何修改 IEEE 802.11p 标准以降低误码率上。但是这样做也会对通信系统带来不利影响，如和原标准的兼容性容易出现问题。在随后的研究中，人们更加关心如何在服从标准符号结构的基础上保证较低的误码率，由此提出了一系列相应算法。不过由于车联网信道非常复杂，现有许多算法估计的准确度都严重依赖于实时信道信息，因此实用性大打折扣。此外，许多算法为了保证低误码率需要大型矩阵运算或者迭代计算，会消耗大量的硬件资源。总之，在车联网信道估计方面还存在很多问题有待研究。在车与车、车与路边设施建立通信连接的基础上，车联网对于导航和安全类应用也提出了更新和更高的要求。如前面提到的互联追尾事故警示就需要车辆知道自身的具体位置，否则的话这样的应用很难实现。一般来说，在车联网中车辆定位的精度至少需要小于 3m，即达到道路宽度这个级别才行。然而，现实的情况是传统的 GPS 定位精度为 5～10m，有时甚至更差，由此可见它很难达到车联网对于定位精度的要求。尽管基于 GPS 的改进方法有很多，但是它们也存在各种各样的不足。因此，近年来在车联网中出现了一种全新的技术，称为车载协作定位技术，通过它可以有效地提高车辆的定位精度。和传统的 GPS 定位不同，车载协作定位的核心在于车辆之间通过无线通信的方式交互位置信息，此外车辆还可以获得路边设施的位置信息进行辅助定位。由于车载协作定位这项技术尚处于初始研究阶段，在系统结构、测距方式、定位算法等方面还没有一个统一的标准，具有很高的研究价值。

3. 车辆协作定位

车联网的主要目的之一就是保证驾驶员、乘客和行人的安全，降低交通事故引发的人员伤亡和财产损失。因此许多安全类的车联网应用应运而生，它们有一个共同的特点就是需要知道车辆的确切位置，否则这些应用也无从实现。此外，在如今的车联网导航类应用中也存在很多不足，比较典型的是车载定位系统无法区分主辅路，直接导致的后果就是导航出现错误。现有的车联网定位技术主要依靠 GPS，但是 GPS 无法在所有场景下提供准确的定位。一般来说，车辆需要"看到"足够数目的卫星才能实现较为精确的定位，因此在一些比较密集的场景(如城市街谷)和直接遮挡的环境(如车库、隧道)是无法进行 GPS 定位的。即便车辆处于一个较为理想的环境，如空旷的马路上，其定位精度也仅能达到 5～10m。换句话说，这样的定位精度很难区分马路的道次。一般车联网应用对于车辆定位精度的要求在 3m 以下，即达到道路宽度的级别。

车辆的精确定位是智能车领域的基础性问题，同时也是多车协作感知的关键性问题。进行多车协作或多车传感器数据融合时，确定车辆所处的精确位置显得尤为重要。针对车辆定位问题，研究人员提出了多种方法。其中比较简单、廉价的是航位推算法。该算法利用里程计或编码器来获得车辆的相对位姿。然而，此算法存在一些固有的缺陷，如存在累积误差、难于标定、抗干扰性差等，不适用于绝对定位要求。Wu 与 Yang 在 *Landmark pair based localization for intelligent vehicles using laser radar* 中提出了基于路标的定位方法，利用车辆传感器检测放置在环境中的一些特征明显的人工路标，并与已知地图匹配来确定车辆的位姿。但此种方法需要在环境放置一些路标，可操作性较差，成本较高。随着 GPS 定位技术的不断发展，GPS 的精度不断提高而且 GPS 接收机的价格越来越便宜，GPS 技术应用越来越广泛。但是 GPS 的精度仍然无法达到精确定位的要求，一般情况下误差要达到 5～10m，无法确定车辆具体在哪个车道上，而且在很多情况下，如建筑物遮挡或者通过隧道时，无法接收到 GPS 卫星信号，所以远不能满足自动驾驶的需要。利用多车互相确定距离传递测距信息的协作定位是实现车辆精确定位的一个成本低、效果好的方法，通过车辆加装无线电收发装置，通过测量信号在车辆间往返时间或者强度来测得车辆间的距离，运用迭代滤波算法处理数据得到最终近似位置，这样可以大幅度地减小 GPS 定位的误差。

协作定位还可以分为两类，即中心式协作定位和分布式协作定位。对于中心式协作定位，需要定位节点（agent 节点）通过多跳的方式将自身的位置信息传递给中心处理器，然后在中心处理器内计算出每个 agent 节点的具体的位置。可以明显看出，由于受到中心处理器的制约，中心式协作定位的扩展性不佳，很难应用于如车联网这样的 ad-hoc 网络中。因此，现在越来越多的研究者将重点集中在分布式协作定位上。和中心式算法不同，分布式协作定位不需要中心处理器，agent 节点各自通过多次迭代实现最终的精确定位。在每一次迭代开始前，agent 节点从周边的节点获取位置信息，经过特定的算法得到各自的位置估计值。考虑到分布式协作定位更加适用于车联网，在本节中使用该算法实现车辆的定位。

5.3.2　研究现状

根据以上的介绍和分析可以看出，现在缺少一种 GPS 的替代方法或者增强方式，一方面可以在 GPS 受限的场景下提供可靠的定位，另一方面能够提升原有 GPS 定位的精度，达到道路宽度这个级别。GPS 的替代方法一般可以归纳为两种，分别是非协作定位和协作定位。在非协作定位中，每一个 agent 节点至少需要通过三个 anchor 节点才可以定位准确，也称为三角定位（triangulation）。如图 5-17 所示，三角定位的原理可以这样理解：首先三个 anchor 节点测出各自与 agent 节点之间的距离，然后以测出的距离为半径，自身为圆心画圆，三个圆的交点就是需要定位的 agent 节点的位置。然而在实际系统中 agent 节点很难找到三个 anchor 节点，特别是在车联网环境中如果布设大量的 RSU 以充当 anchor 节点会造成高昂的成本。为了解决这个问题，Patwari 等提出协作定位技术。它的定位机制不仅需要 anchor 节点，同时还需要周边 agent 节点提供各自的位置信息，由此形成协作。图 5-18 给出了最基本的协作定位示意图，其中包括三个 anchor 节点(基站)和两个 agent 节点(手机)。如果按照非协作定位方式，agent 1 只能从 anchor A 和 anchor C 获取位置信息，类似地 agent 2 也只能与 anchor B 和 anchor C 通信。根据三角定位准则，这两个 agent 节点是无法准确定位的，从图 5-18 的两个问号处可以看出它们各自存在一个可能的错误位置。如果 agent 1 和 agent 2 能够相互提供位置信息，即进行协作定位，它们各自可以实现三角定位从而实现精确定位。

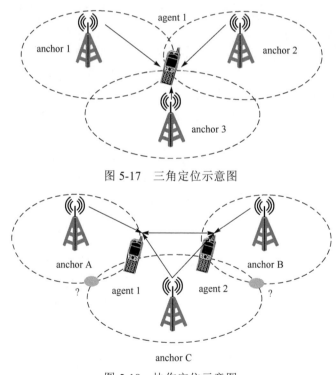

图 5-17　三角定位示意图

图 5-18　协作定位示意图

协作定位的优势在于通过节点之间的协作，每一个 agent 节点可以求助于更多的节点(包括 anchor 和 agent)，这样的话能够在传统三角定位无法实现的场景中进行精确定位，同时还可以带来更高的定位精度。因此，协作定位技术自从被提出以来受到了广泛的关注，很多研究者对协作定位技术做了深入的研究，如定位理论和网络测试。最近，研究者主要着眼于协作定位中遇到的一些瓶颈，包括计算量、分布式调度和能量效率问题等。

协作定位还可以进一步分为两类，即中心式协作定位和分布式协作定位。对于中心式协作定位，agent 节点通过多跳的方式将自身的位置信息传递给中心处理器，然后在中心处理器内计算出每个 agent 节点的具体的位置。可以明显看出，由于受到中心处理器的制约，中心式协作定位的扩展性不佳，很难应用于如车联网这样的 ad-hoc 网络中。因此，现在越来越多的研究者将重点集中在分布式协作定位上。和中心式算法不同，分布式协作定位不需要中心处理器，agent 节点各自通过多次迭代实现最终的精确定位。在每一次迭代开始前，agent 节点从周边的节点获取位置信息，经过特定的算法得到各自的位置估计值。考虑到分布式协作定位更加适用于车联网，在本节中使用该算法实现车辆的定位。协作定位不仅可以根据中心处理器的有无分为中心式和分布式，它还可以根据算法实现的不同分为基于贝叶斯和非贝叶斯两类。两种最为经典的非贝叶斯协作定位算法分别是最小均方估计器和最大似然估计器。它们的特点是构建含有测量值的代价函数，通过循环迭代最小化估计器的代价函数从而得到最终的估计位置。对于贝叶斯协作定位算法，它和非贝叶斯算法最大的不同在于前者还利用到了先验信息，因此一般来说具有更高的精度。近年来发表的文章更多采用贝叶斯协作定位，如蒙特卡罗序列估计(Monte-Carlo sequential estimation)、非参数置信度传播(nonparametric belief propagation)和无线网络中的和积算法(sum-product algorithm over a wireless network, SPAWN)。其中最后一种方法，即 Wymeersch 等提出的 SPAWN 相比于其他的贝叶斯协作定位算法在性能方面有较大的提升。通过分析和仿真发现，现有的分布式协作定位算法存在不少缺点。第一，尽管越多的节点参与定位某个 agent 可以获得更高的精度，但是链路数的增加会带来较高的计算量开销。第二，在传统的分布式协作定位算法中，所有的 agent 都需要发送自身的位置信息给周边 agent 节点，由此会带来数据包碰撞和网络拥塞。特别是在贝叶斯协作定位算法中，由于需要发送更多的数据包(如 SPAWN 中发送的信息[15])，网络拥塞情况可能会更加严重。第三，在网络中总会有某些 agent 节点定位不准确甚至定位错误，它们自身的位置信息首先是无意义的，其次如果发送给周边 agent 节点有时甚至会降低这些节点的定位精度。第四，在分布式协作定位算法中，agen 节点都是通过循环迭代最终收敛出所估计位置的。一般会设定一个循环迭代的次数，只要达到这个预设值，即便没有定位准确整个过程也会停止。经过大量仿真可以看出，大部分 agent 节点并不需要预设的迭代次数，有的甚至只需一两次迭代即可定位准确，因此这样重复迭代定位往往会造成硬件资源的浪费。截至目前，很少有研究者关注到分布式协作定位算法存在的以上问题。Wang 等[16]提出一种分布式调度算法以选取最佳链路。该算法的着眼点是调度，通过它可以有效地避免数据包的碰撞，降低复杂度和开销，但是需要强调的是最终只有一条链路被选取而不是一个链路的集合。总之，现有的分布式协作定位算法缺少一种有效的机制以选取最优的链路集合，从而降低整个系统的计算复杂度。

现有的车载定位方案中使用最为广泛的是 GPS 定位，不过由于它的精度受到很多因素的影响，包括接收质量、大气环境、系统误差和多径传播，在实际使用中最好也才能达到 5～10m 的精度，有时甚至更差。特别是在城市环境中由于高楼的遮挡，GPS 信号很容易被遮挡，造成可见卫星数目减少，定位精度大幅度降低。在市区使用车载 GPS 导航系统，经常会出现主路和辅路无法区分的情况。由此可见，这样的精度很难达到车联网对于导航的要求，就更不用说用于车辆防撞等安全类应用了。一般来说，车辆定位的精度需要在 3m 以内，即车道宽度这个级别。

为了提高 GPS 定位的精度，近年来出现了不少它的改进方法，如差分全球定位系统(differential global positioning system, DGPS)、实时动态定位(real-time kinematic, RTK)、辅助全球卫星定位系统(assisted global positioning system, A-GPS)、星基增强系统(satellite-based augmentation system, SBAS)和地基增强系统(ground-based augmentation system, GBAS)，它们都可以用于提高车联网定位的精度。DGPS 的特点是需要有一个已知自身精确位置的基准站，它利用自身接收到的 GPS 信息校正用户的误差。但是，由于在市区环境下容易受到多径的影响，DGPS 的精度会有较明显的下降，并且不能通过差分的手段进行纠正。对于 RTK 而言，其定位精度可以达到厘米量级。它和 DGPS 较为相似，同样利用了基准站进行校正，不过采用的是载波相位动态实时差分技术。为了保证 RTK 的正常使用，基准站和用户需要在一段时间内同时搜索到五颗卫星，而这在市区有遮挡的情况下很难实现。A-GPS 技术主要用于手机 GPS 信号很差的环境，基站可以向手机提供信息以减少卫星捕获时间，避免手机解码所有卫星的数据。虽然 A-GPS 能够节约捕获时间，但是它的定位精度并没有任何提高，而是和当前 GPS 信号较差环境得到的精度一致。在 SBAS 中，地球同步卫星可以向地面接收机播放各种误差的校正信息，从而提升原有的定位精度。但是 SBAS 信号和 GPS 信号具有相同的缺点，就是穿透性很差，在城市环境下信号很容易被遮挡。此外，对于每个 SBAS 接收机来说也只能接收到 1～3 个地球同步卫星发送的信号。GBAS 主要用于飞机的导航，其中多个 GPS 地面站布设于机场附近。它们计算出校正值，然后发送给正在降落的飞机以提供更加精确的定位。

通过以上的介绍可以看出，DGPS、RTK、A-GPS、SBAS 和 GBAS 在理论上都可以用于车联网的定位，但是它们均存在固有缺陷，特别是在车联网的典型环境，即城市场景中面临很多使用上的困难。实际上对于车辆定位的研究由来已久，它主要是从机器人定位衍生而来的。和现有方法比较接近的研究始于 20 世纪 90 年代初，当时 GPS 刚刚开始得以应用，Durrant-Whyte 提出一种不依赖于 GPS 的基于激光信标的车辆定位方法。之后，学者提出了多种方法，其中比较典型的有基于地图的车辆定位法。这些方法虽然可以得到优于 GPS 的定位精度，但是局限性也较大，如它们都严重依赖于地图的精度，在有的方法中甚至路面平坦程度的变化也会对定位产生影响。

　　本章主要关注如何基于无线通信的手段实现车联网定位。这一类方法的优点在于可以结合现有的车联网结构来提升定位精度，如 GPS、RSU 和车辆自带的 OBU。此外，相比于基于地图的方法而言，基于无线通信的车联网定位方法无须更多的车载设备或者新的路边设施，在经济方面也具有明显的优势。近年来，研究者为此提出了多种解决方案。Parker 等[17]提出一种基于接收信号强度(received signal strength, RSS)测距的车辆定位方法，在 GPS 定位的基础上，相邻车辆之间共享各自位置信息，通过卡尔曼滤波的方法实现车辆定位。但是在后续的研究中已经证明，RSS 测距的方法精度很差，难以作为独立的测距方法用于车辆定位。Caceres 等提出一种基于无线局域网(wireless local area network, WLAN)的车辆定位系统，它实现的前提是需要在路边密集布设 WLAN 作为 AP。此外，同 Parker 等的方法类似，该系统也采用 RSS 测距方式，显然它在精度方面存在不足。Alam 等提出一种基于载波频率偏移(carrier frequency offset, CFO)的车辆定位方法，车辆在行驶过程中需要发送信号，RSU 接收之后检测多普勒频移造成的信号载波频率偏移。该方法的机理在于车速和入射角度均会改变多普勒频移，因此 RSU 接收到的频移是变化的，通过合理设计滤波器同时结合道路信息可以得到车辆的具体位置。在这个算法的基础上，Alam 等又分别加入了 RSS 测距以及车载惯性传感器作为辅助手段，进一步提高定位精度。不过基于 CFO 的车辆定位方法存在一个比较大的缺陷，就是它严重依赖于 RSU，而且需要有一对 RSU 同时检测载波频率偏移才可以保证最终估计出车辆的位置。为了解决车辆定位的问题，Drawil 等独辟蹊径，从另一个角度提高 GPS 的定位精度。Drawil 等主要目的是降低多径对 GPS 造成的影响，通过车辆之间的协作找出多径最少或者没有多径的车辆作为 anchor 节点，以此提高定位精度。Khattab 等提出一种无须 GPS 的车辆定位方法。和传统的车辆定位方法不同，它只需要一个 RSU 提供定位信息，同时结合车载的惯性传感器可以获得低至 1.8m 的精度。不过该方法的缺点在于场景中必须要有 RSU，否则无法实现定位。

5.3.3　多车多传感器协作定位

　　随着传感器技术的进步，现实环境中迫切需要一种适用于多传感器的多车协作定位方案。文献[18]提出了一种多传感器多车辆定位和移动跟踪算法，该算法不仅结合了多个车辆的测量结果，还结合了传统定位设备(如 GPS 和惯性测量单元(inertial measurement unit，IMU))的传感数据以及更多最新集成传感系统，包括激光雷达、雷达、相机等。该算法具有新颖的双层框架。传统的 GPS 和 IMU 数据用于本地滤波器以获得自身状态估计的同时，车辆使用来自集成传感系统的传感数据，通过另一组局部滤波器对其他车辆状态进行观察。然后将与来自所有车辆的相同目标车辆相关的局部估计馈送到全局滤波器以获得该目标的全局估计，这可以极大地提高准确度。本地化过程是动态执行的，因此它也可以实现移动性跟踪。所提出的框架是通用的，它不仅适用于特定类型的传感器，而且可以适用于不同的本地滤波算法。

1. 系统模型

一般情况下，车辆的移动模型可以建模为一节隐马尔可夫模型[19]。

$$\begin{cases} x[k] = f(x[k-1], x[k], w[k]) \\ z[k] = g(x[k], x[k]) \end{cases} \tag{5-17}$$

式中，k 是离散时间索引；x 是物体的状态，如速度和位置；w 是状态噪声；z 是通过 GPS、IMU、LIDAR (light detection and ranging) 等测量设备得到的观测量；f 与 g 分别是状态方程和测量方程，它们可以通过运动的物理定律和传感装置的特性获得。

本节假设所有合作车辆都配备了 GPS、IMU 和集成传感系统，可能包括激光雷达、雷达、摄像机等。每辆车从 GPS 获得自己的位置估计，从 IMU 和车轮编码器获得自己的速度估计，以及通过传感系统得到相对于其他车辆的相对位置和速度。

对于车辆 V_i，可以通过一个系统状态转移函数描述它：

$$x_i[k] = A x_i[k-1] + B_u u_i[k] + w_i[k] \tag{5-18}$$

式中

$$x_i = \begin{pmatrix} x_i \\ \dot{x}_i \\ y_i \\ \dot{y}_i \end{pmatrix}, \quad u_i = \begin{pmatrix} F_{i,x} \\ F_{i,y} \end{pmatrix}, \quad w_i = \begin{pmatrix} w_{x_i} \\ w_{\dot{x}_i} \\ w_{y_i} \\ w_{\dot{y}_i} \end{pmatrix} \tag{5-19a}$$

$$A = \begin{pmatrix} 1 & dt & 0 & 0 \\ 0 & 1 & 0 & 0 \\ 0 & 0 & 1 & dt \\ 0 & 0 & 0 & 1 \end{pmatrix}, \quad B_u = \begin{pmatrix} \dfrac{dt^2}{2} & 0 \\ dt & 0 \\ 0 & \dfrac{dt^2}{2} \\ 0 & dt \end{pmatrix} \tag{5-19b}$$

x_i, y_i 是车辆 i 的笛卡儿坐标；$\dot{x}_i, \dot{y}_i$ 是车辆的速度；$F_{i,x}$ 和 $F_{i,y}$ 是提供加速的车辆驱动过程，可以由 IMU 提供；w 是状态噪声，通常可以建模为加性高斯白噪声 (additive white Gaussian noise，AWGN)。

车辆的测量由两部分组成：① 测量仅与其自身的位置和移动状态有关，例如，由 GPS 和 IMU 提供的测量，表示为 z_s；② 与其自身和另一车辆 i 状态相关的测量，例如，由集成传感系统提供的状态，表示为 $z_{i \to s}$。对于 z_s，有

$$z_{i \to s}[k] = H_{i \to s} x_{i \to s}[k] + v_{i \to s}[k] \tag{5-20}$$

式中，$x_{i \to s}[k] = x_i[k] - x_s[k]$ 是车辆 s 与 i 之间的相对状态。$H_{i \to s}$ 的实际值和 $v_{i \to s}$ 的统计特性取决于所涉及的具体传感装置以及从传感器数据中提取定位相关信息的方式。在不失一般性的情况下，在本节中假设在两种情况下，传感设备都具有状态的直接测量结果，并且测量噪声是具有已知方差的 AWGN。

2.　多车多传感器协作定位

图 5-19 为多车协作定位算法框架。假设被测量车辆是 V_s 并且有 N 个其他车辆 $(V_1, V_2, \cdots, V_N)$ 参与其协作定位，所有这些都可以在 V_s 上进行观察。基于其自身的测量，V_s 可以使用本地滤波器来使用传统的定位传感器(例如，GPS 和 IMU)获得其状态的局部估计 x_s。同时，场景中的所有其他合作车辆也可以观察到 V_s，并且它们可以基于来自其他传感器测量结果 $\hat{x}_{1 \to s}, \hat{x}_{2 \to s}, \cdots, \hat{x}_{N \to s}$。与它们自己的定位估计 x_i 一起，它们可以将 V_s 的状态估计为 $\hat{x}_{s \to i} = \hat{x}_{i \to s} - \hat{x}_i$。这些估计结果可以与 V_s 共享，并且 V_s 可以使用全局滤波器融合局部估计以获得 x_s 的全局估计。其他的车辆也有相同的过程。

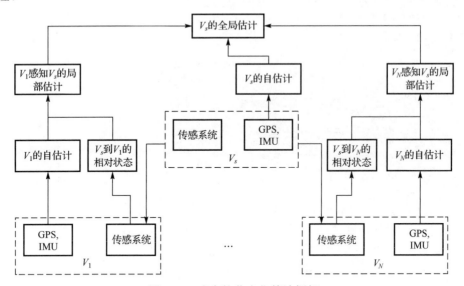

图 5-19　多车协作定位算法框架

1)单车局部滤波器

观察车辆使用局部滤波来产生估计车辆 V_s 的局部估计。观察车辆既可以是 V_s 本身，也可以是其传感系统可以观察到 V_s 的车辆，例如，$V_1, V_2, \cdots, V_N$。根据式(5-20)，可以使用各种滤波技术来解决移动性跟踪问题。移动跟踪中常用的滤波算法是卡尔曼滤波器、扩展卡尔曼滤波器、粒子滤波器和 Rao-Blackwellised 粒子滤波器。提出的框架是通用的，任何过滤技术都可以应用于本地的过滤。由于篇幅有限，将详细阐述基于卡尔曼滤波的局部滤波技术。

卡尔曼滤波是应用与协作定位的最传统简单的方法。为了适应多车辆协同定位的场景，本节强调车辆之间的数据通信过程，如算法 5-3 所示。在每次迭代中，车辆通过 GPS 和 IMU 或感知系统获得测量值 Z。来自 GPS 和 IMU 的信息提供了对车辆自身状态的测量，来自感知设备的信息提供了对其他车辆状态的测量。然后进行预测和更新以给出估计车辆的估计值。如果估计的车辆是另一车辆，则将估计值发送到估计的车辆。值得注意的是，在算法的预测步骤中，在最后时刻使用全局估计 X_{global} 作为预测的基准，以获得此时的预测估计。它与传统的卡尔曼滤波不同，后者使用局部估计进行预测。全局最优估计可以用作局部滤波的每次迭代中的滤波器的初始值。通过这种方式，每个本地滤波器不再是一个单独的实体，并且车辆之间的信息交互达到比传统滤波器更高的水平。

全局估计是通过最优全局滤波器产生的。在下面将对其进行描述。

算法 5-3　应用于车辆协作定位的卡尔曼滤波

Algorithm　Kalman Filtering for Localization

Initialize the estimation value $\hat{X}(1|1)$, and its variance $P(1|1)$.

For $t = 1:T$ **do**

　Receive the command process of $V_s\ U(t)$.

　Measure: Get the measurement value of $V_s\ Z(t+1)$ through GPS, IMU and sensing devices.

　Filtering:

　　Prediction Step:

$$\hat{X}(t+1|t) = A\hat{X}_{\text{global}}(t|t) + \boldsymbol{B_u}U(t)$$

$$P(t+1|t) = AP(t|t)A^{\mathrm{T}} + \boldsymbol{B_w}\boldsymbol{Q}\boldsymbol{B_w^{\mathrm{T}}}$$

　　Kalman Gain:

$$K(t+1) = \frac{P(t+1|t)\boldsymbol{H}}{\boldsymbol{H}P(t+1|t)\boldsymbol{H}^{\mathrm{T}} + \boldsymbol{R}}$$

　　Update Step:

$$\hat{X}(t+1|t+1) = \hat{X}(t+1|t) + K(t+1)[Z(t+1) - \boldsymbol{H}X(t+1|t)]$$

$$P(t+1|t+1) = P(t+1|t) - K(t+1)\boldsymbol{H}P(t+1|t)$$

　Send $\hat{X}(t+1|t+1)$ and $P(t+1|t+1)$ to V_s.

---

end for

---

2) 多车全局滤波器

无论应用何种滤波技术，通常上述局部滤波器的输出包括状态估计和估计的二阶统计量，即方差和协方差。这些信息对于融合局部估计以获得最佳全局状态估计起到重要作用。对于全局滤波器，目标是从局部估计获得车辆 V_s 的最佳估计。对于车辆 V_s，将状态的自我估计表示为具有协方差矩阵 P_s 的估计量 $\hat{x}_s$，并且将车辆 V_i 提供的估计表示为具有协方差矩阵 P_i 的 $\hat{x}_i$。请注意，在公式中，状态变量是多维的。但是，在大多数情况下，可以假设 x 轴和 y 轴之间的独立性。因此，可以在不失一般性的情况下进行全局滤波，下面将状态变量视为标量。可以进一步假设系统是高斯的，对于大多数传感器都是如此，因此全局最优估计可以表示为局部估计结果的线性组合。换句话说，问题变成了线性高斯系统下的数据融合，这与多传感器融合的数据融合非常相似[20]。本节参考文献[20]中的方法，并将其应用于多传感器多车辆信息融合场景。

根据前面的假设，可以推导出全局最优估计 $\hat{x}_g$

$$\hat{x}_g = \sum_{i=1}^{N} A_i \hat{x}_i + A_s \hat{x}_s \tag{5-21}$$

式中，A_i 是用于线性组合不同局部估计量的未知权重，则 $\hat{x}_g$ 的方差可以表示为

$$P_g = \sum_{i=1}^{N} A_i^2 P_i + A_s^2 P_s \tag{5-22}$$

为了确保估计的无偏性，有针对 A_i 的限制：

$$\sum_{i=1}^{N} A_i + A_s = 1 \tag{5-23}$$

在高斯假设下，最大似然估计就是对方差的最小化。因此，全局最优滤波转化为一个优化问题：

$$\begin{cases} \min_{A_1, A_2, \cdots, A_N, A_s} P_g = \sum_{i=1}^{N} A_i^2 P_i + A_s^2 P_s \\ \text{s.t.} \sum_{i=1}^{N} A_i + A_s = 1, A_i \geqslant 0, A_s \geqslant 0 \end{cases} \tag{5-24}$$

通过拉格朗日乘子法可以得到目标函数

$$L(A, \alpha, \beta) = \sum_{i=1}^{N} A_i^2 P_i + A_s^2 P_s - \sum_{i=1}^{N} \alpha_i A_i - \alpha_s A_s + \beta\left(\sum_{i=1}^{N} A_i + A_s - 1\right) \tag{5-25}$$

K.K.T 条件是

$$\frac{\partial L}{\partial A_i} = 0, \quad \frac{\partial L}{\partial A_s} = 0, \quad \sum_{i=1}^{N} A_i + A_s, \quad \alpha_i A_i = 0, \quad \alpha_s A_s = 0 \tag{5-26}$$

由此可以解出

$$A_s = \frac{\dfrac{1}{P_s}}{\displaystyle\sum_{i=1}^{N} \dfrac{1}{P_i} + \dfrac{1}{P_s}}, \quad A_i = \frac{\dfrac{1}{P_i}}{\displaystyle\sum_{i=1}^{N} \dfrac{1}{P_i} + \dfrac{1}{P_s}} \tag{5-27}$$

这给出了最佳全局估计的线性组合系数。基本上，系数与局部滤波性能成反比。

全局最优估计的最终结果为

$$\hat{x}_g = \frac{\dfrac{\hat{x}_s}{P_s} + \displaystyle\sum_{i=1}^{N} \dfrac{\hat{x}_i}{P_i}}{\dfrac{1}{P_s} + \displaystyle\sum_{i=1}^{N} \dfrac{1}{P_i}} \tag{5-28}$$

在更一般的情况下，x 轴和 y 轴方向上是非独立的，那么状态向量可以表示为

$$\hat{\pmb{x}}_g = \sum_{i=1}^{N} \pmb{A}_i \hat{\pmb{x}}_i + \pmb{A}_s \hat{\pmb{x}}_s \tag{5-29}$$

式中，$\pmb{A}_i$ 和 $\pmb{A}_s$ 分别是 2×2 矩阵，使用相似的优化方法和向量求导法则，可以得到矩阵形式的系数为

$$\begin{aligned}
\pmb{A}_s &= \pmb{P}_s^{-1} \left(\sum_{i=1}^{N} \pmb{P}_i^{-1} + \pmb{P}_s^{-1} \right)^{-1} \\
\pmb{A}_i &= \pmb{P}_i^{-1} \left(\sum_{i=1}^{N} \pmb{P}_i^{-1} + \pmb{P}_s^{-1} \right)^{-1}
\end{aligned} \tag{5-30}$$

3）有 RSU 设备参与的全局滤波器

在未来的无人驾驶汽车场景中，通常考虑使用 RSU 向车辆提供信息并协助车辆行驶，如图 5-20 所示。在车联网中，不仅存在 V2V，还有车辆和 RSU 之间的通信。

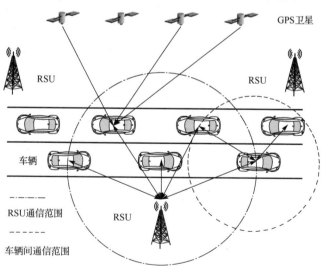

图 5-20　车联网协作定位示意图

在系统中，RSU 被建模为具有先验位置信息的可通信设施，并且可以被车辆感

测设备识别。在车辆定位期间，车辆感测系统能够识别 RSU，并且从 RSU 获得相对位置。RSU 在通信范围内向车辆广播其自身的绝对位置坐标，由此车辆可以获得其自己的绝对位置估计。因为 RSU 的位置信息是确定的，所以误差仅来自车辆传感装置的误差而没有 GPS 误差。因此，RSU 可以大大提高定位的准确性。与之前推导类似，可以基于 RSU 获得状态测量

$$z_{r \to s}[k] = H_{r \to s} x_{r \to s}[k] + v_{r \to s}[k] \tag{5-31}$$

式中，$v_{r \to s}$、$x_{r \to s}$ 是车辆 V_s 的噪声和状态，如果该车可以感知到 RSU 并在 RSU 通信范围内，则全局最优估计为

$$\hat{x}_g = \sum_{i=1}^{N} A_i \hat{x}_i + A_s \hat{x}_s + A_r \hat{x}_r \tag{5-32}$$

式中

$$A_s = P_s^{-1} \left(\sum_{i=1}^{N} P_i^{-1} + P_s^{-1} + P_r^{-1} \right)^{-1}$$

$$A_r = P_r^{-1} \left(\sum_{i=1}^{N} P_i^{-1} + P_s^{-1} + P_r^{-1} \right)^{-1} \tag{5-33}$$

$$A_i = P_i^{-1} \left(\sum_{i=1}^{N} P_i^{-1} + P_s^{-1} + P_r^{-1} \right)^{-1}$$

可以看出，RSU 可以提高 RSU 通信范围内的车辆的定位精度。然后，在 RSU 通信范围内得到 RSU 信息的车辆可以帮助 RSU 通信范围外的车辆提升定位精度，从而提高整个车联网中车辆的定位精度。

3. 仿真结果和实验分析

本节介绍使用 MATLAB 进行仿真以验证提出的多传感器多车辆定位和移动性跟踪框架的性能。在不失一般性的情况下，将经典卡尔曼滤波器用于所有局部滤波器，模拟参数参考文献[18]中的参数设置。应该注意的是，为了显示所提出的算法的优点，测量噪声被设置在相当高的水平，即假设各个传感器的性能较差。

图 5-21 展示了两车的轨迹。水平与垂直轴是 x 坐标和 y 坐标。实验设置了 RSU 的位置，如图 5-20 所示。同时假设 RSU 位于道路的一侧，它们的通信范围仅覆盖上半部分并且彼此不重叠，当然，这是理想的。此外，只有 V1 可以获得 RSU 的信息，并且 V1 只能同时接收一个 RSU 信息。从轨迹上可以看出 V1 的轨迹比 V2 更接近真实轨迹。这表明相比 RSU 的间接帮助，RSU 直接帮助的车辆具有比车辆更高的精度。对于车辆 V1，其自身位置估计的均方根误差(root mean square error, RMSE)为 2.1265m，V2 对 V1 位置估计的 RMSE 为 2.3904m。通过融合两个估计和 RSU 的估计，V1 位置全局估计的 RMSE 减少到 1.0671m(RMSE 减少 50%)；对于

车辆 V2，其自身位置估计的 RMSE 为 3.1442m，V1 对 V2 位置估计的 RMSE 为 4.3466 m。通过融合这两个估计，V2 位置的全局估计的 RMSE 减少到 2.1887m（RMSE 减少 30.4%）。请注意，这是仅通过两辆车之间的合作获得的性能提升。如果涉及更多车辆，则可以进一步提高性能。

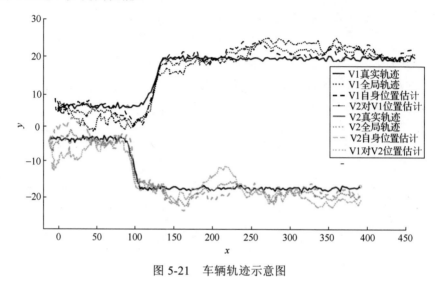

图 5-21　车辆轨迹示意图

此外，本节还对 RMSE 与车辆数量之间的关系进行了实验，如图 5-22 所示。可以看出，随着车辆数量的增多，RMSE 明显下降。

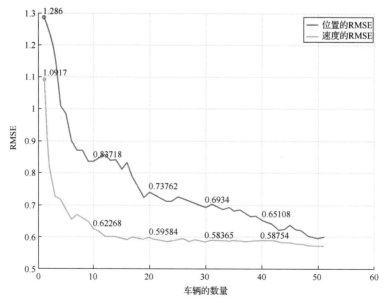

图 5-22　车辆协作定位误差随车辆数量变化示意图

　　同时本节设置了一个更具挑战性和现实性的场景。在以前的道路基础上，设置了一条从 x 坐标 300m 到 x 坐标 400m 的隧道。为了反映 GPS 在隧道中的性能衰减，GPS 定位误差设置为 10 倍大。如图 5-23 所示，隧道中 GPS 的结果与真实轨迹相去甚远，但全局最优估计仍在可接受的范围内。图 5-24 显示驾驶期间车辆 V1 和 V2 各自误差随时间的变化。车辆进入隧道后，GPS 定位误差较大，但车辆可以借助其他车辆获得准确定位，解决了 GPS 信号不稳定的问题。

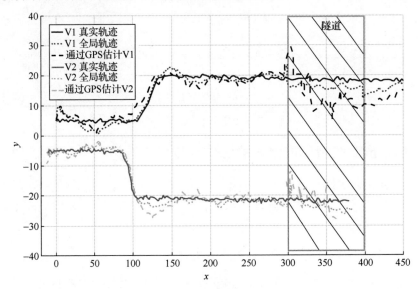

图 5-23　有隧道情况下车辆轨迹仿真图

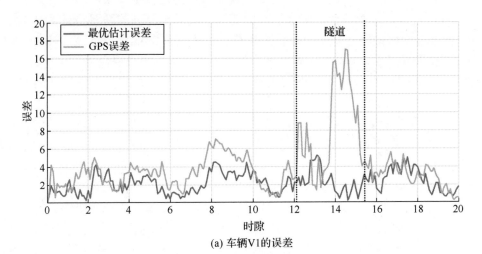

(a) 车辆 V1 的误差

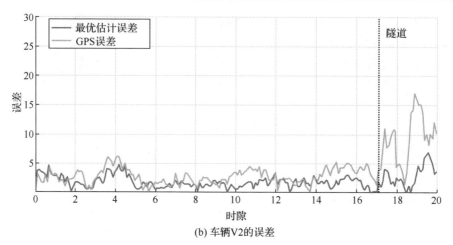

(b) 车辆V2的误差

图 5-24　车辆 V1 和 V2 各自误差随实际变化示意图

5.3.4　基于重叠联盟形成博弈的协作定位链路选择

为了解决分布式协作定位算法中存在的计算复杂度高、数据包易碰撞等问题，在本节中引入机会协作定位，通过利用重叠联盟形成博弈实现能够自组织和自优化的链路选择算法。

1. 基于重叠联盟形成博弈的机会协作定位

从本质上说，在联盟博弈论(coalitional games)中存在一组参与者(player)，它们设法形成一个相互协作的小组，也称为联盟。特别是在重叠联盟形成博弈中，参与者可以同时加入多个联盟，将自己有限的资源贡献给不同的联盟。对于协作定位场景，在本节中将链路选择问题建模为具有非转移效用(non-transferable utility, NTU)的重叠联盟形成博弈，其中 agent 节点作为参与者。在第一次迭代过程中 agent 节点只能求助于其周边的 anchor 节点，因此本节提出的基于重叠联盟形成博弈的实现方法从第二次迭代开始工作。

在一个完整联盟中，$N_i^{(k)}$ 可以是簇 C_i 中 agent 集合 N_i 的任意子集，因此有 $N_i^{(k)} \in N_i$。最终组成完整联盟 $T_i^{(k)}$ 的集合，可以写为 $T_i^{(k)} = \{i \cup N_i^{(k)}\}$。直观地看完整联盟的结构是星形的，所以在下面分别将 agent i 与 $N_i^{(k)}$ 称为完整联盟 $T_i^{(k)}$ 的中心和周边节点。图 5-25 给出了第 k 次迭代时两个完整联盟 $T_i^{(k)}$ 和 $T_p^{(k)}$ 的一种可能组合，它们是由图 5-26 衍生而来的。根据图 5-25 可以总结出联盟具有的一些特性。第一，联盟中并不含有 anchor 节点。第二，连接 agent i 和 agent j 的 agent-agent 链路既可以是单向的也可以是双向的。第三，完整联盟 $T_i^{(k)}$ 中 agent i 周边的节点(即除了 agent i 以外的节点)可以归纳为三类：第一类 agent 节点向 agent i 提供位置信息，它们的集合表示为 $N_{\to i}^{(k)}$；第二类 agent 节点接收 agent i 的位置信息，其集合定义为 $N_{i \to}^{(k)}$；

第三类 agent 节点既可以用于定位 agent i 也可以收到 agent i 的位置信息，即同时属于集合 $N_{\to i}^{(k)}$ 和 $N_{i\to}^{(k)}$。从图 5-25 可以观察到，在完整联盟 $T_i^{(k)}$ 中 agent j 属于第一类，而在完整联盟 $T_p^{(k)}$ 中 agent j 则属于第三类。

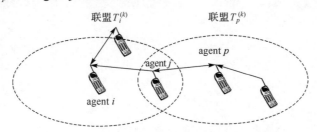

图 5-25　第 k 次迭代时联盟间协作定位示意图

　　图 5-26 显示了第 k 次迭代时的一种可能的重叠联盟结构，它由七个 agent 节点组成。可以看出 agent 1、2 和 6 定位不准确，因此构成三个完整联盟，即 $T_1^{(k)}$、$T_2^{(k)}$ 和 $T_6^{(k)}$。对于网络中其余的四个节点，它们均已在第 $k-1$ 次迭代中定位准确。因此，这些 agent 节点构成单独联盟，它们会持续地向通信范围内的完整联盟的中心节点提供位置信息。需要强调的是连接完整联盟与单独联盟的 agent-agent 链路均为单向的，它们始于单独联盟，如 4→1 和 5→2。此外，在重叠联盟形成博弈中最重要的特点就是联盟之间可以重叠，如图 5-26 中的 agent 1、2 和 3 就同时属于联盟 $T_1^{(k)}$、$T_2^{(k)}$；agent 3 则是联盟 $T_1^{(k)}$、$T_2^{(k)}$ 和 $T_3^{(k)}$ 的交集。

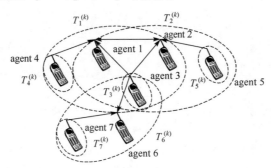

图 5-26　第 k 次迭代时的重叠联盟结构示意图

　　处于重叠状态的 agent 节点不仅发送自身位置信息，还可以充当完整联盟的中心以接收必要的位置信息。如前面所述，在本节中提出的机会链路选择算法只涉及 agent 节点。为了选取出对定位最有帮助的 agent-agent 链路集合，本节引入利益模型对协作带来的收益和代价进行建模。将利益模型采用拟人化的方法可以解释为如下的形式：如果某个人对他人提供帮助，那么他能获得加分；如果他只是一味地获取别人的帮助，那么只能得负分。对于第 k 次迭代时的联盟结构 $CS(k)$，定义完整联盟 $T_i^{(k)}$ 对应的效用函数为

$$U = \alpha \sum_{j}^{i \rightarrow} w_{j,i} - \beta \sum_{j}^{\rightarrow i} w_{i,j} - \gamma \cdot \text{cost} \tag{5-34}$$

式中，$w^{(k)}_{j,i}$ 为第 k 次迭代时 agent i 为 agent j 提供位置信息带来的好处，也可以理解为 agent j 通过与 agent i 协作误差降低的程度。因此，式(5-34)等号右侧第一项代表了 agent i 为周边 agent 节点集合 $N_{i-}{}^{(k)}$ 总共提供的帮助，为正数；而第二项则表示周边 agent 节点集合 $N_{i-}{}^{(k)}$ 总共为 agent i 提供的帮助，为负数。详细说就是如果一个 agent 节点只是获取位置信息而不分享自己的，那么它的效用函数将持续下降，反之亦然。此外，在一些情况下 $N_{i-}{}^{(k)}$ 不一定等于 $N_{-i}{}^{(k)}$，这主要是因为通过机会链路选择后，完整联盟 $T^{(k)}_i$ 对应的 agent-agent 链路更有可能是单向的而不是双向的。至于式(5-34)等号右侧第三项则是一个代价函数。为了平衡式(5-34)中的三个部分，这里引入 α、β 和 γ 作为平衡因子。这三个因子与链路选择的方法、agent 节点和 anchor 节点的密度均有关系，因此需要预先设置好。最后需要强调的是式(5-34)给出的是完整联盟的效用函数，而对于单独联盟而言它们因为已经定位准确而不需要继续定位，所以并没有效用函数的表达式。对于式(5-34)中的 $w^{(k)}_{j,i}$，它是连接现实的定位问题与数学表示方式间的桥梁，具有至关重要的作用。换句话说就是 $w^{(k)}_{j,i}$ 提供了一种数学方式用以表示 agent 节点之间的相互关系。一般来说它可以通过多种方式得到，其中最常用的方法是计算克拉默-拉奥界。此外，也可以通过计算条件 MSE 得到协作带来的收益。

2. 机会链路选择算法

机会链路选择算法在每一次迭代过程中都要运行一遍，在它开始工作之前需要进行特殊的初始化处理。准确说就是判断网络中所有 agent 节点里哪些定位不准确、哪些已经定位准确，从而区分完整联盟和单独联盟，实际上这个初始化处理就是定位终止准则。

尽管本章中提出的机会链路选择算法主要目的是降低复杂度、去除无用的 agent-agent 链路，但是定位过程还需要尽量满足三角定位准则。换句话说，每个 agent 节点需要三个节点(包括 anchor 和 agent)对其进行定位，也就是准则 1。

准则 1　对于选取出来的 agent-agent 链路集合 $N_{\rightarrow i}{}^{(k)}$，它需要满足 $M_i + |N_{\rightarrow i}{}^{(k)}| \geq 3$，否则 agent i 无法准确定位。如果 $M_i < 3$，则所需的最小的 agent-agent 链路数 $|N_{\rightarrow i}{}^{(k)}|_{\min}$ 需要满足 $|N_{\rightarrow i}{}^{(k)}|_{\min} = 3 - M_i$，否则令 $|N_{\rightarrow i}{}^{(k)}|_{\min} = 1$。

实际上，在第 k 次迭代需要满足的条件 $M_i + |N_{\rightarrow i}{}^{(k)}| \geq 3$ 有两个假设。第一个假设是在第 $k-1$ 次迭代中 agent i 定位不准确，因此它是完整联盟的中心。第二个假设是在第一个假设基础上提出的，即周边的所有 anchor 节点都无条件地帮助定位 agent i。以图 5-27 为例，其中簇 C_i 包括两个 anchor 节点和三个 agent 节点。为了满足准则 1，至少需要有一条指向 agent i 的 agent-agent 链路。类似地，对于簇 C_p，至少两条 agent-agent 需要参与定位 agent p。

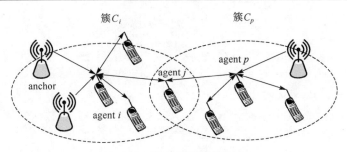

图 5-27　簇之间的协作定位

为了在分布式协作定位中实现机会链路选择，需要首先定义两种顺序(order)，分别是合并顺序(merge order)与分离顺序(split order)。实际上合并顺序和分离顺序定义了在何种情况下 agent 节点加入或者离开一个完整联盟。在博弈论算法中，顺序是构成新的联盟的一种常用方法，但是对于不同的场景和应用，顺序的定义方式存在较大不同。在本书中为了比较两种不同联盟结构的"优劣"，认为判断标准是联盟的效用函数能否增加。

定义(合并顺序)　如果 agent i 向 agent m 提供位置信息构成一个新的联盟 $T_m^{(k)*}$，其效用值变为 $U(T_m^{(k)*})$。对于 agent i 如果 $U(T_m^{(k)})=0$，完整联盟 $T_i^{(k)}$ 变为 $T_i^{(k)*}$，其效用值从 $U(T_i^{(k)})$ 变为 $U(T_i^{(k)*})$。与此同时，网络中的联盟结构由 $\mathrm{CS}_P^{(k)}$ 变为 $\mathrm{CS}_Q^{(k)}$，其中 $\mathrm{CS}_Q^{(k)}=\{T_1^{(k)},\ \cdots,\ T_i^{(k)},\ \cdots,\ T_m^{(k)},\ \cdots,\ T_n^{(k)}\}$。为了满足以上条件，合并顺序定义为

$$\mathrm{CS}_Q^{(k)} \triangleright_M \mathrm{CS}_P^{(k)} \Leftrightarrow \begin{cases} U(T_m^{(k)*}) > U(T_m^{(k)}) \\ U(T_i^{(k)*}) > U(T_i^{(k)}) \end{cases} \tag{5-35}$$

如果 $T_i^{(k)}$ 是一个单独联盟，则 $\mathrm{CS}_Q^{(k)}=\{T_1^{(k)},\ \cdots,\ T_i^{(k)},\ \cdots,\ T_m^{(k)},\ \cdots,\ T_n^{(k)}\}$，此时合并顺序 M 定义为

$$\mathrm{CS}_Q^{(k)} \triangleright_M \mathrm{CS}_P^{(k)} \Leftrightarrow U(T_m^{(k)*}) > U(T_m^{(k)}) \tag{5-36}$$

可以看出其中 agent i 总共有两种可能性，最后分别衍生出式(5-34)和式(5-35)。如果 agent i 是完整联盟 $T_i^{(k)}$ 的中心，合并顺序潜在的含义是只要新构成的两个联盟 $T_m^{(k)*}$ 和 $T_i^{(k)*}$ 对应的效用值超过之前的，那么新的 agent-agent 链路 $m{\rightarrow}i$ 就会建立起来。此外需要强调的是尽管 agent i 向 agent m 提供位置信息，但是它不一定会离开之前的联盟，其前提是 agent i 为某个完整联盟的周边节点。如果 agent i 是一个单独联盟，合并顺序 M 成立的条件则更为简单，只要完整联盟 $T_m^{(k)}$ 的效用值比之前 $T_m^{(k)}$ 的有增加，agent i 就向 agent m 发送位置信息。

通过类比合并顺序，可以较为简单地给出分离顺序的定义。

定义(分离顺序)　如果 agent i 不再向 agent r 提供位置信息，联盟 $T_r^{(k)}$ 变为 $T_r^{(k)+}$，其效用值也变为 $U(T_r^{(k)+})$。如果 agent i 的效用值 $U(T_i^{(k)})=0$，则效用值也由 $U(T_i^{(k)})$ 变为 $U(T_i^{(k)+})$。与此同时，网络中的联盟结构由 $\mathrm{CS}_E^{(k)}$ 变为 $\mathrm{CS}_F^{(k)}$，其中

$CS_F^{(k)}=\{T_1^{(k)},\ \cdots,\ T_i^{(k)+},\ \cdots,\ T_r^{(k)},\ \cdots,\ T_n^{(k)}\}$。为了满足以上条件，分离顺序定义为

$$CS_F^{(k)} \vartriangleright_S CS_E^{(k)} \Leftrightarrow \begin{cases} U(T_r^{(k)+}) > U(T_r^{(k)}) \\ U(T_i^{(k)+}) > U(T_i^{(k)}) \end{cases} \tag{5-37}$$

如果 $T_i^{(k)}$ 是一个单独联盟，则 $CS_F^{(k)}=\{T_1^{(k)},\ \cdots,\ T_i^{(k)},\ \cdots,\ T_r^{(k)+},\ \cdots,\ T_N^{(k)}\}$，此时分离顺序定义为

$$CS_F^{(k)} \vartriangleright_S CS_E^{(k)} \Leftrightarrow U(T_r^{(k)+}) > U(T_r^{(k)}) \tag{5-38}$$

对于以上给出的分离顺序定义，不考虑其实现以后 agent i 是否留在其他联盟中或维持单独联盟的状态。此外，为了避免增加不必要的重复计算开销，这里引入 $h^{(k)}_i$，它被称为第 k 次迭代时 agent i 的历史集合。在 $h^{(k)}_i$ 中存储了第 k 次迭代中所有与 agent i 有过连接的 agent 节点集合。实际上，这些存储在 $h^{(k)}_i$ 里的集合已经被证明是次优的。当采用合并顺序和分离顺序生成新的联盟结构时，agent i 需要检查当前组合是否以前曾经尝试过，如果尝试过就换另一种组合。

在算法 5-4 中给出了结合机会链路选择和定位终止准则的协作定位算法。

算法 5-4　机会链路选择算法

结合机会链路选择和定位终止准则的协作定位(以 agent i 为例)

---

1. 初始化：

1-1　agent i 发现其周边 anchor 节点与 agent 节点的集合 M_i 和 N_i，它们构成簇 C_i

1-2　实现测距 z

2. 阶段 1：迭代 $k = 1$

2-1　每一个 anchor 节点发送其位置 $x^{(0)}$

2-2　接收通信范围内 anchor 节点发送的 $x^{(0)}$

2-3　更新得到位置估计 $x^{(1)}$

3. 阶段 2：迭代 $k = 2 : N_{iter}$

重复

3-1　机会链路选择初始化：判断在上一次迭代中得到的位置估计或置信度是否精确。如果精确就终止对 agent i 继续定位；否则的话进行下一步。

3-2　为实现机会链路选择 agent 之间交换位置信息(如贝叶斯估计需要的均值和协方差矩阵

重复

　　3-3　参考 $h^{(k)}_i$，根据不同的 $N_{i\rightarrow}^{(k)}$ 和 $N_{\rightarrow i}^{(k)}$ 的组合计算 $U(T_i^{(k)})$

　　3-4(a)　基于合并顺序，agent i 决定是否加入一个新的联盟

　　3-4(b)　基于分离顺序，agent i 决定是否离开一个联盟

　　直到：收敛到一个稳定的联盟结构 $CS_{opt}^{(k)}$，其中 agent i 对应的集合为 $N_{i\rightarrow,opt}^{(k)}$ 和 $N_{\rightarrow i,opt}^{(k)}$

3-5　如果 $N_{i\rightarrow,opt}^{(k)}=0$，发送位置估计 $x^{(k-1)}$；否则不发送任何位置信息

3-6　接收第 $k-1$ 次迭代的位置估计 $x^{(k-1)}$

3-7　更新位置估计 $x^{(k-1)}$

直到：N_{iter} 次迭代完成或者 agent i 已经定位准确满足定位终止准则

此外，对于机会链路选择实现过程还需要进行补充。在每一次迭代 $k(k, 2)$ 开始

时 (3-2 步和 3-3 步之间)，初始的联盟结构包括所有的 agent 节点以及所有可能的 agent-agent 链路。其中已经定位准确的 agent 节点（单独联盟）只向定位不准确的 agent 节点（完整联盟的中心）提供位置信息，因此它们对应的链路为单向的，只可能是由准确的 agent 指向不准确的 agent。这里有必要说明的是 3-3 步和 3-4 步，实际上它们包括了三个阶段。在阶段 1，基于 3-2 步中 agent 节点交互的内容，每个 agent 计算所有可能的链路组合，选取出哪些可以提高自身效用值的组合。接下来在阶段 2 中，agent 节点之间交换这些组合寻找是否有两两之间能够匹配的。在阶段 3，这些可以匹配的组合在 $h_i^{(k)}$ 的辅助下寻找出最优值。实际上阶段 3：合并顺序与分离顺序。最终可以得到第 k 次迭代时最优的联盟结构。通过以上的方法，每一个 agent 都可以自己做出决定而不需要中心处理器的协助，因此和中心式算法相比具有明显的优势。

3. SPAWN 算法的应用

为了实现分布式协作定位，在本章中采用了 Wymeersch 等[15]提出的 SPAWN 算法。该算法是一种完全分布式的协作定位解决方案，其中结合了因子图（factor graph, FG）与和积算法（sum product algorithm, SPA）的思想。因子图可以看作一个函数因式分解后的图解表达式。假设一个函数 $f(X_1;X_2;X_3;X_4)$ 可因式分解为 $f(X_1;X_2;X_3;X_4)=f_A(X_1)f_B(X_1;X_2)f_C(X_1;X_3;X_4)$，其中 X_1、X_2、X_3 和 X_4 是变量，f_A、f_B 和 f_C 是因子，如图 5-28 所示。

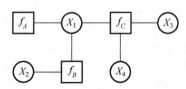

图 5-28　因子图示意图

SPAWN 算法的具体推导可以参考文献[15]，在此不做过多描述。算法 5-5 里给出了 SPAWN 算法的整个流程。需要注意的是，其中并没有加入前面提出的机会链路选择和定位终止准则。在第 k 次迭代中，agent i 需要收集上一次迭代中周边节点的置信度。

算法 5-5　协作定位算法——SPAWN

SPAWN（以 agent i 为例）
1. 初始化：
1-1　agent i 发现其周边 anchor 节点与 agent 节点的集合 M_i 和 N_i，它们构成簇 C_i
实现测距 z
2. **重复**：迭代 $k = 1 : N_{iter}$
2-1　发送 $k-1$ 次迭代得到的置信度

（续）

2-2	接收周边节点的置信度 $b^{(k-1)}$
2-3	由节点 j 传递给 agent i 信息
2-4	通过乘法运算得到更新后的置信度
3.	直到：N_{iter} 次迭代完

4. 仿真结果与分析

本章中的仿真场景如图 5-29 所示，仿真的区域为一个 60m×60m 的正方形，其中包含有 5 个固定位置的 anchor 节点（黑色正方形）和 12 个随机分布的 agent 节点（黑色圆形），它们的通信距离均为 17m。

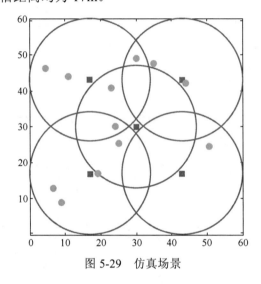

图 5-29　仿真场景

仿真结果显示平均每个 agent 节点可以与 1.22 个 anchor 节点通信，因此如果按照传统的三角定位（即非协作定位）网络中大部分 agent 节点都无法准确定位。而如果采用协作定位以后，每个 agent 节点平均可以通过 3.82 个节点获取位置信息，这些节点包括 anchor 节点和 agent 节点，因此大部分节点可以较为准确地实现定位。

基于之前的讨论和分析，造成以 SPAWN 为代表的传统分布式协作定位算法复杂度较高的原因主要有两方面。首先，对于一个具体的 agent 节点，它的计算复杂度与参与定位它的链路数成正比，如图 5-30 所示。如果每个 agent 节点可以选取对它最有帮助的 agent-agent 链路集合以取代所有可能的链路，那么它自身的计算复杂度就可以降低。其次，对于整个网络的复杂度，它不仅与单个 agent 节点的复杂度有关，还与网络中需要定位的 agent 数目有关，如图 5-31 所示。简而言之，如果那些定位准确的 agent 节点能够及时终止定位，那么网络中总的复杂度还可以进一步降低。

从图 5-30 可以看出，如果采用机会链路选择算法，从第二次迭代开始平均每个 agent 节点所需的链路数就会显著降低。需要强调的是尽管本章提出的算法只关注最优的 agent-agent 链路，但是图中所示的总链路数不仅包括 agent-agent 链路，还包括 agent-anchor 链路。在第一次迭代中，无论是否采用机会链路选择 agent 节点也只能依靠周边的 anchor 节点，因此图 5-30 的两条曲线具有相同的初始值。而在之后的迭代过程中，传统的 SPAWN 算法所需链路数保持在一个较高值（平均 3.82 条链路）。相比而言，当定位收敛以后，采用机会链路选择的 SPAWN 算法平均所需链路降低到 0.7 条。最后，再根据图 5-31 分析网络中总的计算复杂度变化。可以观察到在机会链路选择算法的帮助下，平均需要定位的 agent 节点数从原先的 12 个降低到 4 个。因此，网络中总的计算复杂度也可以得到降低。

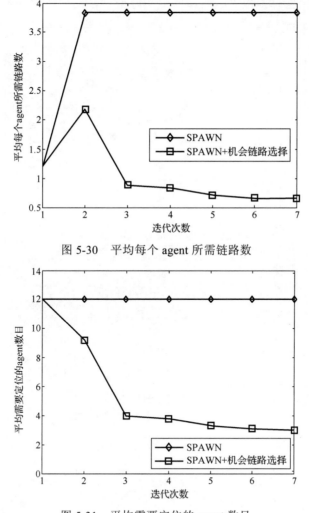

图 5-30　平均每个 agent 所需链路数

图 5-31　平均需要定位的 agent 数目

图 5-32 与图 5-33 中分别给出了不同算法和迭代次数对应的互补累积分布函数（complementary cumulative distribution function, CCDF）以及均方根误差的比较。为

了便于比较，图 5-32 中首先给出第一次迭代的 CCDF 曲线（—■—）作为参考。对于图 5-32 中另外两条曲线，它们都是在第七次迭代后得到的结果。一般来说，越多的 agent 节点共享位置信息意味着更高的精度。但是采用本章中提出的基于重叠联盟形成博弈的机会链路选择算法以后，大量之前曾经相连的链路被舍弃，这样造成的结果就是精度不可避免地有所下降。类似的结果也可以从图 5-33 中显示的 RMSE 曲线看出，当迭代结束时两条 RMSE 曲线均可以趋于收敛。需要强调的是对于所有基于博弈论的链路选择算法，它们都面临精度下降的问题。不过从图 5-32 和图 5-33 中可以观察到采用本章提出算法后精度上的降低还是比较小的，甚至可以忽略。

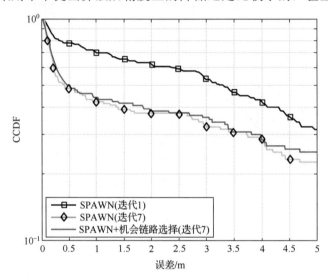

图 5-32　CCDF 性能比较

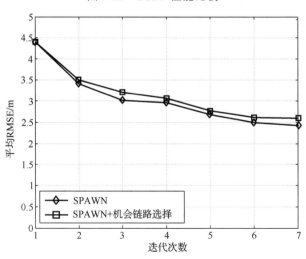

图 5-33　平均 RMSE 比较

5.4 基于车联网的无人车协作感知

环境感知是保证无人车安全行驶的关键步骤,感知系统利用安装在车辆上的丰富传感器实时地检测周边环境,为车辆提供有效的环境信息,并及时对潜在危险进行预警,辅助车辆根据当前驾驶环境做出准确的决策,为车辆的路径规划提供依据。

然而,在复杂的交通环境下,车辆间相互遮挡的现象十分频繁,感知视野存在一定的盲区,加之传感器的检测性能可能受到天气、环境等外部影响,使得车辆的环境感知过程受到很大影响,如何克服这些局限性成了当前车辆环境感知技术研究的一个热点问题。随着无线通信技术的发展和 5G 技术的突破,车联网的概念随之而来,借助车联网环境,通过车内(in-vehicle)通信、车间通信以及车路通信等无线通信机制,车辆能够和周边车辆交互感知信息,可以通过融合多车提供的信息实现协作感知,从而获得更加全面、可靠的行车环境信息。

多车协作感知能够有效地提高检测的准确性、扩展检测范围、解决盲区、遮挡等问题,弥补了单车环境感知的不足,为提高道路交通安全性、改善整体交通环境提供了新的解决思路,具有重要的理论与实际意义。本章将围绕基于车联网的无人车协作感知技术展开研究,重点研究基于多车协作创建环境地图的车辆检测技术,并通过仿真实验对多车协作的感知效果进行验证,对不同算法的优劣加以讨论,得出一些重要结论。

5.4.1 背景介绍

环境感知是无人车系统的关键环节之一,也是目前无人车驾驶技术的难点之一,环境感知系统主要解决的问题是如何更好地感知道路环境信息,其中,道路环境里各种道路标识的识别、障碍物信息的感知以及道路边界的提取是三大核心要素,它们是无人车安全驾驶的必要前提。

丰富的传感器系统是无人车捕捉环境信息的必不可少的工具,目前常用的车载传感器有激光雷达、毫米波雷达以及视觉系统,激光雷达是无人车研发系统中应用最为广泛的一种传感器,它具有较高的测距精度,不受白天和黑夜光照条件的限制,能够实现全天时工作,但激光雷达受大气和烟尘影响严重,在雾霾、雨雪等极端天气中性能大大下降,难以实现全天候工作;毫米波雷达工作在毫米波波段,与激光雷达相比,毫米波雷达的探测距离更远,成本更低,而且多普勒效应明显,测速精度更高,对物体的穿透能力很强,可以穿透雾、烟、灰尘等,实现全天候工作,但毫米波雷达无法对目标进行细化识别,无法感知行人,难以对障碍物精确建模;视觉系统的价格低廉,具有雷达无法完成的图像识别功能,可以获得车道线、目标颜色和形状等细节,从而进行深度识别,但视觉系统的视野有限,易受恶劣天气影响,而且无法获取环境的深度信息,测距能力没有激光雷达精确。

　　车辆的感知系统根据这些传感器的信息，创建无人车环境地图，对车辆、路标等物体的空间位置及物理尺寸进行准确描述，环境空间的表征方式主要分为栅格地图（grid-based map）、特征地图（landmark map）、拓扑地图（topological map）和直接表征法（appearance-based methods）四类。栅格地图将环境信息映射到一系列大小相同紧密排列的栅格中，每个栅格的占用的情况用概率值体现，它容易创建、调整和表示，但当环境规模较大或对环境划分比较详细时，栅格数量增多，计算量增大，会给计算机的实时处理带来困难；特征地图通过存储边界点、线段、边缘等体现环境信息的特征来描述环境，它的存储数据量和所需计算量相对较小，而且特征容易被机器人感知到，但特征地图的更新比栅格地图复杂很多，需要一定数量的感知数据才能得到结果；拓扑地图重在描述环境的拓扑结构，对位置距离等信息没有精确要求，因此数据存储量较低，对计算时间的要求不高，但拓扑节点不易定义，环境的相似性容易引发节点混淆等问题；直接表征法是直接用传感器的原始测量数据表征环境地图，传感器数据本身就包含了丰富的环境信息，因此这一方法能够更准确地描述环境，但庞大的数据也同样也给存储系统带来压力，而且易受噪声干扰，有一定的应用局限性。

1. 单车感知技术

　　单车进行感知时，如何提高感知精度、如何适应复杂的场景变换与目标运动、如何克服环境和其他物体的干扰等问题是一直以来的研究热点，根据感知所基于的传感器，可以将目前关于单车感知问题的研究分为基于计算机视觉[21]、基于雷达技术[22]、基于多传感器数据融合[23]三类。

　　传感器都有自身的局限性，没有一种传感器能保证始终提供可靠的数据，因此多传感器数据融合成为了一个研究热点，通过综合多个传感器的检测结果可以得到更可靠的数据，使不同传感器优势互补，克服单一传感器可靠性低、探测范围小的缺点。但在实际的交通场景中，车辆很可能由于自身所处的位置不佳，受到周边建筑物或者车辆的遮挡影响，从而无法全面地掌握周围环境信息，因此要从根本上解决单车感知的盲区和障碍物遮挡问题，仅仅依靠一辆车的多个传感器共同探测是远远不够的，还需要借助周围车辆的感知信息。

2. 多车协同技术

　　目前各国对多车协作的研究均处于起步阶段，欧盟国家为了促进汽车协同技术的发展，发起了 i-GAME 研究项目，旨在加快汽车协同自动化技术的提升与推广，协作驾驶挑战赛（Grand Cooperative Driving Challenge，GCDC）2016 是在荷兰赫尔蒙德与埃因霍温之间的 A270 公路上举行的竞争性和创新性展示活动，期间有 10～12 个欧洲团队综合利用汽车自动化和 V2V 与 V2I 通信技术进行激烈角逐，文献[24]提出了多车合作的信任模型，通过对当前的环境进行评估，生成信任指数来描述对环境、本车以及周边车辆所提供信息的信任程度，这一模型已经在 GCDC 2016 比赛中得到了较好的效果验证。

上海交通大学利用 CyberC3 智能车平台开发了协调大规模车辆通行的路口仿真平台，并且在已有的 TORCS(The Open Racing Car Simulator)赛车平台下开发了多种传感器模块，包括激光雷达、视觉模块、GPS 模块等，在此基础上进行了多车协作、多车传感器数据融合、车队管理等多项研究，文献[25]就是在该平台下研究了基于多车协作的车辆检测技术。

3. 协同感知技术

目前多车协同技术在决策层面与行为层面已有较多的研究工作，但在感知层面协作的研究仍较少，在车辆驾驶过程中，空间位置是最重要的感知信息，环境地图能够为车辆提供第一级的感知信息，提供车辆视野范围内物体的位置信息，并综合不同传感器的数据格式，将它们以统一的形式呈现出来，因此，很多协同感知技术的研究是基于环境地图的构建展开的。

地图融合是多车协同感知的关键技术，目前地图融合方法可分为两种，一种是基于车辆位姿估计的方法，即通过估计车辆的全局坐标或局部坐标将它们的地图关联起来，但由于车辆的 GPS 定位系统通常有几米的定位误差，而且室外环境中充满了遮挡，这种方法得到的结果并不精准。另一种常用的地图融合方法是基于地图连续准则的方法[26]，它不需要准确地知道车辆的位姿，而是根据某种特定的地图连续性准则直接融合两个地图。

上述关于地图融合的相关研究中主要存在两个问题，一方面，这些研究大都将融合过程的重点放在了地图对齐问题上，即通过一系列搜索算法找到两幅地图间的相似部分，或者通过优化衡量相似度的目标函数求出对应的坐标变换矩阵，实现地图对齐，而没有很好地利用占据栅格地图可以通过概率体现地图不确定性的这一特点，因此可以考虑在融合过程中加入概率融合的步骤，使融合后的地图不仅更加全面，而且更加精确。

另一方面，目前关于占据栅格地图融合的大部分研究都是基于离散的概率模型构建栅格地图的，无法很好地体现传感器检测过程中的不确定性，而且在车辆检测过程中，也很难表示出车辆的形状信息。因此，有必要对将传感器数据映射到占据栅格地图的概率模型进行研究[27]，使传感器检测结果的不确定性与障碍物或车辆的形状在地图中更好地体现出来。

因此，结合上述已有的相关研究以及存在的问题，接下来将重点讨论如何利用雷达数据构建待测车辆的概率分布模型并表征在栅格地图中以及如何对多车的栅格地图进行融合以减少单车地图的不确定性这两个问题，并提出一系列可行方案，在实验阶段分别进行验证与比较。

5.4.2　单车占据栅格地图的构建

栅格地图法是目前最成熟、安全系数最高的算法，适用于构建难以提取特征的非结构环境，虽然非常耗费运算资源，但对于自动驾驶来说，安全是第一位的，因此适合应用于无人车中，而激光雷达非常适合栅格法，使用激光雷达数据时，栅格地图十分方便构建，因此本章采用栅格地图作为行车环境表征的形式，并在此基础上对单车栅格地图的构建与多车地图的融合进行一系列的研究工作。

传统的占据栅格地图多应用于静态环境，通过雷达多次对环境扫描，不断更新栅格地图，从而得到信息越来越精确的地图，如机器人在导航规划时，通过对环境多次扫描，构建出体现障碍物占用情况的栅格地图，从而在不被占用的区域内选择最佳路径。

但在车联网环境下，车辆运行速度较快，周边环境是不断变化的，而且由于环境遮挡与车辆间相互遮挡等问题，车辆在短时间内检测到的环境信息很难全面地表现出障碍物的形状、尺寸、方向等信息，因此如何在有限的时间步长内，通过雷达采集的数据构建出全面表现环境中障碍物信息的地图是本章研究的关键，由于环境不再是静态的，因此本章不再关注栅格地图的更新问题，而是用融合过程代替更新过程，着重研究概率分配算法与多车地图融合模型，使得每辆车的地图信息更加全面与准确。

激光雷达在扫描环境时，可以返回环境中障碍物的多个反射点信息，包括位置、速度、噪声方差、回波信噪比等，可以利用这些信息去估计环境中障碍物的位置分布和占用概率分布，其中，占用概率分布能够体现出地图中各个栅格的占用概率，也就是探测区域的不确定性，因此，占据栅格地图能体现出障碍物的位置、形状、方位等特点以及每一点的不确定性。

假设场景中有 N 辆车，其中，第 i 辆车的激光雷达在 t 时刻接收到了车辆 j 返回的 M 个散射点的回波信息，它们的位置分别是

$$z_t^1 = (x_t^1, y_t^1), z_t^2 = (x_t^2, y_t^2), \cdots, z_t^M = (x_t^M, y_t^M) \tag{5-39}$$

占用概率分配算法的目的就是求出栅格地图的 $p(m(x,y) | z_t^1, z_t^2, \cdots, z_t^M)$，其中，$(x,y)$ 指车辆 i 的局部地图内的任意一个栅格的坐标，$p(m(x,y) | z_t^1, z_t^2, \cdots, z_t^M)$ 表示在车辆 i 的局部地图中，当检测到车辆 j 的反射点位置为 $z_t^1, z_t^2, \cdots, z_t^M$ 时，坐标为 (x,y) 的栅格被占用的概率。

在起始时刻 $t=0$，由于激光雷达未开始扫描，地图中的栅格信息未知，因此都处于不确定状态，所有栅格的占用概率初值均设为 0.5。

1. 基于测量噪声的概率分布估计

基于测量噪声的概率分布估计是根据每个检测点周围的噪声信息逐一对其周围的栅格概率进行更新。

雷达除了会返回每个散射点的位置信息，还会返回该测量值在 x,y 方向的噪声方差信息，假设测量噪声服从高斯分布，x,y 方向独立，则可以得到每一个检测点周围的概率分布，表示如下：

$$p(m(x,y)\,|\,(x_t^i,y_t^i)) = \frac{1}{2\pi\sigma_x^i\sigma_y^i}\exp\left(-\frac{1}{2}\left[\frac{x-x_t^i}{\sigma_x^{i\,2}}+\frac{y-y_t^i}{\sigma_y^{i\,2}}\right]\right) \tag{5-40}$$

式中，(x_t^i,y_t^i) 表示第 i 个检测点的坐标；σ_x^i、σ_y^i 分别表示第 i 个检测点处 x 和 y 方向的噪声标准差，从式(5-40)可以看出，该分布的峰值位于检测点处，即检测点对应的栅格占用概率最高，确定性最强。

为了简化运算量，对于任一检测点 (x_t^i,y_t^i)，仅考虑其周围 $x_t^i-3\sigma_x^i < x < x_t^i+3\sigma_x^i$，$y_t^i-3\sigma_y^i < y < y_t^i+3\sigma_y^i$ 区域内栅格的占用概率，因为对于一维正态分布来说，均值左右 3σ 的区域内包含 99.73%的面积，所以取这一区域进行计算不会损失太多信息，而且可减少运算时间。

依次求出每个检测点对应区域的概率分布然后分别映射到本车的局部占据栅格地图中，映射方法在 5.4.4 节中会有介绍，经过 M 次更新后，地图中会完整呈现出对应待测车辆的完整信息。

2. 最大似然估计

这一方法将待测车辆视为有一定物理尺寸的单点目标，假设其周围的概率分布服从二维高斯分布，概率分布的均值可以体现车辆的中心位置，协方差矩阵可以体现车辆的尺寸与方位信息。

若在 t 时刻，车辆中心位于 $z_t^0=(x_t^0,y_t^0)$，协方差矩阵为 $\varSigma_t = \begin{bmatrix}\sigma_{xx} & \sigma_{xy} \\ \sigma_{yx} & \sigma_{yy}\end{bmatrix}$，那么车辆周围的概率分布可以表示为

$$p_t(z_t^i\,|\,m(z_t^0)) = \frac{1}{2\pi\,|\,\varSigma_t\,|^{\frac{1}{2}}}\exp\left(-\frac{1}{2}(z_t^i-z_t^0)\varSigma_t^{-1}(z_t^i-z_t^0)^{\mathrm{T}}\right) \tag{5-41}$$

式(5-41)表示在 t 时刻，当位于 $z_t^0=(x_t^0,y_t^0)$ 的栅格被占用时，激光雷达检测结果为 z_t^i 的概率。同理，根据激光雷达检测到的 M 个点相互独立的假设，可以得到检测结果为这 M 个点的概率：

$$p_t(z_t^1,z_t^2,\cdots,z_t^M\,|\,m(z_t^0)) = \prod_{i=1}^{M}p_t(z_t^i\,|\,m(z_t^0)) \tag{5-42}$$

式(5-42)最大值对应的解就是车辆的中心位置和协方差矩阵的最大似然估计值，即

$$\hat{z}_t^0 = \arg\max_{z_t^0}\,p_t(z_t^1,z_t^2,\cdots,z_t^M\,|\,m(z_t^0)) \tag{5-43}$$

$$\hat{\Sigma}_t = \underset{\Sigma_t}{\arg\max}\, p_t(z_t^1, z_t^2, \cdots, z_t^M \mid m(z_t^0))$$

由于正态分布的最大似然估计有闭式解，表示如下：

$$\hat{z}_t^0 = \frac{1}{M} \sum_{i=1}^{M} z_t^i \tag{5-44}$$

$$\hat{\Sigma}_t = \frac{1}{M} \sum_{i=1}^{M} (z_t^i - z_t^0)(z_t^i - z_t^0)^{\mathrm{T}} \tag{5-45}$$

因此，车辆周围的概率可以表示为

$$p(m(z) \mid z_t^1, z_t^2, \cdots, z_t^M) = \frac{1}{2\pi \mid \hat{\Sigma}_t \mid^{\frac{1}{2}}} \exp\left(-\frac{1}{2}(z - \hat{z}_t^0)\hat{\Sigma}_t^{-1}(z - \hat{z}_t^0)^{\mathrm{T}}\right) \tag{5-46}$$

为简化运算，仍仅计算 $x_t^0 - 3\sigma_{xx} < x < x_t^0 + 3\sigma_{xx}, y_t^0 - 3\sigma_{yy} < y < y_t^0 + 3\sigma_{yy}$ 区域内栅格的占用概率。

3. k-means 聚类和最大似然估计

在基于最大似然估计的占用概率分配算法中，待测车辆被假设为一个具有一定尺寸的单点目标，服从二元正态分布，然后用最大似然法估计车辆的中心位置与尺寸方位。这种方法突出了车辆的中心分布，但忽视了边界信息，导致地图中的边界信息不明显，而且由于二元正态分布的等值线呈椭圆形，无法很好地描述车辆的形状，因此可以考虑在最大似然估计的基础上增加聚类工作，将待测车辆视为一个多点目标，每个点的分布服从二元正态分布，通过最大似然估计分别求解。

聚类就是根据预先指定的相似标准，将观测值分为一些自然组，其中，每个自然组称为一个簇。在本节研究的问题里，聚类过程是通过衡量不同点间的距离将检测点划分为 k 个集合，再分别对每个集合进行最大似然估计，衡量距离的方法有很多，如欧氏距离、曼哈顿距离、闵可夫斯基距离等。本节采用 k-means 聚类算法，并用欧氏距离衡量点间的相近程度。

k-means 聚类算法的难点在于需要事先确定 k 值，k 值可以根据检测点的分布特征来决定。本章设计函数 $f(z_t^1, z_t^2, \cdots, z_t^n)$ 衡量检测点的密集程度，其中 n 表示簇内的点数 $(n < M)$，并设置阈值 α，若每一个簇内的点都满足 $f(z_t^1, z_t^2, \cdots, z_t^n) < \alpha$，则表示聚类结束，接下来对每一个簇分别进行最大似然估计，否则增加簇的数目（即 k 值），重新聚类。函数 $f(z_t^1, z_t^2, \cdots, z_t^n)$ 与阈值 α 的选择至关重要，直接影响着最终结果的呈现，应使其能够体现检测点的分布特征，从而据此确定簇的数目。在 5.4.6 节将给出具体的判决条件及其对应的地图效果。

由于最大似然估计方法与 3.3.2 节中的方法一样，此处不再赘述，具体的算法流程如下：

(1) 初始化 k 值，$k=2$；

(2) 判断 $f(z_t^1, z_t^2, \cdots, z_t^M) < \alpha$ 是否成立，若成立，转至第 (7) 步，否则，转至第 (3) 步；

(3) 对 M 点进行 k-means 聚类，k-means$(z_t^1, z_t^2, \cdots, z_t^M; k)$；

(4) 若每一簇内的点均满足 $f(z_t^1, z_t^2, \cdots, z_t^n) < \alpha$（$n$ 表示该簇的点数），则转至第 (7) 步，否则，转至第 (5) 步；

(5) $k=k+1$；

(6) 若 $k \geq M$，转至第 (7) 步；否则，转至第 (3) 步；

(7) 对每一簇内的点分别进行最大似然估计。

输出每一个簇周围的概率分布。

4. 核密度估计

核密度估计 (kernel density estimation, KDE) 是统计学中估计随机变量的概率密度函数的非参数方法，它根据有限的数据样本对群体进行推理，在信号处理领域也被称为 Parzen-Rosenblatt 窗口方法。核密度估计和直方图密切相关，但与直方图的离散型相比，核密度估计能够通过选择合适的内核得到平滑的概率密度估计结果，占用概率分配算法的思路与核密度估计的目的很相似，即根据雷达返回的有限个检测点的位置信息估计对应车辆周边的概率密度分布情况，因此可以考虑将核密度估计法应用于待测车辆概率密度估计的过程中，由于位置信息是二维的，因此需要使用二维核密度估计方法，这里采用标准二维正态分布作为内核函数，表达式如下：

$$K_d(z) = \frac{1}{2\pi} e^{-\frac{1}{2} z * z^T} \tag{5-47}$$

式中，$z = [x, y]$，是一个二维向量。

对于二维核密度估计来说，h 带宽应该是一个二维矩阵，用 H 表示，则根据雷达返回的检测点信息估计出的概率密度函数表示如下：

$$P_{\text{KDE}}(z) = \frac{1}{M} \times \sum_{i=1}^{M} K_H(z, z_t^i, H) \tag{5-48}$$

式中，z 表示待估计点的坐标 $z = (x, y)$，$K_H(z, z_t^i, H)$ 表达式如下：

$$K(z, z_t^i, H) = \frac{1}{|H|} \times K_d((z - z_t^i) \times H^{-1}) \tag{5-49}$$

二维核密度估计中如何选取 H 矩阵是一个复杂的问题，文献[28]中介绍了一种可用于估计多维带宽矩阵的广义 Silvermann 经验法则，如果实际的概率密度服从 d 维正态分布，内核函数是标准正态分布，且带宽矩阵为对角阵时，最佳 h 带宽理论计算公式为

$$\tilde{h}_j = \left(\frac{4}{d+2}\right)^{\frac{1}{d+4}} N^{-\frac{1}{d+4}} \sigma_j, \quad j=1,2,\cdots,d \tag{5-50}$$

式中，d 表示核密度估计的维数；N 表示样本点的个数，由于 σ_j 无法事先知道，因此可以用样本第 j 维的标准差 $\hat{\sigma}_j$ 估计 σ_j，由此可以将式(5-50)转换 h 带宽的估计公式，当维数 $d=1$ 时，可表示为

$$\hat{h}_j = \frac{4}{3} N^{-\frac{1}{5}} \hat{\sigma}_j \tag{5-51}$$

式(5-51)就是 Silvermann 经验法则($d=1$)。由于式(5-50)中的第一项 $\left(\frac{4}{d+2}\right)^{\frac{1}{d+4}}$ 始终在 $0.924(d=11)$ 和 $1.059(d=1)$ 之间，因此可以将这一项省略，表示如下：

$$\hat{h}_j = N^{-\frac{1}{d+4}} \hat{\sigma}_j \tag{5-52}$$

这一经验公式显然不能直接推广到一般情况，但它却为带宽矩阵估计提供了一个很好的解决思路，即可以让带宽矩阵与样本数据的协方差矩阵呈正比关系，这样的选择虽然不一定是最佳的，但却避免了复杂的计算过程，减少了算法的复杂度。由此可以得到广义 Silvermann 经验法则，表示如下：

$$\hat{H} = N^{-\frac{1}{d+4}} \hat{\Sigma}^{\frac{1}{2}} \tag{5-53}$$

根据这一思路，假设待测车辆区域的占用分布呈高斯分布，应用广义 Silvermann 经验法则(5-53)，可以得到带宽矩阵为

$$H = M^{-\frac{1}{6}} \times \hat{\Sigma}^{\frac{1}{2}} \tag{5-54}$$

式中，$\hat{\Sigma}$ 为检测点的协方差矩阵。

将式(5-54)、式(5-49)代入式(5-48)中可以得到待测车辆附近栅格的概率密度分布，也就是所求的占用概率分布：

$$p(m(z)\,|\,z_t^1,z_t^2,\cdots,z_t^M) = p_{KDE}(z) \tag{5-55}$$

5.4.3　概率分布到地图中的映射

得到待测车辆的占用概率分布后，需要将这一概率分布映射到当前车辆的栅格地图中，从而在栅格地图中呈现出待测车辆的信息，映射过程的主要目的是利用栅格上一时刻的占用概率与当前时刻返回的占用概率更新栅格的概率，同时对占用概率进行一定的处理。

假设栅格 i 在地图中的坐标为 (x_i, y_i)，其 $t-1$ 时刻的占用概率为 $p_{t-1}(x_i, y_i)$，根据雷达当前时刻检测点的信息所得到的占用概率为 $p(m(x_i, y_i) | z_t^1, z_t^2, \cdots, z_t^M)$，下面将以栅格 i 为例介绍映射过程，其他栅格同理，具体步骤如下。

(1) 将占用概率分布进行归一化：

$$p(m(x, y) | z_t^1, z_t^2, \cdots, z_t^M) = p(m(x, y) | z_t^1, z_t^2, \cdots, z_t^M) / m \tag{5-56}$$

式中，$m = \max(p(m(x, y) | z_t^1, z_t^2, \cdots, z_t^M))$。

(2) 如果 $p_{t-1}(x_i, y_i) == 1$ 或者 $p(m(x_i, y_i) | z_t^1, z_t^2, \cdots, z_t^M) == 1$，则 $p_t(x_i, y_i) == 1$，结束；否则，转至下一步。

(3) 如果 $p(m(x_i, y_i) | z_t^1, z_t^2, \cdots, z_t^M) \leq 0.5$，则 $p_t(x_i, y_i) == 0.5$，结束，这是因为如果占用概率小于 0.5，则可以认为该栅格没有被占用，这里暂不考虑状态是空闲的栅格，因此仍被赋予不确定的状态；否则转至下一步。

(4) 如果 $p_{t-1}(x_i, y_i) > 0.5$，则说明地图中有一障碍物与该待测车辆距离很近，导致有一部分区域重叠，这里采用似然比形式对该概率进行融合，融合方法如下：

$$lp = \log \frac{p_{t-1}(x_i, y_i)}{1 - p_{t-1}(x_i, y_i)} + \log \frac{p(m(x_i, y_i) | z_t^1, z_t^2, \cdots, z_t^M)}{1 - p(m(x_i, y_i) | z_t^1, z_t^2, \cdots, z_t^M)} \tag{5-57}$$

$$p_t(x_i, y_i) == \frac{e^{lp}}{1 + e^{lp}} \tag{5-58}$$

(5) 结束；否则，转至下一步。

(6) 如果上述条件均不满足，则直接将当前时刻的占用概率赋给栅格 i，表达式为

$$p_t(x_i, y_i) = p(m(x, y) | z_t^1, z_t^2, \cdots, z_t^M)$$

5.4.4　地图融合模型

激光雷达返回的检测点信息转换为概率模型映射到地图上后，场景中的每辆车都可以构建出自身的局部占据栅格地图，显示视野中检测到的车辆或障碍物的分布信息，车辆将体现地图信息的数据发送至云端(如路侧设备等)，云端将融合多车的地图，再将结果返回各车。

本章的研究重点在于通过地图融合减少单车检测的不确定性，因此不再过多地关注地图对齐的工作，而是假设云端知道各车在全局坐标系下的位姿，通过简单的坐标变换，将局部地图转换至全局地图中，为下一步的概率融合工作做好准备。

本节将首先简单介绍坐标变换的基本原理和图像插值问题，然后详细介绍概率融合模型。

1. 坐标变换

坐标变换的目的就是将车辆局部地图里的相关位置信息变换到全局坐标系下。假设 t 时刻，车辆在全局坐标系下的位置为 (x_g, y_g)，偏航角为 β，车辆局部地图中的位置矩阵为 $[X_L^T, Y_L^T]$，其中 X_L 是由地图中所有点的 x 坐标组成的行向量，Y_L 是由对应的 y 坐标组成的行向量。首先根据车辆在全局坐标系下的方向进行如下逆时针旋转操作：

$$\begin{bmatrix} X' \\ Y' \end{bmatrix} = \begin{bmatrix} \cos\beta & -\sin\beta \\ \sin\beta & \cos\beta \end{bmatrix} \begin{bmatrix} X_L \\ Y_L \end{bmatrix} \tag{5-59}$$

然后，再将式 (5-59) 的结果平移至车辆在全局坐标系下的坐标中，平移过程如下：

$$\begin{cases} X_G = X' + x_g \\ Y_G = Y' + y_g \end{cases} \tag{5-60}$$

$[X_G^T, Y_G^T]$ 就是 t 时刻车辆占据栅格地图中的位置矩阵在全局地图中的坐标矩阵。

2. 图像插值

由于旋转过程中有浮点运算，如果直接将坐标变换后的结果对应到地图中，近似后可能会出现坐标间断的现象，表现在地图中就是空白点，因此，需要对坐标变换后的图像进行插值处理。

常见的图像插值算法有最近邻算法、双线性内插值算法、三次卷积算法等。本章采用线性插值方法，在插值前，首先要判断待插值的点是否共线，如果基本共线，则进行一维线性插值；如果不共线，则基于三角形进行线性插值，先找出内插点四周的三个点，构成三角形，使内插点在三角形内部，然后进行线性插值。

3. 概率融合模型

本章将以对数似然比的形式进行概率融合，这是因为概率的取值范围为 $[0,1]$，而概率的对数似然比的取值范围为 $[-\infty, +\infty]$，相比于概率形式有更广泛的取值范围，可以避免不必要的截断误差。占用概率的对数似然比形式为

$$L = \log \frac{p_{occ}}{1 - p_{occ}} \tag{5-61}$$

式中，p_{occ} 为占用概率；L 为其对应的对数似然比。

假设 t 时刻场景中有 N 辆车参与协作，编号为 $V_1, V_2, \cdots, V_N$，N 辆车的局部占据栅格地图信息已经经过了坐标变换和图像插值过程，那么对于全局地图中的第 r 个栅格，车辆 V_i 检测到该栅格的占用概率对应的对数似然比可以表示为

$$L_{r,t}^{V_i} = \log \frac{p_t((x_r, y_r) \mid M_{V_i,t})}{1 - p_t((x_r, y_r) \mid M_{V_i,t})} \tag{5-62}$$

式中，(x_r, y_r) 是全局地图中的第 r 个栅格的坐标；$M_{V_i,t}$ 是 t 时刻车辆 V_i 的局部地图经过坐标变换和图像插值后得到的占据栅格地图；$p_t((x_r, y_r) \mid M_{V_i,t})$ 表示 t 时刻栅格 r 在车辆 V_i 地图中的占用概率值；$L_{r,t}^{V_i}$ 是其对应的对数似然比。

将 N 辆车所检测到该栅格的占用概率似然比相加，然后再转换为概率的形式，将其作为概率融合结果映射到全局占据栅格地图的对应位置上，过程如下：

$$L_{r,t}^{f} = \sum_{i=1}^{N} L_{r,t}^{V_i} = \sum_{i=1}^{N} \log \frac{p_t((x_r, y_r) \mid M_{V_i,t})}{1 - p_t((x_r, y_r) \mid M_{V_i,t})} \tag{5-63}$$

$$p_{r,t}^{f} = \frac{e^{L_{r,t}^{f}}}{1 + e^{L_{r,t}^{f}}} \tag{5-64}$$

式中，$p_{r,t}^{f}$ 表示融合后栅格 r 的占用概率值。

5.4.5　仿真结果

在 MATLAB2018a 平台中进行仿真实验，仿真程序由场景搭建、数据采集、地图构建和地图融合四个模块构成，其中，场景搭建模块模拟了一个常见的超车场景，总时长为 4.45s，图 5-34 展示了该场景在 t=3.55s 时的鸟瞰图，有四辆车行驶在一个三车道的道路上，车辆上的数字代表该车的编号，在 t=0 初始时刻，1 号车、2 号车、3 号车在中间车道上行驶，4 号车在左侧车道行驶，3 号车加速，2 号车匀速慢行，由于 2 号车行驶过慢，1 号车企图加速从右侧车道超过 2 号车，跟随在 3 号车后方，在 t=3.55s 时刻，1 号车正在换道。表 5-2 显示了长 120m、宽 10m 范围内三车道 t=3.55s 时场景中车辆的详细信息，可以看出，此时 1 号车行驶较快，2 号车较高。

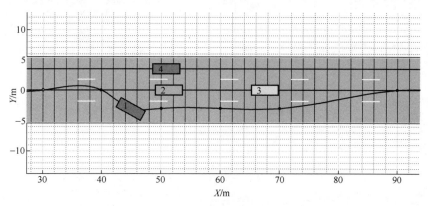

图 5-34　超车场景鸟瞰图(t=3.55s)

表 5-2　超车场景详细信息($t=3.55s$)

	编号	位置/m	速度/(m/s)	偏航角/(°)	高/m	长/m	宽/m
车辆	1	[43.7,−2.44]	[13.51,−7.71]	−29.97	1.4	4.7	1.8
	2	[49.95,0]	[9,0]	0	2		
	3	[66.19,0]	[12.84,0]	0	1.4		
	4	[49.5,3.5]	[10,0]	0	1.4		

　　数据采集模块负责采集环境感知信息，场景中的 4 辆车均配有相同配置的激光雷达，实时地对车辆的局部环境进行扫描，雷达返回的信息有：检测点的位置与速度、测量噪声方差、回波信噪比等，激光雷达参数在表 5-3 中列出。图 5-35 展示了 $t=3.55s$ 时四辆车雷达检测的鸟瞰图，蓝框框住的点表示雷达检测到的点。

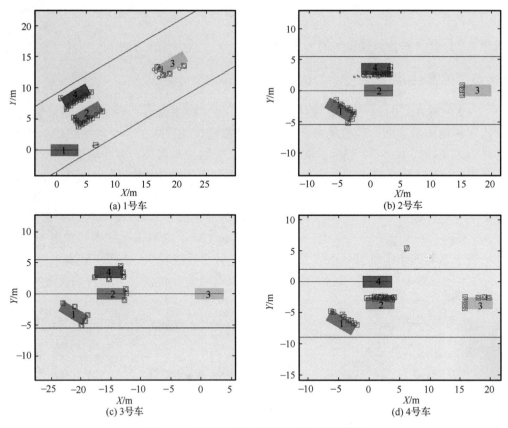

(a) 1号车　　　　　　　　　(b) 2号车

(c) 3号车　　　　　　　　　(d) 4号车

图 5-35　各车的雷达检测鸟瞰图(见彩图)

表 5-3　激光雷达参数

扫描时间间隔/s	0.1
位置(相对于车辆后轮轴的中心)/m	[3.7,0]
高度(相对于车辆后轮轴的中心)/m	[3.7,0]
偏航角/(°)	0
视场角度范围/(°)	360
最大探测距离/m	150
探测概率/%	90
虚警概率	10^{-6}

　　地图构建模块是利用单车激光雷达采集的数据构建单车的局部占据栅格地图，地图融合模块是融合多车的局部地图，从而构建全局占据栅格地图。基于 5.4.3 节提出的 4 种不同的占用概率分配算法，下面将使用图 5-34 中的场景依次展示这四种算法构建的局部占据栅格地图以及融合后的结果，并进行对比分析。

1. 基于测量噪声的概率分配算法

1)各车的占据栅格地图

　　图 5-36～图 5-39 分别展示了基于测量噪声的概率分配算法所构造出的 1～4 号车的占据栅格地图，颜色越深，表示该栅格被占用的可能性越大，背景颜色所表示的区域的占用概率为 0.5，即不确定状态，该车自身的位置(即地图的原点位置)在地图上用椭圆圈着，虚线边框表示车辆的实际边界，后续算法的占据栅格地图均如此进行呈现，此处说明后就不再赘述。

　　可以看出这种方法能够完整地呈现出雷达返回各点的位置信息与噪声信息，但没有体现出车辆分布区域的连续性，地图中的占用栅格离散分布，检测区域内的相关性较弱，缺少车辆的物理尺寸、边界信息等。

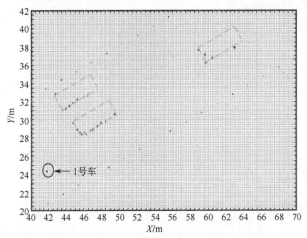

图 5-36　1 号车的占据栅格地图(基于测量噪声的概率分配算法)

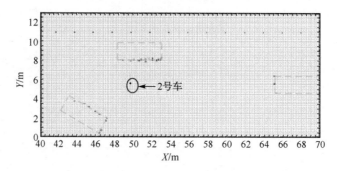

图 5-37　2 号车的占据栅格地图(基于测量噪声的概率分配算法)

2) 融合结果

图 5-40 展示了由基于测量噪声的概率分配算法构造的栅格地图的融合结果,虚线边框表示车辆的实际边界。

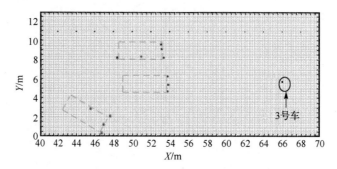

图 5-38　3 号车的占据栅格地图(基于测量噪声的概率分配算法)

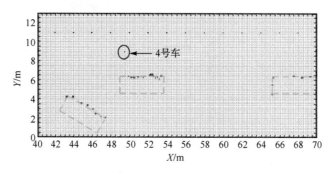

图 5-39　4 号车的占据栅格地图(基于测量噪声的概率分配算法)

通过融合各车的地图,地图的信息逐渐完善,能够基本看出各车的分布以及形状特征,但地图中的占用部分不连续,边缘信息不完整,没有很好地利用检测区域内的相关性。

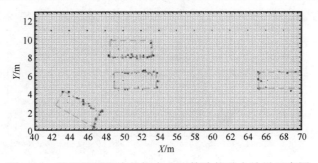

图 5-40　基于测量噪声的概率分配算法的融合结果示意图

2. 基于最大似然估计的概率分配算法

1) 各车的占据栅格地图

图 5-41～图 5-44 分别展示了基于最大似然估计的概率分配算法所构造出的 1～4 号车的占据栅格地图，这种方法能够根据检测点的信息估计出车辆占用区域的概率分布，在地图中，概率呈连续分布，基本能体现车辆的占用情况。但存在两个问题，第一个是由于二维高斯分布的等高线为椭圆，因此地图中的车辆均呈椭圆分布，这与实际的车辆形状不符，使得车辆的形状信息和边界信息不准确；第二个是这种方法将车辆视为单点目标进行估计，但在实际检测过程中，存在大量遮挡，雷达返回的信息往往只能体现车辆的部分边界，这就导致估计出的分布与实际分布存在一定的差异，特别是当检测点较为分散时，估计出的占用区域无法覆盖所有的检测点，如图 5-41 中 1 号车对 4 号车的检测结果，从图 5-35(a) 的雷达检测示意图中可以看出检测点来自 4 号车的两条边缘，但在地图中呈现出来的则是一处倾斜的椭圆区域，而且边缘点没有覆盖在内。

综上，这种方法能够基本体现车辆的占用情况，但未充分地利用所有检测点的信息，车辆的形状和边界无法在地图中准确体现。

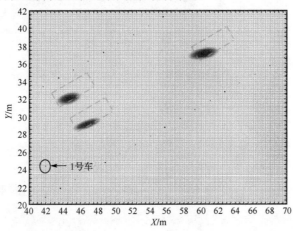

图 5-41　1 号车的占据栅格地图(基于最大似然估计的概率分配算法)

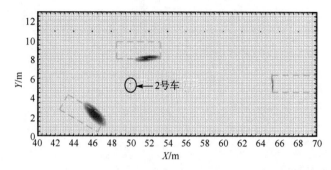

图 5-42　2 号车的占据栅格地图(基于最大似然估计的概率分配算法)

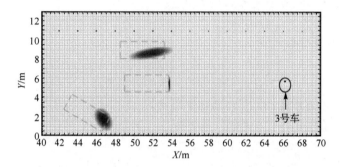

图 5-43　3 号车的占据栅格地图(基于最大似然估计的概率分配算法)

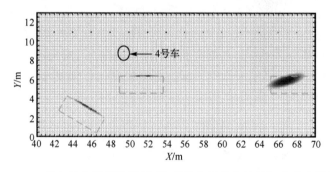

图 5-44　4 号车的占据栅格地图(基于最大似然估计的概率分配算法)

2)融合结果

图 5-45 展示了由基于最大似然估计的概率分配算法构造的栅格地图的融合结果,通过融合,单车局部地图中的信息得到一定的修正,全局地图的信息更加完善,基本能体现出每辆车的部分边界与当前位姿,随着参与合作的车辆数目的增加,信息将会更加完善。但融合过程中,未考虑车辆各部分区域之间的连续性,导致融合结果出现间断现象。

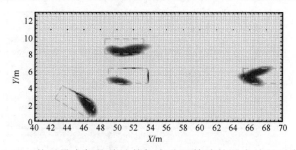

图 5-45　基于最大似然估计的概率分配算法的融合结果示意图

3. 基于 k-means 聚类和最大似然估计的概率分配算法

1) 各车的占据栅格地图

图 5-46～图 5-49 分别展示了基于 k-means 聚类和最大似然估计的概率分配算法所构造出的 1～4 号车的占据栅格地图,这种方法的效果与上面提到的判决条件密切相关,合理的判决条件能够根据检测点的分布确定合适的 k 值,将检测点分簇估计,使得估计的概率分布更加准确。

这里使用的判决条件是根据簇内点的方差信息,即如果每一簇内点的 x 和 y 方向的方差均小于 1,则聚类结束,否则,继续增加簇的数目。从结果来看,这一方法基本能将每辆车的检测点按照密集程度进行分类,在点数较多时效果较好,如图 5-46 中 1 号车对 2 号车的检测结果,基本能体现出 2 号车的两条边界信息,而且占用区域涵盖所有的检测点,但当点数较少而且分布较分散时,这种方法的效果将恶化,如图 5-48 中,3 号车对 4 号车的检测结果,4 号车的两条边各被检测到 3 个点,其中长边的三个点非常分散,因此很难满足 x,y 两方向的方差均小于 1 这一条件,导致聚类失败,在地图上无法体现。

总体来说,这种方法在一定条件下能够使得占用区域内包含所有的检测点,较好地体现车辆的边界信息,但存在一定的局限性,当点分布分散时,结果会恶化,可以考虑通过优化判决条件改善这一问题。另外,这种方法没有过多地考虑车辆内部的分布信息,而是通过边界对车辆进行表征。

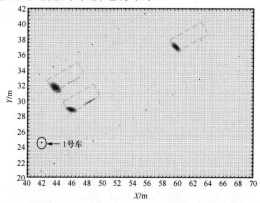

图 5-46　1 号车的占据栅格地图(基于 k-means 聚类和最大似然估计的概率分配算法)

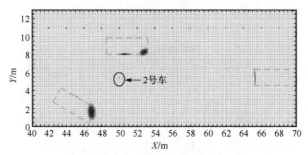

图 5-47　2 号车的占据栅格地图(基于 k-means 聚类和最大似然估计的概率分配算法)

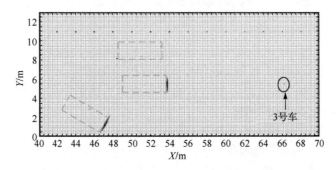

图 5-48　3 号车的占据栅格地图(基于 k-means 聚类和最大似然估计的概率分配算法)

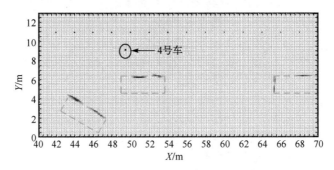

图 5-49　4 号车的占据栅格地图(基于 k-means 聚类和最大似然估计的概率分配算法)

2)融合结果

图 5-50 展示了由基于 k-means 聚类和最大似然估计的概率分配算法构造出的栅格地图的融合结果,可以看出这一方法重在刻画车辆边界的概率分布,融合结果能够较好地体现出场景中各车的边界以及车辆行驶方向,对于不确定性较大的区域,呈现的边界较为圆滑,概率分布变换平缓;对于检测点分布密集的区域,则呈现的边界很清楚,概率分布十分集中。仿真过程所检测到的点较少,使得部分边界较短,在融合后呈现不连续的特征,另外,这一方法没有过多地关注车辆内部的占用概率分布,因此融合结果没有很好地体现车辆的内部分布。

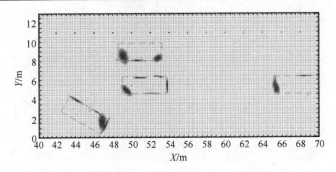

图 5-50　基于 *k*-means 聚类和最大似然估计的概率分配算法的融合结果示意图

4. 基于核密度估计的概率分配算法

1)各车的占据栅格地图

图 5-51～图 5-54 分别展示了基于核密度估计的概率分配算法所构造出的 1～4 号车的占据栅格地图,与最大似然估计相比,这一方法不再事先假设车辆的占用概率密度服从二维高斯分布,而是直接对车辆的占用概率分布进行估计,从构造的各车占据栅格地图中也可以看出,车辆的占用区域能够基本覆盖所有的检测点,较好地体现了占用状态的不确定信息以及边缘信息,而且也能呈现出车辆的行驶方向。相比于前几种方法,这种方法的效果最佳,但这种方法复杂度较高,运算量比前几种方法要大,比较耗时,因此需要进行进一步的算法优化,提高其实用性。

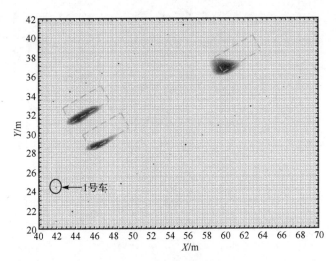

图 5-51　1 号车的占据栅格地图(基于核密度估计的概率分配算法)

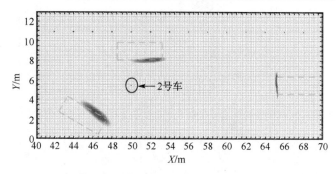

图 5-52　2 号车的占据栅格地图(基于核密度估计的概率分配算法)

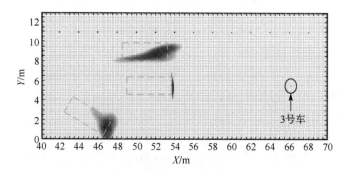

图 5-53　3 号车的占据栅格地图(基于核密度估计的概率分配算法)

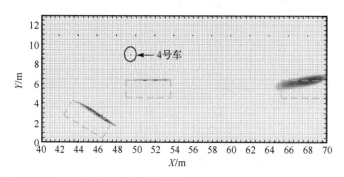

图 5-54　4 号车的占据栅格地图(基于核密度估计的概率分配算法)

2)融合结果

图 5-55 展示了由基于核密度估计的概率分配算法构造出的栅格地图的融合结果,可以看出融合后的效果与实际的鸟瞰图更加贴近,能够较好地体现出每辆车的占用信息、边界信息、行驶方向、形状等信息,很好地刻画了车辆分布的概率分布特征以及检测结果的不确定性,具有一定的利用价值与参考价值。

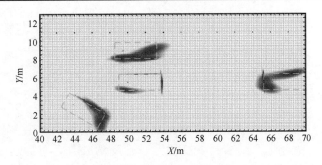

图 5-55　基于核密度估计的概率分配算法的融合结果示意图

5.4.6　结果分析

5.4.5 节对四种概率分配方案的地图效果与融合效果进行了对比分析,本节将在此基础上进一步评价四种概率分配算法的优缺点。

基于测量噪声的概率分配算法复杂度低,实时性较好,能够完整地刻画雷达的检测点分布,但地图中只能体现出每个检测点的信息,无法体现车辆分布的连续性特征,而且忽视了检测区域内的相关性,边缘信息不完整。基于这一方法融合得到的地图信息量较低,但基本能刻画出地图中车辆的大体分布以及车辆的形状和方向特征,适用于数据传输量较低或对运算速度要求较高的场景中。

基于最大似然估计的概率分配算法能够根据检测点特征较好地估计车辆整体的分布信息,将车辆检测结果以连续的概率分布形式体现出来。但由于是单点估计,而且假设车辆占用区域服从二维高斯分布,因此这一方法估计得到的地图信息并不完全准确,车辆占用区域不能完全覆盖所有的检测点,部分车辆的形状和边缘信息与实际差别较大。但融合过程可以在一定程度上改善这一问题,通过综合多车视角的检测结果,待测车辆的信息更加完善,车辆的部分边界以及位姿在地图中得以较好地呈现。

基于 k-means 聚类和最大似然估计的概率分配算法在最大似然估计的基础上增加了聚类操作,使估计结果更加准确,这一方法重点考虑了车辆的边界特征,通过融合能够更加全面地在地图中呈现场景中车辆边界的分布,但这一方法受限于 k 值的选择方案,目前基于限制 x,y 两方向方差的 k 值选择方案有一定的局限性,导致在某些情况下可能无法估计车辆的概率分布,有待进一步优化。

基于核密度估计的概率分配算法最大的优势就是比较灵活,通过调整带宽矩阵或者内核函数的形式可以改变地图的效果,具有很强的可调节性。这一方法直接对占用概率密度进行估计,可以更好地体现出车辆的形状信息,占用区域基本能够赋给所有检测点,地图融合后的效果与实际的鸟瞰图比较贴近,基本能呈现出每辆车的占用情况、边界分布、行驶方向、形状等信息。但是这种方案的计算量大,复杂度高,而且很难找到最佳的 H 矩阵,不易得到最优核密度估计,若想提高其估计的可靠性与实时性,使之适应于车联网场景,还需进一步对算法进行改进和优化。

5.5　基于车联网的分布式数据存储

5.5.1　背景介绍

车联网作为移动通信网络的核心部分之一，自移动通信诞生至今，一直受到广泛而深入的研究。近年来，随着智能交通[29]、自动驾驶[30]、车载娱乐等车辆应用的快速兴起，来自车辆的无线网络通信需求高速增长。这使得骨干网与路边基础通信设施的负担急剧加大，由此导致车辆用户的体验质量急剧下滑。如何有效地减轻骨干网与路边基础通信设施的负担，同时提高频谱资源效率，成为车联网研究中的一个重要课题。另外，网络架构已从以主机为中心的网络转变为以信息为中心的网络（information centric network，ICN），在 ICN 架构下，网络边缘缓存技术是减轻骨干网负担的一个有效措施。通过将文件存储在网络边缘，骨干网中大量重复的对此文件的请求得以减少，从而可以大大减轻核心网络和原始内容服务器的负载，并改善用户体验。由此，充分理解车联网架构与缓存技术，努力挖掘缓存技术在车联网中的潜力，对车联网移动通信高频谱效率和低时延要求具有深刻而重要的意义。

车联网体系结构中的主要通信设备包括车载设备和路边设备，其中路边设备分布在所服务的道路两旁，通过有线的方式接入骨干网。车联网中主要的无线通信方式包括车车通信和车与路边设备通信。其中 V2R 主要提供了车辆和路边设备之间通信，方便车辆从路边设备获得重要的安全方面的海量网络信息等；V2V 主要为了实现车辆之间近距离低时延的信息交换，相比于 V2R，V2V 具有通信范围小、频谱空间有效率高的特点。

在车联网场景中，现有缓存方案研究大多集中在 RSU 上，由此带来的问题是 RSU 负担过重，并且由于此方案只利用了 V2R 连接，频谱的空间有效性没有得到充分利用。类似的存储问题在蜂窝网中也存在，此场景下高效的方案是将文件存储在移动设备当中，通过设备与设备通信满足对请求文件的需求，从而减轻骨干网与基础设施的负担。由此可见，相比于存储在 RSU 中的方案，将缓存文件放置在车辆中可以有效地缓解 RSU 负担，并且提高频谱空间有效性。但这一存储方案的实现受到了车辆高速移动性的限制，具体来说：存储在车辆中的文件会随着车辆离开存储区域而离开存储区域,造成存储区域内存储文件的丢失。充分发掘 V2V 与缓存技术，解决当前方案中暴露出的问题势在必行。

1. 蜂窝网中基于移动设备的无线存储方案

在蜂窝网中，为了减轻基础设施的负担，同时通过提高频谱空间效率增强网络吞吐量，基于移动设备的缓存方案被广泛研究。其方案首先将预测的热点文件存储在移动设备当中，当用户请求文件时，首先检查自身是否存储有所请求的文件，其次再向周围的车请求该文件，并通过 D2D 连接取回请求的文件。如果请求依然得不到满足，则最终向基站发送请求。然而由于蜂窝网中设备的低速移动性，这类研究对于设备的移动性建模都采用的是泊松点过程，因此这些研究对于车辆高速移动的车联网场景来说都是不适用的。车辆的高速移动性给车载缓存方案带来了巨大的挑战。

2. 基于路边设备的车联网存储方案

由于车辆高速移动性容易造成存储文件丢失，现有的车联网缓存方案大多只考虑将文件存储在 RSU 中[31]，车辆向 RSU 请求文件并通过 V2R 连接取回对应请求的文件，一些车联网缓存方案也考虑了车载缓存策略[32]，然而车辆移动带来的存储数据丢失问题没有被考虑，由此使得此方案的可实施性大打折扣。

3. 分布式存储系统研究

分布式存储系统被广泛地应用于数据中心，其目标是为了加强存储系统的鲁棒性。在存储系统的研究中，存储数据丢失已不被视为极偶然的情况，而是被视为时常发生的事件，因此在存储系统中通常进行大量的数据备份，以增加数据冗余度，对抗数据丢失。一种典型的做法是对原始数据进行三倍的备份。如此一来，虽然存储系统的稳定性提高了，但也显然降低了存储系统的存储容量。相比于简单的复制备份，冗余编码提供了一种更为灵活的文件处理方案，能在维持同等存储可靠性的同时大大减少文件所需的存储空间。关于冗余编码与简单复制备份的性能对比的研究可以追溯到文献[33]。另外，如何将冗余编码后的数据块分配到存储节点也是影响存储系统稳定性的一个重要因素。文献[34]中的研究表明，最大平均分配，也就是所有存储节点平均分配所有编码数据块，对于文件存活概率来说并不总是最优的分配方案，寻找最优的非均匀分配方案被证明是一个 NP 难题。在动态分布式车载存储系统[35]中，为了加强系统鲁棒性，引入了冗余编码技术。

5.5.2　动态分布式车载存储系统框架

本节介绍动态分布式车载存储系统的框架，并从文件存活时间和系统存储容量的角度分析研究此方案的存储有效率，验证实际应用中此方案的可行性。

1. 系统概述

车联网中的车载存储方案作为一种基于移动设备的无线存储方案，与被广泛研究的蜂窝网中基于移动设备的无线存储方案的不同点在于，蜂窝网中的移动设备，例如，智能手机，移动速度相对较慢。因此，在蜂窝网基于移动设备的无线存储方案中，对移动设备的移动性建模采用随机泊松点过程模型，然而这一移动模型不适用于车联网中的车辆。车辆与蜂窝网中的设备相比，运动速度大，移动方向较为固定（沿着车道）。一方面，车辆运动速度大，每辆车在一段道路中停留的时间比较短暂，存储在车上的文件随着车辆一起离开区域，导致存储的数据快速流失，需要结合车联网特点设计高效可靠的存储方案来应对此问题；另一方面，由于车辆的移动方向较为固定，相比于蜂窝网中移动设备随机不固定的移动路线，更容易预判移动设备的路线，此信息如果能够得到合理的利用，必将为车联网存储性能的提高做出重大贡献。

1）方案流程

综合上述分析，动态分布式车载存储方案被提出。图 5-56 给出了此方案的模型概览。如图 5-56 所示，双向双车道区域的长度为 $L_c + 2L_t$，每个车道的宽度为 D，其中中间 L_c 长的范围内是存储区域，两边 L_t 长的区域各有一个交接区域。存储方案分为以下三个阶段。

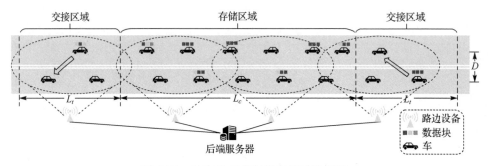

图 5-56　动态分布式车载存储系统概览

（1）冗余编码与数据分配。初始阶段，后端服务器将包含 k 个数据块的原始文件通过冗余编码（如极大距离可分码）编码成 $n(k \leqslant n)$ 个编码数据块，每个数据块在路边设备通过 V2R 连接分配到不同的车上。如此一来，n 个编码数据块就被存储在了 $n(n \leqslant N)$ 个不同的车上。其中 N 代表存储区域内总的车辆数目，车流的随机建模是基于两相邻同向车流间的车距模型[36]。

（2）数据交接。在完成数据分配之后，如果不做任何补救措施，存储在车流上的数据块会随着车辆离开存储区域，造成存储数据丢失。数据交接机制的目的就是使数据重新回到存储区域，具体来说，离开存储区域进入到交接区域的车辆尝试将自身存储的数据块通过 V2V 传输给迎面将要进入存储区域的车辆，离开交接区域或者一次交接出现失败后停止尝试交接。之所以每辆车只设置一次交接机会，是因为过量的传输会带来严重的 V2V 干扰，影响其他交接过程顺利进行。由此一来，如果交接顺利的话，存储的数据块将会动态地存在于存储区域之中。即使交接出现失败，由于冗余编码的特性，只要交接失败的数据块数目小于 $(n-k)$，依旧能从区域中剩余的编码块恢复出原始文件。

(3)数据恢复。当车辆请求所存储的文件时，首先检查自身存储是否有所需要的文件，然后再向周围的车辆发出文件请求，根据冗余编码的特性，车辆至少要集齐 k 个数据块才能恢复原始文件。如果离开存储区域后仍未集齐，则向路边设备请求获得剩余编码块。

2)车车通信信道模型

设定车车通信的最大通信距离 R，只有当两车距离小于 R 时 V2V 连接才能成功建立。由于 V2V 直射分量较明显，采用赖斯信道模型来建模 V2V 小尺度衰弱特性。根据香农定理，两车之间的信道容量为

$$c = W \log_2(1 + \eta |h|^2 d^{-4}) \tag{5-65}$$

式中，d 表示两车之间的距离；η 表示发射机处信噪比；W 表示带宽。赖斯信道增益 h 为

$$h = \sqrt{\frac{\kappa}{\kappa+1}} e^{j\theta} + \sqrt{\frac{1}{\kappa+1}} \omega \tag{5-66}$$

式中，θ 是在 $[0, 2\pi]$ 上均匀分布的随机变量；ω 表示均值为 0，方差为 1 的复高斯随机变量；κ 是直射分量功率与散射分量功率之比。

2. 方案性能分析

由于 V2V 连接的不稳定性，在两车相遇期间编码块可能不能全部传输完成，由此传输失败的编码块被视作存储系统的数据丢失。作为分析文件存活时间与系统存储容量等性能的基础，首先分析一次交接的交接失败概率。

1)交接失败概率

交接能否成功主要取决于相遇的车辆数目与单次传输数据量两方面。首先，如果一辆存储着数据块的车在交接区域内没有遇到一辆迎面驶来的车，那么交接必然无法完成。如图 5-57 所示，假设两个方向的平均车速分别为 v_0 和 v_0'。为了计算不能遇到任何车辆的概率，首先研究两种边界情况。

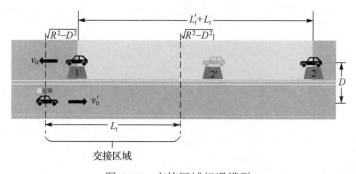

图 5-57　交接区域相遇模型

(1)当存有编码块的车刚好要离开存储区域时，一辆迎面驶来的车正在位置 1 处。

(2)当存有编码块的车刚好离开交接区域时，一辆迎面驶来的车正好在 2′ 位置，根据速度关系，也就相当于当存有编码块的车刚要离开存储区域时，该迎面驶来的车正在位置 2 处。

在这两种情况中间的任何情况都能保证存有编码块的车在交接区域遇到至少一辆迎面驶来的车，也就是说，存有编码块的车在交接区域遇不到任何车等价于位置 1 到位置 2 之间区域的车辆数目为零。基于被广泛使用的指数分布相邻车距模型，此段区域内车辆数目 N_1 假设服从均值为 n_1 的泊松分布，其概率分布为

$$P(N_1 = k) = \frac{n_1^k}{k!} e^{-n_1}, \quad k = 0, 1, 2, \cdots \tag{5-67}$$

假设平均车距为 μ，因此位置 1 到位置 2 之间区域内车辆数目的均值为 $n_1 = \dfrac{L_t' + L_t}{\mu}$。结合上述分析可得，遇不到迎面驶来的车的概率为

$$P_{nm} = P(N_1 = 0) = e^{-\frac{\frac{v_0}{v_0'}L_t + L_t}{\mu}} \tag{5-68}$$

根据速度关系可知 $L_t' = \dfrac{v_0}{v_0'} L_t$。

另外，即使遇到迎面驶来的车，但在相遇时间内无法完成数据的传输也将导致交接失败，为此还需要考虑无法完成传输的概率。后面的研究也表明，事实上决定交接能否成功的关键因素是传输数据量的大小。首先根据通信模型求出传输数据量 E_t 的分布，值得注意的是，建立通信连接需要一定的确认握手时间 t_{hs}。传输数据量计算过程如下：用 x 表示沿道路中线方向的两车距离，根据赖斯信道下的信道容量表达式，相遇过程中的传输数据量为

$$E_t = \int_{-\sqrt{R^2-D^2}}^{\sqrt{R^2-D^2}-t_{hs}(v_0+v_0')} \frac{W \log_2(1+\eta|h|^2 d^{-4})}{v_0+v_0'} dx \tag{5-69}$$

式中，$d = \sqrt{x^2+D^2}$。注意到在实际参数中 $\eta|h|^2 d^{-4} \gg 1$，而当 $x \gg 1$，$\ln(1+x) \approx \ln x$，因此式(5-69)可以被写作

$$E_t = \int_{-\sqrt{R^2-D^2}}^{\sqrt{R^2-D^2}-t_{hs}(v_0+v_0')} \frac{W \ln[\eta|h|^2 (x^2+D^2)^{-2}]}{(v_0+v_0')\ln 2} dx \tag{5-70}$$

对此积分之后可以得到

$$E_t = q\left[\ln\left(\frac{X}{2(\kappa+1)} \right) + f \right] \tag{5-71}$$

此处的变量替换 X、q 和 f 由以下式子给出

$$X = 2(\kappa+1)|h|^2, \quad q = \frac{W(x_0 + x_1)}{(v_0 + v_0')\ln 2}$$

$$f = 4 + \ln\eta - \frac{4D\arctan\dfrac{x_0}{D} + 4D\arctan\dfrac{x_1}{D}}{(x_0 + x_1)} - \frac{2x_0\ln(D^2 + x_0^2) + 2x_1\ln(D^2 + x_1^2)}{(x_0 + x_1)}$$

式中，$x_0 = \sqrt{R^2 - D^2}$，$x_1 = \sqrt{R^2 - D^2} - t_{\text{hs}}(v_0 + v_0')$。从式 (5-71) 可以看出 E_t 的分布主要取决于赖斯信道参数分布，为此首先证明 X 的分布为非中心卡方分布。根据式 (5-66)，h 可以被写作

$$h = \sqrt{\frac{\kappa}{\kappa+1}}(\cos\theta + \mathrm{j}\sin\theta) + \frac{1}{\sqrt{2(\kappa+1)}}(\omega_1 + \mathrm{j}\omega_2) \tag{5-72}$$

式中，ω_1、ω_2 服从高斯分布。令 $U = \sqrt{2\kappa}\cos\theta + \omega_1$，$Z = \sqrt{2\kappa}\sin\theta + \omega_2$，$U, Z$ 服从正态分布：$U \sim N(\sqrt{2\kappa}\cos\theta, 1)$，$Z \sim N(\sqrt{2\kappa}\sin\theta, 1)$。因此 h 也可以被写作

$$h = \frac{1}{\sqrt{2(\kappa+1)}}(U + \mathrm{j}Z) \tag{5-73}$$

综上所述，$X = |U + \mathrm{j}Z|^2$ 服从非中心卡方分布：$X \sim \chi_2^2(2\kappa)$。

基于文献[37]中的结论，非中心卡方分布的累积分布函数可以被近似为

$$F_X(x) \approx \Phi\left\{ \frac{\left(\dfrac{x}{2+2\kappa}\right)^r - 1 - r\alpha[r - 1 - 0.5(2 - r)m\alpha]}{r\sqrt{2\alpha}(1 + 0.5m\alpha)} \right\} \tag{5-74}$$

式中，$r = 1 - \dfrac{2}{3}\dfrac{(1+\kappa)(1+3\kappa)}{(1+2\kappa)^2}$；$\alpha = \dfrac{2+4\kappa}{(2+2\kappa)^2}$；$m = (r-1)(1-3r)$；$\Phi(\cdot)$ 表示标准正态分布的累积分布函数。对于一个数据块的大小 E，当传输数据量无法满足此大小时交接则会发生失败，也就是 $E_t < E$。结合式 (5-71)，交接失败等价于 $X < 2(\kappa+1)\mathrm{e}^{\left(\frac{E}{q} - f\right)}$。因此交接失败概率 $P_{\text{tf}}(E)$ 为

$$P_{\text{tf}}(E) = F_X\left(2(\kappa+1)\mathrm{e}^{\left(\frac{E}{q} - f\right)} \right) \tag{5-75}$$

综合以上两方面因素，一个数据块丢失的概率为 $P_{l1} = P_{nm} + (1 - P_{nm}) \times P_{\text{tf}}$。如在典型参数设置 $\dfrac{v_0}{v_0'} = 1$，$L_t = 200\text{m}$，$\mu = 50\text{m}$，$E = 300\text{Mbit}$ 下，P_{nm} 等于 e^{-8}，$P_{\text{tf}}(E)$ 近似等于 0.1。换而言之，在交接区域的车至少可以遇到一辆迎面驶来的车从而建立 V2V 传输连接。因此数据块的丢失率近似等于交接失败概率，即 $P_{l1} \approx P_{\text{tf}}$。

2）文件存活时间与系统存储容量

根据冗余编码的特性，存储区域中至少应剩余 k 个编码块才能成功恢复所存储的原始文件。因此文件存活的定义是存储区域中至少还剩下 k 个编码块。为了分析文件整体的存活情况，首先对一个编码块进行分析，一个编码块在经过 Y 次交接后出现交接失败的概率为

$$P(Y = y) = (1 - P_{tf}(E))^{(y-1)} P_{tf}(E) \tag{5-76}$$

此处 $P_{tf}(E)$ 是单次交接失败概率。对于同一个编码块，两次连续交接的平均时间间隔近似估计为 $t_0 = \dfrac{L_c}{2v_0} + \dfrac{L_c}{2v_0'}$，一个数据块交接 Y 次后经历的时间为 $t = Yt_0$。在 t 时间，一个大小为 E 的数据块丢失的概率为

$$P_l(E,t) = P(Y \leq y) = \sum_{n=1}^{y} (1 - P_{tf}(E))^{(n-1)} P_{tf}(E) \tag{5-77}$$

不同数据块交接是否失败可以看作互相之前没有干扰，因此假设所有数据块的交接失败情况是独立同分布的。文件存活意味着至少有 k 个数据块依旧存在于存储区域中，因此可以获得如下的文件存活概率：

$$P_{su}(t,E,n,k) = \sum_{j=0}^{n-k} C_n^j P_l(E,t)^j [1 - P_l(E,t)]^{n-j} \tag{5-78}$$

在给出存活概率与时间和数据块大小的关系之后，定义文件存活时间与系统存储容量。文件存活时间 T_{su} 的定义如下：

$$T_{su} = \{t \mid P_{su}(t,E,n,k) \geq P_0, 0 < t \leq T_{su}\} \tag{5-79}$$

式中，P_0 表示存活概率阈值。式(5-79)表示的含义是当存活概率大于一定阈值时，所存储的文件被认为依旧存活在存储区域中，对应的这段时间定义为存活时间。系统存储容量指的是存储区域中所有的车所能存储的最大原始数据量(编码前的文件大小)。系统容量受到冗余编码率、数据块大小和区域中车辆数目的影响，其大小为 $C(N,E,k) = \dfrac{k}{n} NE$，$1 \leq k \leq n \leq N$，其中车辆数目为 $N = \left\lfloor \dfrac{L_c}{\mu_0} \right\rfloor + \left\lfloor \dfrac{L_c}{\mu_0'} \right\rfloor$。对于一段给定的文件存活时间要求(如至少要求文件存活 24 小时，$T_{su} = 24\text{h}$)，在给定最小存活概率 P_0 限制的情况下，如何最大化系统存储容量是最大化存储系统性能的一个关键问题。此最优化问题描述如下：

$$\begin{aligned} \underset{E,k}{\text{maximize}} \quad & C(N,E,k) \\ \text{s.t.} \quad & P_{su}(T_{su},E,N,k) \geq P_0 \\ & E > 0 \\ & 1 \leq k \leq N, k \in \mathbb{Z} \end{aligned} \tag{5-80}$$

对于上述问题，增加 k 或 E 将会增大总体的系统存储容量，但带来的代价是减小给定存活时间 T_{su} 下的存活概率。首先在限定其他变量的情况下研究系统存储容量与数据块大小 E 的关系。根据微分形式不变性可以得到

$$\frac{\partial P_{su}}{\partial E} = \frac{\partial P_{su}}{\partial P_l} \frac{\partial P_l}{\partial P_{tf}} \frac{\partial P_{tf}}{\partial I(E)} \frac{\partial I(E)}{\partial E} \tag{5-81}$$

分别对式(5-81)中的每一项进行分析：

$$P_{su} = \sum_{j=0}^{N-k} C_N^j P_l^j (1-P_l)^{N-j} = 1 - F_B(P_l) \tag{5-82}$$

式中，$F_B(P_l)$ 是随机变量 B 的累积分布函数；B 服从贝塔分布，$B \sim \text{Beta}(N-k+1, k)$。根据累积分布函数的性质可以得到

$$\frac{\partial P_{su}}{\partial P_l} = -\frac{\partial F_B(P_l)}{\partial P_l} < 0 \tag{5-83}$$

剩余的几项分析如下：

$$\frac{\partial P_l}{\partial P_{tf}} = \left\lfloor \frac{T_{su}}{t_0} \right\rfloor (1-P_{tf})^{\left\lfloor \frac{T_{su}}{t_0} \right\rfloor - 1} > 0 \tag{5-84}$$

$$\frac{\partial P_{tf}(E)}{\partial I(E)} = \frac{1}{\sqrt{2\pi}} e^{-\frac{I(E)^2}{2}} > 0 \tag{5-85}$$

$$\frac{\partial I(E)}{\partial E} = \frac{e^{r\left(\frac{E}{q}-f\right)(r-1)}}{q\sqrt{2\alpha}(1+0.5m\alpha)} > 0 \tag{5-86}$$

综上所述，$\frac{\partial P_{su}}{\partial E} < 0$。由此得到结论，文件存活概率随着单个数据块的大小单调递减。

由于 P_{su} 与 E 的单调性，并且 k 的取值较为有限 ($k \leq N$)，可以在固定 k 的条件下根据 P_{su} 与 E 的单调性求得对应存活概率条件下的数据块大小，遍历 k 求得最优系统存储容量，详细的算法流程在算法 5-6 中进行了阐述。

算法 5-6　最大化系统存储容量

Algorithm 1 最大化系统存储容量

$C_{\max} \leftarrow 0$
for k=1 to N **do**

    $E \leftarrow \dfrac{E_{\min} + E_{\max}}{2}$　$E_1 \leftarrow E_{\min}$　$E_2 \leftarrow E_{\max}$

    计算 $P_{su}(T_0, E, N, k)$
    While $|P_{su}(T_0, E, N, k) - P_0| > \delta_a$ **do**
        if $P_{su}(T_0, E, N, k) > P_0$ **then**

$$E_1 \leftarrow E$$

else

$$E_2 \leftarrow E$$

end if

$$E \leftarrow \frac{E_1 + E_2}{2}$$

计算 $P_{su}(T_0, E, N, k)$

end while

$C(N, E, k) \leftarrow kE$

if $C(N, E, k) > C_{max}$ **then**

$$C_{max} \leftarrow C(N, E, k)$$

end if

end for

3. 数值结果

本小节在各个参数设置下对所提出的车载分布式存储系统性能做出评估。系统默认参数设置如表格 5-4 所示。

表 5-4　车载分布式存储系统参数设置

$L_c = 2000\text{m}$	存储区域长度
$D = 5\text{m}$	车道宽度
$v_0, v_0' = 15\text{m/s}$	两方向车流平均速度
$\mu, \mu' = 50\text{m}$	两车道平均相邻车距
$R = 20\text{m}$	最大 V2V 通信范围
$\eta = 10^{11.9}$	发射机处信噪比
$W = 10\text{MHz}$	V2V 信道带宽
$\kappa = 10$	直射分量与散射分量功率比
$t_{hs} = 100\text{ms}$	握手时间

1)交接失败概率

图 5-58 展示了交接失败概率与数据块大小和不同车流速度大小之间的关系。从图中可以观察到，当数据块大小为 $E = 250\text{Mbit}$，车流速度小于 15m/s 时，交接失败概率趋近于零，也就意味着交接可以成功进行。当车流速度增大时，两车相遇过程的交会时间相应减小，从而导致 V2V 连接的持续时间减小，最终导致交接失败概率增大。同时可以看出，当数据块的大小增大，在相同的交接时间内需要更好的信道条件才能完成传输，对信道更加严苛的要求使得交接成功的难度加大，最终导致交接失败概率增加。

2)文件存活时间与系统存储容量

本小节对前面所分析的文件存活情况与系统存储容量进行了数值分析。在假定车流速度为 $v_0 = v_0' = 15\text{m/s}$ 和单个数据块大小为 $E = 280\text{Mbit}$ 的参数设置下，文件存活概率随着时间的关系如图 5-59 所示。从图 5-59 中可以看出，在相同编码冗余度(相

同 n）的情况下，随着时间的流逝，数据块交接次数不断增多，增加了数据交接失败出现的可能，导致文件存活概率逐渐减小。横坐标所显示的时间量度大概为几十小时量级，表明通过合理设置存储系统参数可以在几十小时的时间内实现车载存储。同时可以观察到随着文件编码冗余度的增加，存储系统的鲁棒性得到加强，在相同时间下的文件存活概率提高，但增加冗余度同时带来了系统存储容量上的代价。

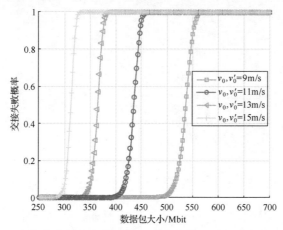

图 5-58　交接失败概率与单个数据块大小在不同车流速度下的关系

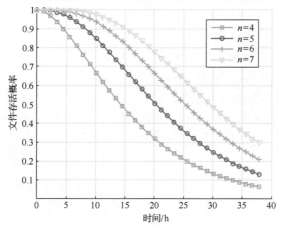

图 5-59　在 $E = 280\text{Mbit}$，$L_c = 3000\text{m}$，$k = 3$ 与不同编码冗余度下，文件存活概率与时间的关系

　　存活时间的定义是文件存活概率维持至少为 P_0（此场景设为 95％）的这段时间，从图 5-60 的上半部分可以看出，随着数据块的增大以及冗余度的减小，文件存活时间从几十小时逐渐减少趋近于零。从图 5-60 的下半部分可以看出，同样随着数据块的增大以及冗余度的减小，系统存储容量不断增大。此组结果表明达到较大的系统存储容量同时会造成文件存活时间减小。文件存活时间与系统存储容量不可兼得的特点使得在设计存储系统时要折中考虑文件作用时间与所需存储的文件库大小。

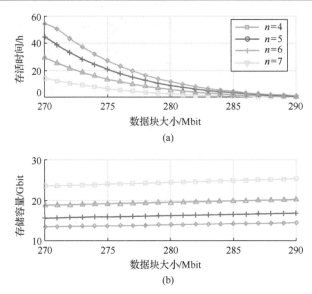

图 5-60　在 $L_c = 3000\text{m}$ 与不同编码冗余度下，文件存活时间和系统存储容量与数据块大小的关系

　　在规定文件存活时间的情况下，如对于所需要存储的道路精细地图信息，每隔几小时就需要更新，因此只需要文件存活时间满足几小时的要求，通过算法 5-6，对应的最大系统存储容量如图 5-61 所示。从图 5-61 中可以看出，随着 k 增大，由于冗余度减小，系统存储容量一开始慢慢增大；但同时为了维持相同的文件存活概率，单个数据块的大小也随之减小，当冗余度减小到一定程度时，需要大幅度减小单个数据块的大小，从而造成整体系统存储容量的下降。从图 5-61 中可以看出最大的存储容量在 $k = 38$ 时取得。

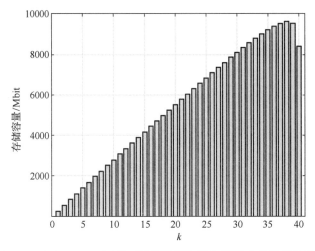

图 5-61　在 $L_c = 1000\text{m}, T_{su} = 8\text{h}$ 下，系统存储容量与原始文件数据块数量的关系

5.5.3　多文件车载缓存方案研究

本节在上述动态分布式车载存储系统的框架下，进一步考虑多文件分配场景，研究车辆请求文件库中文件的恢复情况，从中断概率和取回时延这两个重要指标研究多文件车载缓存方案的性能。

1. 缓存文件热度

网络内部缓存是减少对于同一文件重复请求的一项重要技术。在无线网络中，网络内部缓存可以大幅度减轻无线基础设施的负担，提高频谱资源的空间利用率。缓存问题中重点研究的是多文件分配问题，具体来说，一个包含 N_f 个文件的文件库表示为 $\mathcal{F}=\{F_1,\cdots,F_{N_f}\}$，其中 F_i 表示的是热度排名为 i 的文件。文件库中文件的热度分布用齐普夫分布估计[38]，如下所示：

$$f_i(\gamma_r) = \frac{1/i^{\gamma_r}}{\displaystyle\sum_{j=1}^{N_f} 1/j^{\gamma_r}},\ i \in \{1,2,\cdots,N_f\} \tag{5-87}$$

式中，参数 γ_r 刻画用户对文件请求热度的特性，文件库中的每个文件都假设有着相同的大小 E_f[31]。区域中所有的车都用作存储节点，每辆车上存储数据块的最大值为 $E_{b,\max}$，关于此最大值的限定，在后面将作详细说明。本节研究的关键问题是基于动态分布式车载存储系统框架，如何对文件库进行预处理，以最大限度地满足存储区域中车辆对文件的请求。

2. 方案步骤

一般来说，被请求频率高的文件应该在编码过程中重点考虑，基于文件热度排名的冗余编码方案主要思想是通过齐普夫分布，用文件热度控制编码冗余度，从而达到最大限度满足车辆对文件库的请求。如图 5-62 所示，此方案大致可以分为两大阶段：切分编码阶段和打包分配阶段。

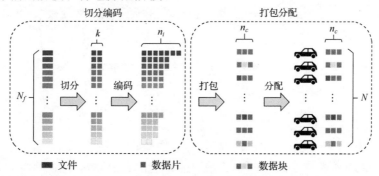

图 5-62　多文件编码分配方案

1) 切分编码

初始阶段，在后端服务器中，每个文件首先被切分为 k 个数据片(值得注意的是数据片与数据块的区别，一个数据块可以包含多个数据片)，每个数据片的大小为 $E_c = E_f / k$。特别地，$k = 1$ 对应着没有切分的情况。进行此步骤之后，将文件 F_i 的 k 个数据片冗余编码成 $n_i (k \leqslant n_i)$ 个数据片。这里需要特别强调的是，编码片的数量取决于文件排名 i，文件 F_i 对应的 n_i 为

$$n_i = \max \left\{ k, \left\lfloor N \times n_c \times f_i(\gamma_c) + \frac{1}{2} \right\rfloor \right\} \tag{5-88}$$

式中，$N \times n_c$ 表示整个存储系统所能存储的数据片的总数；每辆车能存储的数据片数量为 $n_c = E_{b,\max} / E_c$，其中 $E_{b,\max}$ 表示每个数据块的最大值，此值将根据上面的研究在后面给出分析。

2) 打包分配

正如式(5-75)和式(5-78)所示，设置单个数据块的大小是保证存储系统稳定性的关键，因此，为了确保所存储的内容不丢失，应对此大小做出限定，也就是 $E_b \leqslant E_{b,\max}$。根据式(5-78)，在 t 时间，没有数据块丢失的概率为

$$P_{\text{nl}}(t, E, N) = P_{\text{su}}(t, E, N, N) = [1 - P_l(E, t)]^N \tag{5-89}$$

类似于式(5-79)中对文件存活时间的定义，不发生数据块丢失的时间为

$$T_{\text{nl}} = \{t \mid P_{\text{nl}} \geqslant P_0', \, 0 < t \leqslant T_{\text{nl}}\} \tag{5-90}$$

式中，P_0' 表示概率阈值。根据式(5-75)，最大数据块阈值 $E_{b,\max}$ 为

$$E_{b,\max} = qf + \frac{q}{r} \ln \left(1 + r\alpha \left[r - 1 - \left(1 - \frac{r}{2} \right) \alpha \right] - r\sqrt{2\alpha}(4 + 2m\alpha) \right) \tag{5-91}$$

在此最大数据块阈值限制条件下将编码后的数据片随机分组打包为数据块，之后的步骤与动态分布式车载存储系统一致：将数据块通过 V2R 连接分配到不同的车中，车辆在交接区域不断地进行数据块的交接，在存储区域通过 V2V 连接取回请求的文件。

3. 性能分析

本小节对所提出的多文件缓存系统的文件恢复性能进行分析。虽然文件库中的文件是独立编码的，但由于经历了相同的文件切分过程，恢复每个文件都需要至少 k 个对应的数据片。首先对通过 V2V 连接获取数据片的情况进行分析，进而在此基础上研究包含中断概率和恢复时延在内的重要网络性能参数。

1) V2V 连接建立过程

文件能否成功恢复取决于在存储区域能否收集到足够多的数据片，由于每个数

据块的大小限制在 $E_{b,\max}$ 以内，一个数据块在一次相遇过程中的传输成功概率是非常高的，因此在确保建立 V2V 连接的情况下，比数据块更小的数据片在一次相遇过程中的传输成功概率足以确保传输成功。然而，V2V 连接不仅取决于两辆车之间的空间距离关系，也取决于车辆之间的无线信道资源竞争。本章采用最大的通信距离 R 来规定 V2V 的通信范围，只有在此范围内才能建立 V2V 连接。另外，额外的保护距离 δR 确保 V2V 连接之间是无干扰的。换句话说，两辆车必须在周围 $(1+\delta)R$ 内没有 V2V 连接的情况下才能建立连接。

　　进一步分析两辆建立 V2V 连接的一般模型，如图 5-63 所示双车道情形的典型情况，图中两辆试图建立 V2V 连接的车被周围四辆相邻的车围绕。对于能否成功建立 V2V 连接，以下两种情况至关重要：首先，在范围 $(1+\delta)R$ 内的邻车不占用无线信道，用参数 $p_c \in [0, p_{c,\max}]$ 表示占用信道的概率。其次，即使当邻车占用信道，只要其距离大于 $(1+\delta)R$，对中间两辆车的通信依然没有影响。此时两辆相邻车之间的距离 d_n 应该满足 $d_n > \max\{2\sqrt{(1+\delta)^2 R^2 - D^2}, (1+\delta)R\}$。由于两车道相邻车距满足的均值为 μ, μ'，标准差为 σ, σ' 的高斯分布，成功建立 V2V 连接的概率为

$$p_{\text{link}}(d_n) = \left(1 - p_c + p_c Q\left(\frac{d_n - \mu}{\sigma}\right)\right)^2 \left(1 - p_c + p_c Q\left(\frac{d_n - \mu'}{\sigma'}\right)\right)^2 \qquad (5\text{-}92)$$

式中，$Q(\cdot)$ 是标准正态分布的尾部分布函数。

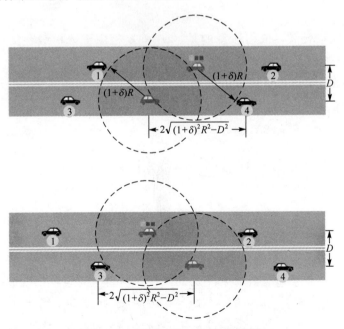

图 5-63　相遇过程 V2V 干扰模型

2）缓存文件恢复

除了建立 V2V 连接，车辆收集到的编码数据块数量是另一个关键因素。编码数据块属于文件 F_i 的概率被建模为 $p_{cf,i} = \dfrac{n_i}{Nn_c}$，一个车辆在存储区域中能够遇到的对面车道平均车辆数量被表示为

$$N_{\text{meet}} = \left\lfloor \frac{\frac{v_0}{v_0'} L_c + L_c}{\mu^{(')}} \right\rfloor \tag{5-93}$$

同样地，$\mu^{(')}$ 是相邻车距高斯分布的均值。采用 $(N_{\text{meet}}+1)\times 1$ 大小的向量 Ψ 表示 V2V 链接建立的结果，其中第 j 个元素表示与第 j 辆车相遇时的 V2V 连接建立状态。

$$\psi_j = \begin{cases} 1, & \text{连接建立} \\ 0, & \text{其他情况} \end{cases}$$

用另一个 $(N_{\text{meet}}+1)\times 1$ 大小的向量 Λ^i 来记录遇到的每个车辆中文件 F_i 的编码数据块的数量，即

$$\lambda_j^i = z, z \in [0,1,\cdots,n_c]$$

因此，车辆可以在存储区域收集文件 F_i 的编码数据块的总数是

$$N_{\text{collect},i} = \Psi^{\text{T}} \Lambda^i \tag{5-94}$$

此处 $\{\}^{\text{T}}$ 表示向量转置。值得注意的是，ψ_j 和 λ_j^i 是用于分析缓存文件恢复的随机变量。

遇到 $n_b \in \{0,1,\cdots,N_{\text{meet}}\}$ 辆车后成功恢复文件 F_i 的概率由式 (5-95) 得到，其推导过程如下所示：

$$p_{b,i}(n_b) = \begin{cases} P(B(p_{cf,i},n_c) \geqslant k), & n_b = 0 \\ \sum\limits_{j=0}^{n_b-1}\Bigg[P(B(p_{\text{link}},n_b-1)=j)\sum\limits_{z=0}^{k-1} P(B(p_{cf,i},(j+1)n_c)=z) \\ \qquad\qquad\qquad P(B(p_{cf,i},n_c)\geqslant k-z)p_{\text{link}} \Bigg], & n_b \in \{1,\cdots,N_{\text{meet}}\} \end{cases} \tag{5-95}$$

特别地，$n_b = 0$ 意味着请求文件 F_i 的车辆仅从自身的缓存中就成功恢复了文件 F_i，此概率可计算为 $p_{b,i}(n_b=0) = P(B(p_{cf,i},n_c)\geqslant k)$，此处 $B(p,n)$ 表示二项式随机变量。当 $1 \leqslant n_b \leqslant N_{\text{meet}}$ 时，其基本假设是从前 (n_b-1) 车辆收集的编码数据块不足以用于成功的缓存数据重建。首先研究 (n_b-1) 辆车中 j 辆成功建立 V2V 连接的情况，其

概率可以写为 $P(B(p_{\text{link}}, n_b - 1) = j)$，对应可以收集的编码数据块的总数是 $(j+1) \times n_c$，其中 n_c 是一辆车中最多存储的数据片的数量。进一步得到遇到第 n_b 辆车时成功恢复缓存文件 F_i 的概率：

$$\sum_{z=0}^{k-1} P(B(p_{cf,i}, (j+1)n_c) = z) P(B(p_{cf,i}, n_c) \geq k - z) p_{\text{link}}$$

3）文件取回性能分析

（1）中断概率。恢复缓存文件的中断被定义为存储区域中的缓存文件取回失败。换句话说，车辆不能收集 k 个所需的编码数据：$\varPsi^{\text{T}} \varLambda < k$。结合之前恢复情况的分析，请求缓存文件 F_i 的中断概率可以计算为

$$P_{\text{out},i} = 1 - \sum_{n_b = 0}^{N_{\text{meet}}} p_{b,i}(n_b) \tag{5-96}$$

基于齐普夫分布的平均中断概率为

$$P_{\text{out}} = \sum_{i=1}^{N_f} f_i(\gamma_r) P_{\text{out},i} \tag{5-97}$$

（2）平均取回时延。平均取回延迟 $\tau_{\text{avg},i}$ 被定义为车辆从开始请求文件 F_i 直到成功恢复文件的预期时间跨度。当发生中断时，请求过程将以时间消耗 τ_{inf} 从 RSU 传输。基于恢复情况与中断概率的分析，文件 F_i 的平均取回时延为

$$\tau_{\text{avg},i} = \left(\tau_{\text{inf}} + \frac{\mu N_{\text{meet}}}{v_0 + v_0'} \right) P_{\text{out},i} + \sum_{n_b = 0}^{N_{\text{meet}}} \frac{\mu n_b}{v_0 + v_0'} p_{b,i}(n_b) \tag{5-98}$$

进而得出整个文件库的平均取回时延为

$$\tau_{\text{avg}} = \sum_{i=1}^{N_f} f_i(\gamma_r) \tau_{\text{avg},i} \tag{5-99}$$

4. 数值结果

本小节在各个参数设置下对多文件车载存储系统的性能进行数值验证，默认的系统参数设置由表 5-5 给出。

1）最大数据块限制

根据式（5-91），图 5-64 显示了在不同最大通信范围和不同平均车流速度情况下的最大数据块大小。从图 5-64 中可以看出，更高的车速导致更短的 V2V 连接持续时间，因此随着车流的平均速度增加，最大数据块减小。同样地，最大数据块也随着最大通信范围减小而减小。

表 5-5　系统参数设置

$\sigma=\dfrac{2\mu}{5},\sigma'=\dfrac{2\mu'}{5}$	相邻车距标准差
$\delta=0.2$	干扰保护因子
$\tau_{\inf}=100s$	中断发生后的时间损耗
$N_f=20$	文件库大小
$E_c=80\text{Mbit}$	数据片大小
$n_c=3$	每个数据块包含数据片的数量
$E_b=240\text{Mbit}$	数据块大小
$k=2$	文件切分数量
$p_c=0.5$	通信概率
$\gamma_r=1$	文件请求参数
$\gamma_c=0.48$	缓存分配参数

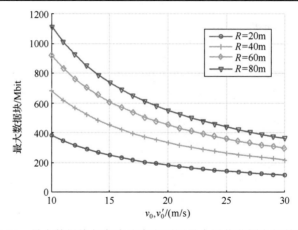

图 5-64　最大数据块与车流速度和不同最大通信范围之间的关系

2) 文件恢复性能

此部分结果主要讨论中断概率和取回时延与车流情况，文件库特征和缓存分配参数的关系。图 5-65 展示了平均取回时延与文件缓存分配参数 γ_c 在不同文件请求参数 γ_r 下的情况。可以观察到，当文件缓存系数 γ_c 增加时，平均时延先减小然后增加，可以通过关于 γ_c 的线性搜索来获得最小平均取回时延。例如，当 $\gamma_r=1$ 时，取 $\gamma_c=0.48$，平均延迟达到最小值。此外，从图 5-65 中还可以观察到：当 γ_r 增长时，最优 γ_c 也随之增加。其原因是 γ_r 表示文件请求不平衡的程度，为了适应更严格的请求不平衡，应将更多的存储空间分配给热度更高的文件，因此最优 γ_c 随之增加。在不同文件请求系数 γ_r 情况下，平均中断概率与文件缓存系数 γ_c 的关系如图 5-66 所示，其特性类似于取回时延的特性。同时注意到，最优中断概率的 γ_c 不同于最优取回时延的 γ_c，例如，最优中断概率的 γ_c 在 $\gamma_r=1$ 时是 0.24，而产生最低取回延的 γ_c 是 0.48。

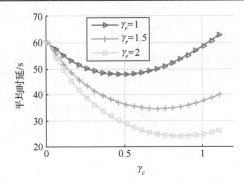

图 5-65 平均取回时延与缓存分配参数的关系

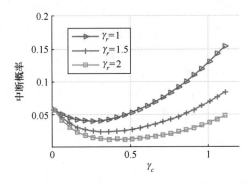

图 5-66 平均中断概率与文件缓存参数的关系

图 5-67 与图 5-68 展示了请求文件 F_i 的取回时延和中断概率与文件热度排名的关系。具有较高热度排名的文件取回时延显著小于热度较低的文件，在中断概率方面也可以观察到类似的关系。由于中断发生时从 RSU 获取所需文件的时延损耗，最佳取回时延的性能增益并不像最佳中断概率那样大，但总体而言，图 5-66 和图 5-68 所示的中断概率显著降低，表明多文件缓存方案具有较好的缓存卸载效果。

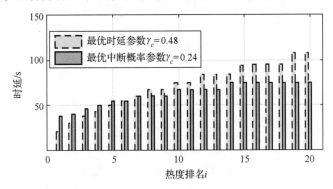

图 5-67 请求文件 F_i 的取回时延与文件热度排名的关系

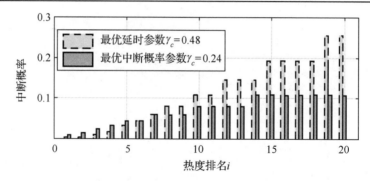

图 5-68　请求文件 F_i 的中断概率与文件热度排名的关系

　　图 5-69 所示的曲线说明了车流情况对缓存系统的影响，表明平均时延和车辆数量之间的关系是非凸的。从图 5-69 可以观察到：由于车流平均速度增加，车辆在相同时间窗内可能遇到更多车辆，因此平均时延随着车流平均速度增加而减小。此外，随着车辆数量的增长，平均时延一开始增加，然后缓慢减小，这是由两方面因素导致的：首先，车辆密度增大带来更严重 V2V 干扰；其次，较高的车辆密度意味着较高的编码数据块密度，提高了获得编码块的概率。

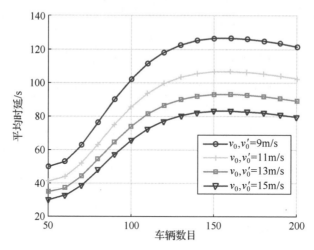

图 5-69　平均时延与车辆数目在不同车流速度下的关系

　　图 5-70 和图 5-71 显示了文件库大小给平均时延和平均中断概率带来的影响。可以观察到，平均时延和中断概率随文件数量与文件大小增加，以一个典型的场景来说，缓存系统中的车辆可以在 50s 内向一个包含 20 个文件的文件库请求获得一个大小为 160Mbit 的文件，上述典型场景表明车辆存储的数据可以满足 95% 的文件请求。

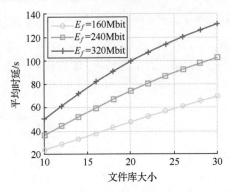

图 5-70　平均取回时延与文件库大小和文件大小的关系

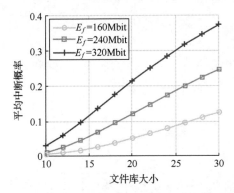

图 5-71　平均中断概率与文件库大小和文件大小的关系

5.6　车联网中的物理层安全研究

5.6.1　物理层安全概念

图 5-72 提供了无线信息传输的示意图。其中 Alice 到 Bob 之间是主信道；Eve 作为窃听者在网络中存在，其目的是窃听 Alice 到 Bob 的信息，因此 Alice 到 Eve 之间为窃听信道。

保密容量(secrecy capacity)是衡量物理层信息安全通信最重要的性能指标，其定义如文献[39]所述：

$$C_s = (C_1^d - C_1^e)^+ \tag{5-100}$$

式中，$(x)^+ = \max(0, x)$；C_1^d 为主信道容量；C_1^e 为窃听信道容量。

在传统网络层加密安全通信中，传输的安全性与可靠性是分别通过加密解密过程和信道编解码实现的，而在物理层安全通信中，安全性实际上是融合在信道编解码过程中，同时实现了信息传输的可靠性和安全性。也就是说，存在安全编码方案，对于码长 n 和传输速率 R，当 $R < C_s$ 且 $n \rightarrow \infty$ 时，误码率 $P_e \rightarrow 0$，即实现了信息传输的有效性；$H(W \mid Z^n)/n \rightarrow H(W), I(X, Z) = 0$，即实现了信息传输的安全性。图 5-73 为传统网络层加密安全通信与物理层信息安全通信对比图。

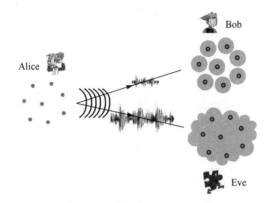

图 5-72　无线信息传输的示意图

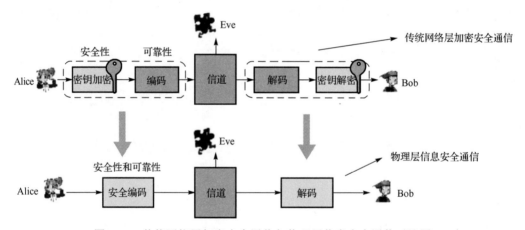

图 5-73　传统网络层加密安全通信与物理层信息安全通信对比图

Wyner 的安全理论为物理层安全传输的优化设计提供了理论基础，即通过保密容量来衡量系统安全传输的最大能力，也可以看作无线信道的差异可以给系统带来的最大安全通信增益。

传统场景下，物理层安全传输性能的可行性会受限于主通信信道和窃听信道之间的强弱关系，从保密容量的定义中可以看到，当窃听信道质量高于主通信信道质量时，数据传输的保密容量将会退化为 0。

窃听信道保密容量域研究是物理层信息安全技术研究的基础，也是实际物理层信息安全机制研究的指导。保密容量域的研究最早可以追溯至 1949 年 Shannon 的开创性研究[40]。1975 年 Wyner[39]定义了窃听信道，1978 年 Csiszar 等[41]对广播信道下的保密信息传输进行了研究。参考文献[42]将参考文献[39]中的窃听信道进一步扩展为高斯窃听信道。源端 A 向目的端 B 进行信息传输，由于无线传播环境的广播特征，窃听端 E 同样可以接收到源端 A 的信号并尝试进行破译。当两条传播链路均为加性高斯白噪信道时，窃听信道保密容量即定义为源端-目的端互信息与源端-窃听端互信息的差值[42]。进入 21 世纪后，物理层技术的革新大大扩展了窃听信道的形式，例如，多用户窃听信道、多天线窃听信道、中继窃听信道、协作窃听信道等，因而为保密容量域研究提出了新的课题。

基于保密容量域的研究结果，目前物理层安全机制的研究主要集中于以下 3 个方向。

物理层鉴权技术。即利用物理层信号的细微特征来识别设备硬件的唯一性，以达到设备鉴权的目的。卫星通信和雷达系统中的射频指纹技术可以应用于无线通信系统的物理层鉴权。

物理层密钥技术。无线传播信道在两个相反的传播方向上存在很大程度的互易性，利用这一点不仅可以用于研究闭环的链路自适应技术，同样可以用于通信两端的密钥产生。

物理层加密技术。此类别中应用较为广泛的是将上层的加密技术扩展至物理层进行使用，即使用密钥对信息流进行加扰，或者研究具有加密性质的物理层信道编码对信息进行加密。然而，上述加密技术并没有充分地利用无线通信物理层资源异于传统有线系统的特征。文献[43]中提出了一种在超宽带系统中使用空时编码逼近保密信道容量的方法。文献[44]中提出了在多天线频选信道下，使用 Vandermonde 预编码将发送信号置于源端-窃听端信道的零空间内，在防止信息泄露的同时对源端的天线数提出了更高的要求。从已有的研究成果中可以看出，将物理层资源的特征用以进行信息加密的相关研究已经开始，尚存在非常大的研究空间。

近年来通信中的网络结构日趋多样化，通过网络节点间的协作可以有效地克服这一限制，提升系统传输的保密容量。这也是为什么物理层信息安全概念自 20 世纪 70 年代中后期提出后，鲜有后续工作，直到最近十年，才有大量的研究人员进入这一领域，使其重新成为安全传输领域的研究热点。

通过网络协作来提升物理层安全传输性能主要分为两种方式：协作中继(cooperative relaying)和协作干扰(cooperative jamming)[45-47]。其中，协作中继是指通过多个中继节点协作进行传输，并引入分布式多天线或波束赋形等方案在提升主通信信道传输质量的同时屏蔽对窃听者的传输信号泄露，从而提升系统传输的保密容量；协作干扰是指通过干扰节点同时传输与保密信息相互独立的信号或者人为噪声(artificial noise)来干扰混淆窃听者对保密信息的窃听与接收，从而提升系统传输的保密容量。

5.6.2　车联网中的安全问题

近年来，随着汽车保有量的持续增长，道路承载容量在许多城市已达到饱和，交通安全、出行效率、环境保护等问题日益突出。车联网作为信息化与工业化深度融合的重要领域，对促进汽车、交通、信息通信产业的融合和升级，对相关产业生态和价值链体系的重塑具有重要意义。伴随车联网智能化和网联化进程的不断推进，车联网网络安全事件出现，用户生命财产安全受到威胁，车联网安全已成为关系到车联网能否快速发展的重要因素。当前，正处于车联网发展关键时期，结合国际网络安全整体形势，强化车联网网络安全保障已成为当务之急。

具体而言，车联网安全可分为以下几个部分。

智能车联网汽车安全：包括芯片安全、外围接口安全、传感器安全。其中芯片安全涉及电子控制单元、车载操作系统等的芯片安全；外围接口安全包括车载通信模块、车载诊断系统接口等安全；传感器安全包括摄像头和雷达等的传感器安全。

车联网移动智能终端安全：以智能手机等终端设备为主，用于实现人与智能网联汽车、车联网服务平台等的交互，例如，车主通过移动智能终端可以发送远程控制指令到云端服务器，云端服务器再将车主的控制指令发送给智能网联汽车，实现对汽车的远程控制等功能，例如，远程开启空调、车辆预热等。

车联网服务平台安全：车联网服务平台是提供车辆管理与信息内容服务的云端平台，负责车辆及相关设备信息的汇聚、计算、监控和管理，提供智能交通管控、远程诊断、电子呼叫中心、道路救援等车辆管理服务，以及天气预报、信息资讯等内容服务。车联网服务平台是车联网数据汇聚与远程管控的核心，从安全防护对象来看，应重点关注车联网服务平台的平台系统、控制接口、Web 访问接口、账户口令、数据保护等问题。

车联网通信安全：车联网的目的是实现车内、车与人、车与车、车与路、车与服务平台之间的信息通信。主要涉及车内网络、车际网络和车载移动互联网络。其中，车内网络包括 CAN(controller area network)总线、LIN(local interconnect network)总线等总线通信，以及 Wi-Fi、RFID(radio frequency identification)、蓝牙、红外线等无线通信方式。车际网络实现智能网联汽车之间、智能网联汽车与路基设施的通信，目前，直连模式的车际网络主要涉及这两种通信方式。车载移动互联网络包括卫星通信等无线通信方式。

车联网数据安全和隐私保护：车联网数据安全涵盖从数据采集、数据传输、开发利用、数据存储、数据备份与恢复、数据删除等环节，包括但不仅限于用户信息、用户关注内容、汽车基本控制功能运行数据、汽车固有信息、汽车状态信息、软件信息和功能设置信息等安全。用户隐私信息包括车主信息(如姓名、身份证、电话)、车辆静态信息(如车牌号、车辆识别码)、车辆动态信息(如位置信息、行驶轨迹),以及用户使用习惯等。

1. 车联网网络安全现状

目前,已出现针对车联网的网络攻击事件,部分案例中攻击者可控制汽车动力系统,导致驾驶者的生命安全遭到威胁。2015 年,克莱斯勒的 Jeep 车型被国外的安全专家入侵,利用系统漏洞,远程控制汽车的多媒体系统,进而攻击 V850 控制器,并对其固件进行修改,获取远程向 CAN 总线发送指令的权限,达到远程控制动力系统和制动系统的目的,可在用户不知情的情况下降低汽车的行驶速度、关闭汽车引擎、突然制动或者让制动失灵。2016 年,同款 Jeep 车型在被物理接触的情况下,被攻击者通过接口注入指令,控制车辆的动力系统,可操控方向盘和制动系统,严重威胁驾驶员人身安全。

黑客破解车联网远程控制账户,车主财产安全受到威胁。2016 年,来自挪威安全公司的专家在入侵用户手机的情况下,获取特斯拉账户用户名和密码,通过登录特斯拉车联网服务平台可以随时对车辆进行定位、追踪,并解锁、启动车辆,最终导致车辆被盗,造成用户的财产损失。

另外,车联网作为物联网在智能交通领域的典型应用,其产业链覆盖"两端一云",主要围绕安全、智能出行和信息娱乐,涵盖元器件供应商、设备生产商、整车厂商、软硬件技术提供商、通信服务商、信息服务提供商等。由于车联网产业链较长,且网络安全防护对象多样,安全防护环节众多,不可避免地存在产业链的某一环节,如元器件供应商,无法在产品中实现足够的安全防护措施,导致存在薄弱环节。同时,车联网还面临网络安全需求复杂,网络安全防护手段建设缺乏针对性和系统性等问题。

总而言之,车联网产业发展迅速,其网络安全已得到相关管理部门和业界的普遍关注,相关安全政策、安全标准研究制定工作正在积极推进,车联网安全关键技术与产品创新得到鼓励和支持,伴随相关工作成果的逐步落地,车联网安全发展的局面将逐步形成。但现阶段车辆安全技术仍在过渡中,部分车联网安全技术研发和应用推广还需时日,生产线升级换代和安全产品部署应用需要一定周期。此外,存量汽车的淘汰周期较长,如何加强存量汽车的网络安全能力目前尚无成熟的解决方案。

2. 车联网通信和数据安全分析

本节主要对通信安全和数据安全进行分析。

1)车联网通信安全

首先,车-云通信在车联网安全中占据重要地位,成为车联网攻击的主要方式,面临的主要威胁是中间人等攻击。攻击者通过伪基站、DNS(domain name system)

劫持等手段劫持 T-BOX（Telematics BOX）会话，监听通信数据，一方面可以用于通信协议破解，另一方面可窃取汽车敏感数据，如汽车标识、用户账户信息等。此外，在破解协议基础上，结合会话劫持，攻击者可以基于中间人伪造协议而实施对汽车动力系统的非法控制。

2015 年 1 月来自德国 ADAC（Allegemeiner Deutsche Automobil Club）安全研究员基于中间人对宝马 ConnectedDrive 进行攻击，并通过伪基站逆向通信控制协议伪造了控制指令成功解锁了车门，从而使得车联网导致的车辆安全问题引起了人们的关注。

恶意节点成为车-车通信威胁，可信通信也面临一定挑战。在未来车联网应用场景中，直连模式的车-车通信将成为路况信息传递、路障报警的重要途径。车联网中网联汽车面临节点频繁接入与退出，现阶段 LTE-V2X 网络接入与退出管理中，不能有效地实施对车辆节点的安全接入控制，对不可信或失控节点的隔离与惩罚机制还未建立完善，LTE-V2X 可信网络环境的安全隐患突出。一旦存在恶意节点入侵，可通过阻断、伪造、篡改车-车通信或者通过重放攻击影响车-车通信信息的真实性，破坏车-车通信消息的真实性，影响路况信息的传递。

此外，协议破解及认证是车联网短距离通信主要威胁。伴随多种无线通信技术和接口的广泛应用，车辆节点需要部署多个无线接口，实现 Wi-Fi、蓝牙、802.11p、LTE-V2X 等多种网络的连接。短距离通信中的协议破解及认证机制的破解已成为当前的主要威胁。通过实现 Wi-Fi、蓝牙等认证口令破解，攻击者可以通过 Wi-Fi 或蓝牙接入汽车内部网络，获取汽车内部数据信息或者进行渗透攻击。

2）车联网数据安全

车联网中的数据来源于用户、电子控制单元（electronic control unit，ECU）、传感器、车载信息娱乐系统（in-vehicle infotainment，IVI）及操作系统、第三方应用及车联网服务平台等，种类包括用户身份信息、汽车运行状态、用户驾驶习惯、地理位置信息、用户关注内容等敏感信息，在车辆保险、用户行为分析等方面具备很大价值，将是未来车联网安全重点，主要面临如下安全风险。

首先，车联网相关数据主要存储在智能网联汽车和车联网服务平台上，存储和传输方案主要由整车厂商、车联网服务商设计实现。数据的采集、传输、存储等环节没有统一的安全要求，可能因访问控制不严、数据存储不当等原因导致数据被窃。如汽车端数据可能被 OBD 外接设备非法读取、IVI 系统数据可能被第三方应用越界读取、网络传输数据可能被攻击者嗅探或遭受中间人攻击、车联网服务平台端数据可能被非法和越权访问。数据被窃通常与业务设计、技术实现有关，将是车联网安全防护的重要内容。

其次，数据过度采集和越界使用成为隐私保护的主要问题。车联网信息服务所采集的如车主身份信息（如姓名、身份证、电话）、车辆静态信息（如车牌号、车辆识别码)、车辆动态信息(如位置信息、行驶轨迹),以及用户的驾驶习惯等,都属于用户个人隐私信息。目前由整车厂商、车联网服务平台商采集和利用。但由于车联网属于新兴行业,管理还在完善中,对于哪些数据可被采集、数据如何利用、是否可以分享给第三方等关键问题,目前还需要细化管理要求,因此目前数据采集和使用还存在侵犯用户隐私的风险。

5.6.3　物理层安全技术在车联网中的应用

考虑到物理层安全技术能够利用信道唯一性对信息进行加密的特征,对于拓扑结构和信道快速变化的车联网来说,窃听者更加难以窃听到有用的信道信息,因此它具有良好的应用前景。目前,尚未有工作对车联网物理层安全问题进行系统探究。在本节中,我们探究高速移动性对于物理层安全性能带来的影响,而并不考虑车辆位置和分布,以及 V2V 和 V2I 通信频谱共享等其他在车联网技术中更为细致的问题。我们希望本节中的工作为后续工作进行铺垫。

1. 场景介绍

我们考虑如下场景,为支持车联网高速移动通信,路边基站单元配备大规模多天线(massive MIMO)。网络中存在 1 个 RSU,K 个合法通信车辆,同时存在 1 个窃听车辆。图 5-74 为无线物理层安全场景传输示意图。

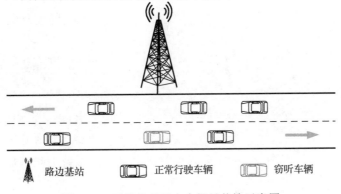

图 5-74　无线物理层安全场景传输示意图

对于物理层安全来说,最重要的性能指标是安全容量。此场景中,我们用 $\boldsymbol{H} = \left[\boldsymbol{h}_1^{\mathrm{H}}, \boldsymbol{h}_2^{\mathrm{H}}, \cdots, \boldsymbol{h}_K^{\mathrm{H}}\right]^{\mathrm{H}} \in \mathbb{C}^{K \times N_t}$ 代表基站和合法通信车辆之间的信道矩阵,其中行向量 $\boldsymbol{h}_k^{\mathrm{H}}$ 表示基站和用户 k 之间的信道。相似地,我们采用 $\boldsymbol{G} \in \mathbb{C}^{N_e \times N_t}$ 来表示 RSU 和窃听车辆之间的信道增益。注意到不同信道各自服从互不相关的瑞利衰落。总而言之,向量 $\boldsymbol{h}_k \in \mathbb{C}^{1 \times N_t}$ 和矩阵 $\boldsymbol{G} \in \mathbb{C}^{N_e \times N_t}$ 的每一个分量都服从 $(0, \sigma^2 = 1)$ 的复高斯分布。

在第 t 帧期间,K 个车辆收到的数据符号可以被表示为 $\boldsymbol{s}(t) = [s_1(t), s_2(t), \cdots,$

$s_K(t)] \in \mathbb{C}^{K \times 1}$，其中 $s(t) \sim \mathcal{CN}(0, I_K)$。特殊地，基站采用线性预编码矩阵 $F(t) = [f_1^H(t), f_2^H(t), \cdots, f_K^H(t)]^H \in \mathbb{C}^{K \times N_t}$，将 $s(t)$ 映射到 N_t 个天线上。这种关系可以被表示为

$$x(t) = \sqrt{\frac{P_B}{\xi}} F^H(t) s(t) \tag{5-101}$$

式中，$\xi = E\left[\mathrm{tr}\{F^H F\} \right]$ 表示预编码的功率限制；P_B 为基站发射功率约束。因此我们有 $x(t) \sim \mathcal{CN}(0, P_B I_K)$。注意 F 在不同预编码方案下有不同的表示方法。

基于以上定义，第 k 个用户收到的信号为

$$
\begin{aligned}
y_k(t) &= h_k(t) x(t) + n_k(t) \\
&= \underbrace{\sqrt{\frac{P_B}{\xi}} h_k(t) f_k^H(t) s_k(t)}_{(1)} + \underbrace{\sqrt{\frac{P_B}{\xi}} \sum_{j \neq k} h_k(t) f_j^H(t) s_j(t) + n_k(t)}_{(2)}
\end{aligned}
\tag{5-102}
$$

式中，(1)代表有用信号；(2)代表基站发射给其他用户的信号(对第 k 个用户来说是干扰)。此外，$n_k(t) \sim \mathcal{CN}(0, \sigma_n^2)$ 表示方差为 σ_n^2 的高斯白噪声。

相似地，窃听者收到的信号可以表示为

$$y_e(t) = G(t) x(t) + n_e(t) = \sqrt{\frac{P_B}{\xi}} G(t) F^H(t) s(t) + n_e(t) \tag{5-103}$$

式中，$n_e(t) \sim \mathcal{CN}(0, \sigma_n^2 I_{N_e})$ 表示基站到窃听者信道所经历的高斯白噪声。

2. 系统安全容量介绍

系统安全容量的定义是，在发送者和合法接收用户之间，在窃听者无法窃听到任何保密信息的情况下，能够达到的最大传输速率。考虑到系统中基站无法获知窃听者的 CSI，我们使用系统遍历安全容量的概念来刻画系统的物理层安全性能[48]，它被定义为

$$C_s = \left\{ \sum_{k=1}^{K} C_k - C_e \right\}^+ \tag{5-104}$$

式中，$(x)^+ = \max(x, 0)$。C_k 与 C_e 代表第 k 个合法用户信道和窃听信道容量。在所研究的场景中，我们假设窃听者能够获知合法用户的 CSI，并且能够对从基站到 K 个用户之间所传输的信息进行解码，因此，将整个系统遍历安全容量一起计算就成为一件合理的事情。

第 k 个车辆信道的 SINR 可以表示为

$$SINR_k = \frac{\dfrac{P_B}{\xi}\left|\boldsymbol{h}_k(t)\boldsymbol{f}_k^{\mathrm{H}}(t)\right|^2}{\dfrac{P_B}{\xi}\displaystyle\sum_{j\neq k}\left|\boldsymbol{h}_k(t)\boldsymbol{f}_j^{\mathrm{H}}(t)\right|^2 + \sigma_n^2} = \frac{\gamma\left|\boldsymbol{h}_k(t)\boldsymbol{f}_k^{\mathrm{H}}(t)\right|^2}{\xi + \gamma\displaystyle\sum_{j\neq k}\left|\boldsymbol{h}_k(t)\boldsymbol{f}_j^{\mathrm{H}}(t)\right|^2} \tag{5-105}$$

式中，$\gamma = \dfrac{P_B}{\sigma_n^2}$ 表示系统发射 SNR。因此，第 k 个车辆的遍历信道容量可以表示为

$$C_k = E[\log_2(1 + SINR_k)] = E\left[\log_2\left(1 + \frac{\gamma\left|\boldsymbol{h}_k(t)\boldsymbol{f}_k^{\mathrm{H}}(t)\right|^2}{\xi + \gamma\displaystyle\sum_{j\neq k}\left|\boldsymbol{h}_k(t)\boldsymbol{f}_j^{\mathrm{H}}(t)\right|^2}\right)\right] \tag{5-106}$$

另外，我们假设所研究系统的最坏情况，即窃听者能够通过窃听获知预编码矩阵和其自身 CSI。此处我们定义 $\boldsymbol{Q} = E[\boldsymbol{x}^{\mathrm{H}}\boldsymbol{x}] = \dfrac{P_B}{\xi}\boldsymbol{FF}^{\mathrm{H}}$，因此窃听信道的容量可以表示为

$$
\begin{aligned}
C_e &= E\left\{\log_2\left[\det\left(\boldsymbol{I}_{N_e} + \frac{1}{\sigma_n^2}\boldsymbol{GQG}^{\mathrm{H}}\right)\right]\right\} \\
&= E\left\{\log_2\left[\det\left(\boldsymbol{I}_{N_e} + \frac{P_B}{\xi\sigma_n^2}\boldsymbol{GFF}^{\mathrm{H}}\boldsymbol{G}^{\mathrm{H}}\right)\right]\right\} \\
&= E\left\{\log_2\left[\det\left(\boldsymbol{I}_{N_e} + \frac{\gamma}{\xi}\boldsymbol{GFF}^{\mathrm{H}}\boldsymbol{G}^{\mathrm{H}}\right)\right]\right\}
\end{aligned}
\tag{5-107}
$$

因此，整个系统遍历安全容量可以表示为

$$C_s = \left\{\sum_{k=1}^{K}E\left[\log_2\left(1 + \frac{\gamma\left|\boldsymbol{h}_k(t)\boldsymbol{f}_k^{\mathrm{H}}(t)\right|^2}{\xi + \gamma\displaystyle\sum_{j\neq k}\left|\boldsymbol{h}_k(t)\boldsymbol{f}_j^{\mathrm{H}}(t)\right|^2}\right)\right] - E\left\{\log_2\left[\det\left(\boldsymbol{I}_{N_e} + \frac{\gamma}{\xi}\boldsymbol{GFF}^{\mathrm{H}}\boldsymbol{G}^{\mathrm{H}}\right)\right]\right\}\right\}^+ \tag{5-108}$$

3. 非完美信道简介

在车联网系统中，信道的快变特征，造成 RSU 与基站之间通信的信道状态信息的非完美性。它由信道估计误差和信道过期性两种因素组成，而这两种因素都会对系统的安全性能造成负面影响。

对于信道估计误差，在实际通信系统中，基站若要获得下行链路的 CSI，需要

利用信道互易性进行导频估计。具体而言，K 个用户先向基站发送正交导频序列，然后基站利用收到的导频序列来估计响应 CSI。我们定义 $\boldsymbol{\Theta}=[\theta_1,\theta_2\cdots,\theta_K]\in C^{\tau\times K}$ 为用户发送的导频序列集合，其中 $\theta_k\in C^{\tau\times1}$ 代表用户 k 发送的导频序列，τ 表示每一个导频序列的长度。在我们的研究场景中，假设基站收到用户发来的导频序列为

$$Y(t)=\boldsymbol{\Theta}H(t)+W(t) \tag{5-109}$$

式中，$W(t)\in\mathbb{C}^{\tau\times N_t}$ 代表在 CSI 估计阶段的加性高斯白噪声。其中每一个分量都服从均值为 0，方差为 σ_w^2 的高斯分布。

基站能够通过在接收信号两端乘以导频矩阵，得到

$$Z(t)=\boldsymbol{\Theta}^{\mathrm{H}}Y(t)=H(t)+\boldsymbol{\Theta}^{\mathrm{H}}W(t) \tag{5-110}$$

对于第 k 个用户，有

$$z_k(t)=h_k(t)+\theta_k^{\mathrm{H}}W(t) \tag{5-111}$$

采用 MMSE 信道估计方法，基站和第 k 个用户之间的信道信息可估计为

$$\hat{h}_k(t)=(1+\sigma_w^2)^{-1}z_k(t) \tag{5-112}$$

因此，真实信道信息可写为

$$h_k(t)=\hat{h}_k(t)+n_{k,\mathrm{MMSE}}(t) \tag{5-113}$$

式中，$n_{k,\mathrm{MMSE}}(t)$ 为信道估计误差，它和 $\hat{h}_k(t)$ 之间相互独立。注意到 $\hat{h}_k(t)\sim\mathcal{CN}(0,\sigma_{\hat{h}}^2)$ 和 $n_{k,\mathrm{MMSE}}(t)\sim\mathcal{CN}(0,\sigma_{n_{\mathrm{MMSE}}}^2)$。进一步，$\sigma_{\hat{h}}^2=(1+\sigma_w^2)^{-1}$ 且 $\sigma_{n_{\mathrm{MMSE}}}^2=(1+\sigma_w^2)^{-1}\sigma_w^2$。

对于信道过期性来说，RSU 采用导频序列估计合法车辆信道的 CSI，然后采用估计出的 CSI 进行信道预编码并通过 N_t 个天线发射。由于车辆通信信道的快时变特性以及基站进行信道估计时的处理时延，进行大规模天线发射预编码使用的 CSI（即信道估计得到的之前 RSU 发射信号时的 CSI）相比于当下真实的 CSI 会存在过期性，也会对系统的安全容量带来负面影响。

我们定义过期 CSI 和真实 CSI 之间的时延为 T_d。它的物理意义是，如果 RSU 在 t 时刻收到了从用户发来的导频序列，那么基站将会在 $t+T_d$ 时刻完成导频信道估计阶段并开始向下行用户发送信息。因此，如果我们用 $H(t)$ 来表示过期信道，那么真实信道则由 $H(t+T_d)$ 来表示。二者之间的相关性可用 Jakes 模型来刻画：

$$H(t+T_d)=\rho_{T_d}H(t)+\sqrt{1-\rho_{T_d}^2}E(t+T_d) \tag{5-114}$$

式中，$E(t+T_d)$ 代表和 $H(t)$ 独立同分布的随机向量，其每一个分量也服从 $(0,\sigma^2=1)$ 的复高斯分布。ρ_{T_d} 代表两个不同时刻信道之间的相关系数，如下表示：

$$\rho_{T_d}=J_0(2\pi f_D T_d) \tag{5-115}$$

式中，$f_D = \dfrac{v}{c} f_c$ 表示多普勒频移（v 代表终端的移动速度，f_c 代表载波频率）。注意到 ρ_{T_d} 越小，真实信道和过期信道之间的相关性越低。反之，如果 $\rho_{T_d} = 1$，则代表信道过期性的效应被完全消除。

因此，对于第 k 个车辆来说，真实信道和过期信道之间的关系可以写成

$$\begin{aligned} \boldsymbol{h}_k(t+T_d) &= \rho_{T_d} \boldsymbol{h}_k(t) + \sqrt{1-\rho_{T_d}^2}\, \boldsymbol{e}_k(t+T_d) \\ &= \rho_{T_d} \hat{\boldsymbol{h}}_k(t) + \tilde{\boldsymbol{e}}_k(t) \end{aligned} \tag{5-116}$$

式中

$$\tilde{\boldsymbol{e}}_k(t) = \rho_{T_d} \boldsymbol{n}_{k,\mathrm{MMSE}}(t) + \sqrt{1-\rho_{T_d}^2}\, \boldsymbol{e}_k(t+T_d) \tag{5-117}$$

根据以上分析，能够得知 $\tilde{\boldsymbol{e}}_k(t)$ 服从 $\tilde{\boldsymbol{e}}_k \sim \mathcal{CN}(0, \sigma_{\tilde{e}}^2 \boldsymbol{I}_{N_t})$ 分布，其中

$$\sigma_{\tilde{e}}^2 = \rho_{T_d}^2 \sigma_{n_{\mathrm{MMSE}}}^2 + (1-\rho_{T_d}^2) = 1 - \rho_{T_d}^2 (1+\sigma_w^2)^{-1} \tag{5-118}$$

4. 三种预编码方案下的物理层安全容量性能比较

基站在 $t+T_d$ 时刻发送信号，而预编码阶段在 t 时刻进行。在本节中，我们对于匹配滤波器（matched filter，MF）、迫零均衡（zero force，ZF）和 MMSE 三种预编码方案进行对比。

1) 匹配滤波器预编码

因此，在 $t+T_d$ 时刻基站发送信号所采用 MF 预编码方案可以表示为

$$\boldsymbol{F}(t+T_d) = \hat{\boldsymbol{H}}(t) \tag{5-119}$$

接下来，预编码矩阵所受的功率限制可表示为

$$\hat{\xi} = E[\mathrm{tr}(\hat{\boldsymbol{H}}\hat{\boldsymbol{H}}^{\mathrm{H}})] = \sigma_{\hat{h}}^2 N_t K \tag{5-120}$$

因此，用户 k 在 $t+T_d$ 时刻收到的信号为

$$\hat{\boldsymbol{y}}_k(t+T_d) = \sqrt{\frac{P_B}{\hat{\xi}}}\, \boldsymbol{H}(t+T_d)\hat{\boldsymbol{H}}^{\mathrm{H}}(t)\boldsymbol{s}(t+T_d) + \boldsymbol{n}_k(t) \tag{5-121}$$

用户 k 在非完美 CSI 下的容量可以表示为

$$C_k^{\mathrm{imp}} = E\left[\log_2\left(1 + \frac{\gamma \left|\boldsymbol{h}_k(t+T_d)\hat{\boldsymbol{h}}_k^{\mathrm{H}}(t)\right|^2}{\hat{\xi} + \gamma \sum_{j \neq k} \left|\boldsymbol{h}_k(t+T_d)\hat{\boldsymbol{h}}_j^{\mathrm{H}}(t)\right|^2}\right)\right] \tag{5-122}$$

注意到很难直接获知式(5-122)的闭合表达式，因此，我们在定理 1 中推导出 C_k^{imp} 的紧下界。

定理 1　在非完美 CSI 下，当基站发射天线数目趋近于无穷时，用户 k 的信道容量的紧下界可以表示为

$$C_k^{\text{imp}} \geqslant \log_2 \left\{ 1 + \frac{\gamma \rho_{T_d}^2 \sigma_{\hat{h}}^2 N_t}{K + \gamma(K-1)} \right\} \tag{5-123}$$

证明　详细证明请参见文献[49]。

此外，我们同样推导出窃听者信道的遍历容量的一个紧上界。在 $t + T_d$ 时刻，窃听者接收到的信号为

$$\hat{\boldsymbol{y}}_e(t + T_d) = \sqrt{\frac{P_B}{\xi}} \boldsymbol{G}(t + T_d) \hat{\boldsymbol{H}}^{\text{H}}(t) \boldsymbol{s}(t + T_d) + \boldsymbol{n}_e(t + T_d) \tag{5-124}$$

因此，窃听信道的遍历容量可以表示为

$$C_e^{\text{imp}} = E\left[\log_2 \left(\det\left(I_{N_e} + \frac{\gamma}{\xi} \boldsymbol{G} \hat{\boldsymbol{H}}^{\text{H}} \hat{\boldsymbol{H}} \boldsymbol{G}^{\text{H}} \right) \right) \right] \tag{5-125}$$

在下面的部分中，我们给出定理 2，以表示窃听者遍历容量在非完美 CSI 下的紧上界。

定理 2　定义 $m = \min(K, N_e)$ 和 $n = \max(K, N_e)$，非完美 CSI 下的窃听者遍历容量的紧上界可以表示为

$$C_e^{\text{imp}} \leqslant m \log_2 \left(\frac{\gamma}{K} \right) + \log_2(m!) + \log_2 \left\{ L_m^{n-m} \left(-\frac{K}{\gamma} \right) \right\} \tag{5-126}$$

式中，$L_n^\alpha(x)$ 表示 n 阶广义勒让德多项式，具体形式可表示为

$$L_n^\alpha(x) = \frac{1}{n!} e^x x^{-\alpha} \frac{d^n}{dx^n} (e^{-x} x^{n+\alpha}) = \sum_{m=0}^{n} (-1)^m C_{n+\alpha}^{n-m} \frac{x^m}{m!} \tag{5-127}$$

式中，$C_n^m = \dfrac{n!}{(n-m)! m!}$ 表示组合数。

证明　详细证明请参见我们的工作[50]。

结合以上两个定理，在非完美 CSI 下，系统遍历安全容量下界的紧下界可表示为

$$C_s^{\text{imp}} \geqslant \left\{ K \log_2 \left\{ 1 + \frac{\gamma \rho_{T_d}^2 \sigma_{\hat{h}}^2 N_t}{K + \gamma(K-1)} \right\} - \left(m \log_2 \left(\frac{\gamma}{K} \right) + \log_2(m!) + \log_2 \left\{ L_m^{n-m} \left(-\frac{K}{\gamma} \right) \right\} \right) \right\}^+$$

$$\tag{5-128}$$

2) ZF 预编码方案

在 ZF 预编码方案中，我们有 $\boldsymbol{F} = (\boldsymbol{H}\boldsymbol{H}^{\mathrm{H}})^{-1}\boldsymbol{H}$，通过这种预编码方案，不同用户间的干扰可以被很好地消除。即在 $j \neq k$ 情形下，始终满足 $\boldsymbol{f}_k\boldsymbol{h}_j^{\mathrm{H}} = 0$。

在完美 CSI 下，预编码矩阵的功率约束条件可表示为 $\xi^{\mathrm{zf}} = \dfrac{K}{N_t - K}$，用户 k 的 SINR 可表示为 $\mathrm{SINR}_k^{\mathrm{zf}} = \dfrac{\gamma(N_t - K)}{K}$，因此用户 k 的遍历容量为

$$C_k^{\mathrm{zf}} = \log_2\left(1 + \frac{\gamma(N_t - K)}{K}\right) \tag{5-129}$$

另外，考虑窃听者容量为

$$C_e = E\left\{\log_2\left[\det\left(\boldsymbol{I}_{N_e} + \frac{\gamma}{\xi}\boldsymbol{G}\boldsymbol{H}^{\mathrm{H}}(\boldsymbol{H}\boldsymbol{H}^{\mathrm{H}})^{-2}\boldsymbol{H}\boldsymbol{G}^{\mathrm{H}}\right)\right]\right\} \tag{5-130}$$

由于 $\boldsymbol{H}\boldsymbol{H}^{\mathrm{H}} \approx N_t\boldsymbol{I}_K$，所以有

$$C_e \approx E\left\{\log_2\left[\det\left(\boldsymbol{I}_{N_e} + \frac{\gamma(N_t - K)}{N_t^2 K}\boldsymbol{G}\boldsymbol{H}^{\mathrm{H}}\boldsymbol{H}\boldsymbol{G}^{\mathrm{H}}\right)\right]\right\} \tag{5-131}$$

因为在大规模天线场景下，$N_t \gg K$，所以 $\dfrac{\gamma(N_t - K)}{N_t^2 K} \approx \dfrac{\gamma N_t}{N_t^2 K} = \dfrac{\gamma}{N_t K}$，式 (5-131) 转化为和 MF 预编码相同的结果。即不同的预编码方案对于窃听者容量没有影响。

在非完美 CSI 下，对用户 k 来说，

$$\mathrm{SINR}_k^{\mathrm{zf,imp}} = \frac{\dfrac{P_B}{\xi}\left|\boldsymbol{h}_k(t)\boldsymbol{f}_k^{\mathrm{H}}(t)\right|^2}{\dfrac{P_B}{\xi}\sum_{j \neq k}\left|\boldsymbol{h}_k(t)\boldsymbol{f}_j^{\mathrm{H}}(t)\right|^2 + \sigma_n^2} = \frac{\gamma\left|\boldsymbol{h}_k(t + T_d)\boldsymbol{f}_k^{\mathrm{H}}(t)\right|^2}{\xi + \gamma\sum_{j \neq k}\left|\boldsymbol{h}_k(t)\boldsymbol{f}_j^{\mathrm{H}}(t)\right|^2} \tag{5-132}$$

对于分子部分

$$\left|\boldsymbol{h}_k(t + T_d)\boldsymbol{f}_k^{\mathrm{H}}(t)\right|^2 = \left|(\rho\hat{\boldsymbol{h}}_k(t) + \tilde{\boldsymbol{e}}_k(t))\boldsymbol{f}_k^{\mathrm{H}}(t)\right|^2 = \rho^2 + \left|\tilde{\boldsymbol{e}}_k(t)\boldsymbol{f}_k^{\mathrm{H}}(t)\right|^2$$

对于分母部分

$$\left|\boldsymbol{h}_k(t)\boldsymbol{f}_j^{\mathrm{H}}(t)\right|^2_{k \neq j} = \left|(\rho\hat{\boldsymbol{h}}_k(t) + \tilde{\boldsymbol{e}}_k(t))\boldsymbol{f}_j^{\mathrm{H}}(t)\right|^2 = \left|\tilde{\boldsymbol{e}}_k(t)\boldsymbol{f}_j^{\mathrm{H}}(t)\right|^2$$

因为 $\tilde{\boldsymbol{E}}\boldsymbol{F}^{\mathrm{H}} = \tilde{\boldsymbol{E}}\hat{\boldsymbol{H}}^{\mathrm{H}}(\hat{\boldsymbol{H}}\hat{\boldsymbol{H}}^{\mathrm{H}})^{-1} \approx \dfrac{1}{N_t\sigma_{\hat{h}}^2}\tilde{\boldsymbol{E}}\hat{\boldsymbol{H}}^{\mathrm{H}}$，故可以得到 $\left|\tilde{\boldsymbol{e}}_k(t)\boldsymbol{f}_k^{\mathrm{H}}(t)\right|^2 = \dfrac{\sigma_{\tilde{e}}^2}{N_t\sigma_{\hat{h}}^2}$。按照定理 1 的证明方法，用户 k 在非完美 CSI 下的容量可以表示为

$$C_k \geq \log_2 \left(1 + \frac{\gamma(\rho^2 N_t \sigma_{\hat{h}}^2 + \sigma_{\hat{e}}^2)}{K(1 + \gamma \sigma_{\hat{e}}^2)} \right) \tag{5-133}$$

由于窃听者的遍历容量不受信道非完美性的影响，结合上述推导，其结果可参见定理2。

3) MMSE 预编码方案

在 MMSE 预编码方案中，预编码矩阵为

$$\boldsymbol{F} = (\boldsymbol{H}\boldsymbol{H}^{\mathrm{H}} + \alpha \boldsymbol{I})^{-1} \boldsymbol{H} \tag{5-134}$$

式中，α 为正则化系数。最佳 α 可表示为 $\alpha = \dfrac{N_t}{\gamma}$。

由于矩阵的逆难以用简单的表达式代替，对于 MMSE 预编码方案来说，最终安全容量的较为精确的闭合表达式就不在此处进行详细推导。我们希望通过仿真来分析 MMSE 预编码方案下的物理层安全性能。

在传统的 MIMO 场景中，MMSE 预编码方案相比于 ZF 方案，在低 SNR 时明显优于 ZF 方案，因为 ZF 方案会放大噪声；而在高 SNR 时则会与 ZF 方案越来越接近。不过可以判断的是，在 Massive MIMO 场景中，由于天线数目较大，预编码矩阵中的 $\alpha \boldsymbol{I}$ 一项对于最终结果的影响减小，甚至可以忽略。因此 MMSE 预编码方案和 ZF 方案的性能就更为接近。

4) 三种预编码方案对比

接下来我们将对在不同预编码方案下，高速移动场景中的系统安全容量随着速度的变化进行稍微细致的分析。

在图 5-75 中，我们比较了 MF、ZF 和 MMSE 三种方案下的系统安全容量随速度的变化。其中我们还考虑了不同信道过期性的影响（分别是 delay = 1s 和 delay = 2s 的情况）。值得注意的是，为了使研究的因素更加明确，这里我们没有加入信道预测方案作为对比。关于预测方案的探究将放在下面的小节中进行。

从图 5-75 中我们可以看到，三种方案中，ZF 和 MMSE 曲线在完美 CSI（即 Perfect CSI）和不同情形的信道过期性（即 Imperfect CSI）下基本重合，这也验证了上面的分析，即在大规模多天线场景下两种方案的预编码矩阵近似一致。此外可以看到，ZF 和 MMSE 曲线在速度较低下的安全容量远大于 MF 曲线，这是因为 ZF 和 MMSE 预编码方案能够较好地规避用户间干扰的影响。但当信道处在高速移动场景下，非完美特性较为严重，此时速度的提升就成为一个更关键的影响因素，它对于安全容量的降低效应大过 ZF 和 MMSE 方案在减小用户间干扰方面的正面效果。

从图 5-75 中我们可以看到的另外一点是，不论采用什么样的预编码方案，当速度到达 20m/s 时，系统安全容量都会降低为 0。这同样说明速度提升带来的信道相关性的降低已经抵消预编码方案带来的容量增益。

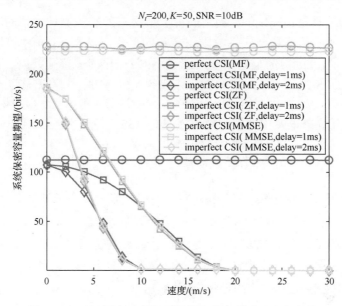

图 5-75　不同预编码方案下系统安全容量随速度的变化

综合以上分析可见，如果希望提升系统在高速移动场景下的物理层安全性能，需要从提升信道相关性方面考虑。ZF 和 MMSE 方案虽然能够在低速时带来安全容量的较大提升，但由于矩阵求逆运算的复杂度较大，在实际应用中也需要综合考虑。

5.　一种新型的信道预测方案

在本节中，我们基于高速移动场景设计了一种新型信道预测方案[50]。

我们希望采用更多时刻的估计 CSI 来预测真实时刻的 CSI。为此，如图 5-76 所示，可以把诸多时刻的估计 CSI 符号加上希望预测的 CSI 符号，即一共 M_f 个符号组成一帧。然后将其分成 Q_f 个不同子帧，每个子帧包括 $M_s = M_f / Q_f$ 个符号。前 $Q = M / M_s$ 个子帧内的符号已知，我们希望利用这 Q 个已知子帧的符号来预测之后的 $Q - Q_f$ 个子帧中的符号。为此，我们采用文献[51]中所提出的 DPS（discrete prolate spheroidal）序列来刻画每一个子帧内信道的时变特性。由于文献[51]中已有清晰表述，这里不做过于详细的介绍，仅对一些关键概念加以解释。

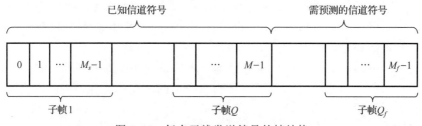

图 5-76　每个天线发送符号的帧结构

DPS 序列最早是由 Slepian 提出的用于带限信号的预测和估计的序列，它将信号分解为一系列的基底和基底系数乘积之和的形式。从文献[50]中可以看到，对于每一个子帧来说，DPS 序列依赖于子帧长度和归一化的多普勒频偏。考虑到每一子帧长度相同，DPS 序列基底对于全部子帧来说是一致的，只有基底系数随着不同的子帧变化。因此，如果我们用 (k,n) 来表示第 n 个天线和第 k 个用户所构成的天线-用户对，那么第 q 个子帧中的符号能够以式 (5-135) 表示

$$h[(q-1)M_s + m] \approx \sum_{i=0}^{D_s-1} u_i[m,W,M_s]\varphi_i[q] \tag{5-135}$$

式中，m 表示每一子帧中第 m 个采样点；$\varphi_i[q]$ 代表第 q 个子帧中第 i 个基底系数；$u_i[m,W,M_s]$ 代表基底；W 表示带宽；D_s 表示基底个数。

值得注意的是，基底独立于 q，即对于全部子帧都是相同的。因此为了研究信道的时变特性，我们只需要研究不同子帧中基底系数的变化。对于第 q 个子帧来说，第 i 个基底系数 $\varphi_i[q]$ 可以采用维纳滤波器来预测，即

$$\hat{\varphi}_i[q] = \boldsymbol{w}_i^{\mathrm{H}}[q]\tilde{\varphi}_i[q] \tag{5-136}$$

式中

$$\tilde{\varphi}_i[q] = \left[\hat{\varphi}_i[q-1], \hat{\varphi}_i[q-2], \cdots, \hat{\varphi}_i[q-Q]\right]^{\mathrm{T}} \tag{5-137}$$

代表包含预测帧之前的相邻 Q 个子帧的第 i 个基底系数。

根据本章中所提到的维纳滤波器原理，我们有

$$\boldsymbol{w}_i[q] = \boldsymbol{R}_i^{-1}[q]\boldsymbol{r}_i[q] \tag{5-138}$$

式中

$$(\boldsymbol{R}_i[q])_{s,t} = E\{\varphi_i[q-s]\varphi_i^{\mathrm{H}}[q-t]\} \tag{5-139}$$

$$\boldsymbol{r}_i[q] = \left\{E\{\varphi_i[q]\varphi_i^{\mathrm{H}}[q-1]\}, E\{\varphi_i[q]\varphi_i^{\mathrm{H}}[q-2]\}, \cdots, E\{\varphi_i[q]\varphi_i^{\mathrm{H}}[q-Q]\}\right\}^{\mathrm{T}} \tag{5-140}$$

简略来说，这种新型信道预测方案能够将已知信道信息划分为不同的子帧，通过子帧再进行预测。因为基底不随着时间改变，所以只需要预测基底系数。它与传统的维纳滤波器的预测方案相比，滤波器规模更小，因此可以降低在矩阵求逆时的复杂度，进而降低在进行信道预测的时间。但因为 DPS 基底表示法并不完全精确，可能引入一定的误差。

我们对于所提出的方案进行了简单的仿真验证。在图 5-77 中，我们在 MF 预编码方案下，比较了在非完美 CSI 下，我们所提出的新型信道预测方案和传统维纳滤波器之间的物理层安全容量。具体而言衡量了速度和系统安全容量之间的关系。从图 5-77 中可以看出，所提出的方案确实弱于维纳滤波器法，这是因为在最小均方误

差准则下，基于维纳滤波器的预测方法是一种无偏的预测，即一种近似最优的方法。而我们所提出的方案则是在允许一定误差的情形下，降低了预测的复杂度。我们同时也注意到，随着速度的提升，无论是哪种方案预测性能都会随之降低。

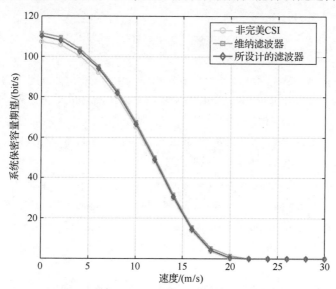

图 5-77　不同预测方案下速度和系统安全容量之间的关系

　　总体而言，从以上两部分分析中，我们可以看出，当速度提升到一定程度时，其实无论是改变预编码方案还是采用新的信道预测方案，可能都无法较好地解决信道相关性低的问题。这也是未来研究中值得进一步探索的问题。

参 考 文 献

[1]　Zeng Y, Zhang R, Lim T R. Wireless communications with unmanned aerial vehicles: Opportunities and challenges. IEEE Communications Magazine, 2016, 54(5): 36-42.

[2]　Shen X, Cheng X, Yang L Q, et al. Data dissemination in VANETs: A scheduling approach. IEEE Transactions on Intelligent Transportation Systems, 2014, 15(5): 2213-2223.

[3]　Zeng F H, Zhang R Q, Cheng X, et al. Channel prediction based scheduling for data dissemination in VANETs. IEEE Communications Letters, 2017, 21(6): 1409-1412.

[4]　Hourani A, Kandeepan S, Jamalipour A. Modeling air-to-ground path loss for low altitude platforms in urban environments. Proceedings of 2014 IEEE Global Communications Conference, Austin, 2014: 2898-2904.

[5]　Hourani A, Kandeepan S, Lardner S. Optimal LAP altitude for maximum coverage. IEEE Wireless Communications Letters, 2014, 3(6): 569-572.

[6] Duel-Hallen A. Fading channel prediction for mobile radio adaptive transmission system. Proceedings of the IEEE, 2007, 95(12): 2299-2313.

[7] Hayes M H. Statistical Digital Signal Processing and Modeling. Hoboken: Wiley, 1996: 541-550.

[8] Siriwongpairat W P, Himsoon T, Su W, et al. Optimum threshold-selection relaying for decode-and-forward cooperation protocol. Proceedings of IEEE Wireless Communications and Networking Conference, Las Vegas, 2006: 1015-1020.

[9] Li Y, Cheng X. New deterministic and statistical simulation models for non-isotropic UAV-MIMO channels. Proceedings of the 9th Wireless Communications and Signal Processing (WCSP2017), Nanjing, 2017:11-13.

[10] Asia-Pacific Economic Cooperation. White Paper of Internet of Vehicles (IoV). Brisbane: APEC, 2014.

[11] Acosta-Marum G, Ingram M A. Six time- and frequency-selective empirical channel models for vehicular wireless LANs. IEEE Vehicular Technology Magazine, 2007, 2(4): 4-11.

[12] Cheng X, Wang C X, Laurenson D I, et al. An adaptive geometry-based stochastic model for non-isotropic MIMO mobile-to-mobile channels. IEEE Transactions on Wireless Communications, 2009, 8(9): 4824-4835.

[13] Yuan Y, Wang C X, Cheng X, et al. Novel 3D geometry-based stochastic models for nonisotropic MIMO vehicle-to-vehicle channels. IEEE Transactions on Wireless Communications, 2014, 13(1): 298-309.

[14] IEEE. IEEE Standard for Telecommunications and Information Exchange between Systems - LAN/MAN Specific Requirements - Part 11: Wireless Medium Access Control (MAC) and Physical Layer (PHY) Specifications: High Speed Physical Layer in the 5 GHz band, 1999.

[15] Wymeersch H, Lien J, Win M Z. Cooperative localization in wireless networks. Proceedings of the IEEE, 2009, 97(2): 427-450.

[16] Wang T, Shen Y, Mazuelas S, et al. Distributed scheduling for cooperative localization based on information evolution. Proceedings of 2012 IEEE International Conference on Communications, Ottawa, 2012: 576-580.

[17] Parker R, Valaee S. Cooperative vehicle position estimation. Proceedings of 2007 IEEE International Conference on Communications, Glasgow, 2007: 5837-5842.

[18] Yang P T, Duan D L, Chen C, et al. Optimal multi-sensor multi-vehicle (MSMV) localization and mobility tracking. Proceedings of IEEE Global Conference on Signal and Information Processing, Anaheim，2018.

[19] Mihaylova L, Angelova D, Honary S, et al. Mobility tracking in cellular networks using particle filtering. IEEE Transactions on Wireless Communications, 2007, 6(10): 3589-3599.

[20] Gao S S, Zhong Y M, Zhang X Y, et al. Multi-sensor optimal data fusion for INS/GPS/SAR

integrated navigation system. Aerospace Science and Technology, 2009, 13(4): 232-237.

[21] 王楠. 基于多视觉特征融合的后方车辆检测技术研究. 沈阳: 东北大学, 2009.

[22] 刘凡. 智能车辆前方机动目标的运动状态识别方法研究. 长春: 吉林大学, 2014.

[23] Ying X H, Hu Z Y. Catadioptric camera calibration using geometric invariants. IEEE Transactions on Pattern Analysis and Machine Intelligence, 2004, 26(10):1260-1271.

[24] Rosenstatter T, Englund C. Modelling the level of trust in a cooperative automated vehicle control system. IEEE Transactions on Intelligent Transportation Systems, 2018, 19(4): 1237-1247.

[25] 谢建平. 基于多车协作感知的主动安全技术研究. 上海：上海交通大学, 2009.

[26] Birk A, Carpin S. Merging occupancy grid maps from multiple robots. Proceedings of the IEEE, 2006, 94(7): 1384-1397.

[27] Chen T, Wang R, Dai B, et al. Likelihood-field-model-based dynamic vehicle detection and tracking for self-driving. IEEE Transactions on Intelligent Transportation Systems, 2016, 17(11): 3142-3158.

[28] Härdle W K, Müller M, Sperlich S, et al. Nonparametric and Semiparametric Models. Berlin: Springer Science and Business Media, 2012.

[29] Cheng X, Yang L Q, Shen X. D2D for intelligent transportation systems: A feasibility study. IEEE Transactions on Intelligent Transportation Systems, 2015, 16(4): 1784-1793.

[30] Cheng X, Chen C, Zhang W X, et al. 5G-enabled cooperative intelligent vehicular (5GenCIV) framework: When Benz meets Marconi. IEEE Intelligent Systems, 2017, 32(3): 53-59.

[31] Ding R, Wang T, Song L, et al. Roadside-unit caching in vehicular ad hoc networks for efficient popular content delivery. Proceedings of IEEE Wireless Communications and Networking Conference (WCNC), New Orleans, 2015: 1207-1212.

[32] Kumar N, Lee J H. Peer-to-peer cooperative caching for data dissemination in urban vehicular communications. IEEE Systems Journal, 2014, 8(4): 1136-1144.

[33] Weatherspoon H, Kubiatowicz J D. Erasure Coding vs. Replication: A Quantitative Comparison. Berlin: Springer, 2002: 328-337.

[34] Leong D, Dimakis A G, Ho T. Distributed storage allocations. IEEE Transactions on Information Theory, 2012, 58(7): 4733-4752.

[35] Hu B B, Fang L Y, Cheng X, et al. Vehicle-to-vehicle distributed storage in vehicular networks. Proceedings of IEEE International Conference on Communications (ICC), Kansas City, 2018.

[36] Abboud K, Zhuang W. Stochastic analysis of a single-hop communication link in vehicular ad hoc networks. IEEE Transactions on Intelligent Transportation Systems, 2014, 15(5): 2297-2307.

[37] Sankaran M. On the non-central Chi-square distribution. Biometrika, 1959, 46(1/2): 235-237.

[38] Golrezaei N, Dimakis A G, Molisch A F. Device-to-device collaboration through distributed

storage. Proceedings of IEEE Global Communications Conference (GLOBECOM), Anaheim, 2012: 2397-2402.

[39] Wyner A D. The wire-tap channel. Bell System Technical Journal, 1975, 54(8): 1355-1387.

[40] Shannon C E. Communication theory of secrecy systems. Bell System Technical Journal, 1949, 28(4): 656-715.

[41] Csiszar I, Korner J. Broadcast channels with confidential messages. IEEE Transactions on Information Theory, 1978, 24(3): 339-348.

[42] Leung-Yan-Cheong S K, Hellman M. The Gaussian wire-tap channel. IEEE Transactions on Information Theory, 1978, 24(4): 451-456.

[43] Zhang Y B, Dai H Y. A real orthogonal space-time coded UWB scheme for wireless secure communications. EURASIP Journal on Wireless Communications and Networking, 2009(1): 571903.

[44] Kobayashi M, Debbah M, Shamai S. Secured communication over frequency-selective fading channels: A practical Vandermonde precoding. EURASIP Journal on Wireless Communications and Networking, 2009(1): 386547.

[45] Zhang R, Song L, Han Z, et al. Physical layer security for two-way untrusted relaying with friendly jammers. IEEE Transactions on Vehicular Technology, 2012, 61(8): 3693-3704.

[46] Chen J, Zhang R, Song L, et al. Joint relay and jammer selection for secure two-way relay networks. IEEE Transactions on Information Forensics and Security, 2012, 7(1): 310-320.

[47] Zhang R, Cheng X, Yang L. Cooperation via spectrum sharing for physical layer security in device-to-device communications underlaying cellular networks. IEEE Transactions on Wireless Communications, 2016, 15(8): 5651-5663.

[48] Zhu J, Schober R, Bhargava V K. Secure transmission in multicell massive MIMO systems. IEEE Transactions on Wireless Communications, 2014, 13(9): 4766-4781.

[49] Yang T, Zhang R, Cheng X, et al. Performance analysis of secure communication in massive MIMO with imperfect channel state information. IEEE International Conference on Communications (ICC), Kansas City, 2018: 1-6.

[50] Yang T, Zhang R, Cheng X, et al. Secure massive MIMO under imperfect CSI: Performance analysis and channel prediction. IEEE Transactions on Information Forensics and Security, 2019, 14(6): 1610-1623.

[51] Slepian D. Prolate spheroidal wave functions, Fourier analysis, and uncertainty-V: The discrete case. The Bell System Technical Journal, 1978, 57(5): 1371-1430.

第 6 章　总结与展望

6.1　总　　结

本书从 5G 车联网的特征与需求出发，循序渐进、全面系统地阐述了 5G 车联网的关键技术和重要应用。本书深入分析了 5G 车联网通信信道的特征和建模方法，并给出了多种 5G 车联网通信信道模型，为车联网通信技术的设计提供了坚实的基础。然后在这一基础上，本书分别详细论述了适用于 5G 车联网通信系统的物理层关键技术和 MAC 层方案设计。最后，本书重点介绍了基于 5G 车联网的多个热点应用方向，包括无人机辅助数据分发、多车协同定位、无人车协作感知、分布式数据存储、物理层安全研究等，进一步说明 5G 车联网在未来生活中的重要意义和发展价值。

6.2　展　　望

6.2.1　物理层技术

现有车辆通信的物理层技术主要以对抗严格的车载信道条件为主要目标，通过有效的信道估计、载波间干扰消除等使(准)静态下的通信技术(如 OFDM、MIMO 等)在高速复杂车联网通信环境下仍然能够实现较好的性能。但是，随着无线通信技术的变革与发展，目前人们已经开始从对抗无线信道转为利用无线信道。从本质上来讲，在具有高动态多普勒效应的车辆通信信道条件下，广泛使用的 OFDM 技术并不是这类快速时变场景中的最佳的多载波传输方案。因而，寻找更稳健的多载波传输替代方案则具有重要意义，该方案需要具有良好的时频(T-F)定位能力，并能够根据信道特性灵活地调整传输方案。我们需要注意到的是车辆通信信道的时频双选性也带来了 T-F 域的双重多样性，这使得二维 T-F 资源网格内的灵活指数调制(index modulation)成为值得研究的另一种有前景的物理层调制传输技术。

大规模多天线技术被认为是 5G 的核心技术之一，可以显著地提高多用户数据速率。但是，在车联网通信中，由于信道状态信息的不完善(快时变信道导致的信道信息过期效应明显)，大规模多天线技术在 5G 车联网通信中的应用面临着严峻的挑战。如何在车联网通信中利用大规模多天线技术的优势来缓解不完善信道状态信息的影响仍然是一个悬而未决的问题。

6.2.2　MAC 层方案

在未来 5G 车联网中，由于在同一异构网络中通信模式(vehicle-to-everything, V2X)和大规模分布式连接(massive distributed connections)的增加，车联网的网络拓扑结构将会变得更加复杂，从而导致更具挑战性的接入和干扰问题。此外，用户服务质量的要求也将更加严格，例如，更高的网络吞吐量和更低的访问/传输等待时间。因此，未来 5G 车联网需要对 MAC 层架构和设计进行优化。

非正交多址被认为是 5G 移动通信系统的核心接入控制技术，可以满足超低延迟、高可靠性、大规模连接、接入公平性和高吞吐量等异构化网络需求，所有这些都符合车联网通信接入的用户服务质量要求。非正交多址背后的关键思想是利用同一资源块(时隙、频谱、扩频码等)为多个用户同时提供数据传输服务。对于未来的网络有两种主要的非正交多址解决方案，即功率域复用和码域复用。对于功率域复用，根据其信道条件为不同的用户分配不同的功率电平，并且使用连续干扰消除技术来降低多用户干扰。对于码域复用，例如，稀疏码多址，不同的用户被分配不同的码，然后在相同的时频资源上复用。利用非正交多址的概念以及基于 D2D 的资源共享机制，可以预见得到有效且高效的 MAC 方案设计，实现进一步优化的网络性能。

此外，在大数据分析技术的支持下，数据驱动的网络资源分配也是有效改进短期网络优化和长期网络管理的方案。

6.2.3　车联网应用

作为一项新兴技术，无人车自动驾驶技术吸引了来自学术界、工业界和政府等的广泛关注，自动驾驶将为我们的日常生活带来诸多益处，包括提高驾驶安全性、减轻交通拥堵、改善停车位，以及提高交通资源的使用效率。自动驾驶的首要任务是行驶环境信息获取。然而，目前的解决方案几乎完全依赖于单个车辆的有限视野范围，这也是最近多次无人车事故背后的一个主要原因。为了克服当前设计策略的局限性，架构在车联网通信上的多车协作感知与决策则是大势所趋。这种协作框架要求自动驾驶车辆能够频繁且高效地交换数据和信息。因此，这是一个双面问题。一方面，需要根据无线通信的能力来设计车辆协作策略。另一方面，可以自适应地设计无线通信系统从而更好地满足无人车协作感知和驾驶的需要。

此外，随着车辆智能化的发展，车联网中的每个车辆个体都将成为一个独立的智能节点(不再仅仅是一个通信节点)，具备通信(communications)、存储(caching)、计算(computation)的综合能力，因而有效地整合和管理车联网中的通信、存储和计算(3C)资源对未来智能交通、无人驾驶等车辆应用具有至关重要的意义。目前，车联网中的大多数研究还主要集中在通信层面的系统设计和网络优化，而对于充分整合通信、存储、计算的车联网系统架构和优化设计的研究还属空白。

相比于传统燃料汽车，电动汽车可以有效地降低汽车尾气所带来的局部环境污染，并且能够优化能源结构，减轻对不可再生石油资源的依赖，因而，近年来电动汽车的发展得到了各国政府和工业界的高度关注与支持。基于 5G 车联网所支持的实时有效的信息交换，电动汽车可以实现更有智能和优化的能量管理与充放电策略。

索　引

彩　　图

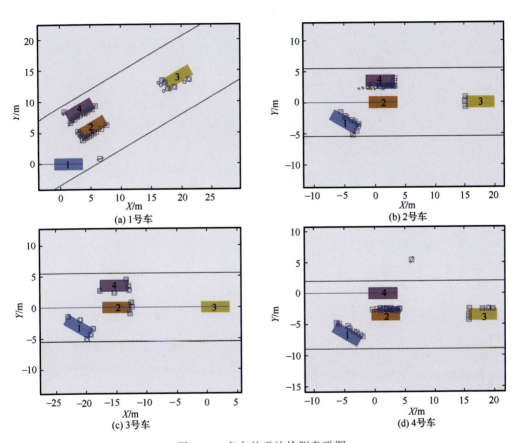

(a) 1号车

(b) 2号车

(c) 3号车

(d) 4号车

图 5-35　各车的雷达检测鸟瞰图